온라인 취재 보도

COMPUTER ASSISTED REPORTING

김병철

한국외국어대학교 출판부

머리말

컴퓨터와 인터넷의 등장은 디지털 혁명 혹은 정보통신 혁명으로 불리는 제3의 혁명에 이어 유비쿼터스라는 또 다른 변혁의 물결을 불러오고 있다. 정보 통신 기술의 발달로 정보사회가 급진전 되면서 우리 주변의 모든 환경과 사물이 지능화, 정보화, 네트워크화 돼가고 있는 유비쿼터스 사회로의 진입은 인간의 생활 방식과 사고방식, 의사소통 방식에 일대 변혁을 일으키면서 우리 삶의 많은 부분을 빠르고 그리고 광범위하게 변화시켜 나가고 있다. 언론도 예외는 아니어서 신문, 방송 등 기존 미디어의 모든 영역에 걸쳐 뉴스를 취재하고 보도하는 방식에 변화가 일어나면서 뉴스의 개념이나 성격도 변화하고 있고 취재원 및 수용자와의 관계에 있어서도 이전에는 볼 수 없었던 급격한 변화의 과정을 겪고 있다. 과거에는 해당 출입처 사람을 직접 만나거나 사건 사고의 현장을 찾아가 취재를 하는 현장 취재와 전화 취재가 일상적인 취재 방식이었다. 그러나 지금은 인터넷 웹 사이트를 비롯해 온라인상에서 활동하는 수많은 네티즌들과 그들의 커뮤니티가 중요한 취재 대상이 되면서 온라인을 활용한 취재보도가 현장 취재 못지않게 중요한 취재 방식으로 등장하였다. 특히 1990년대 들어 컴퓨터와 네트워크 기술의 발달로 원고 작성에서부터 기사나 사진의 전송, 편집에 이르기까지 모든 과정이 디지털화 되는 등 국내 언론도 컴퓨터와 인터넷이 일반화되면서 엑셀이나 액세스와 같은 스프레드시트 프로그램이나 데이터베이스 관리 프로그램을 활용해 온라인 데이터를 분석하고 기사화하는 컴퓨터 활용 취재보도(CAR) 사례가 늘고 있다.

이 책은 이처럼 디지털 혁명에 뒤이은 유비쿼터스 사회로의 진입과 그에 따른 언론 환경 및 저널리스트의 역할 변화에 대해 새롭게 조망하는 한편 언론을 전공하는 학생들과 현업 기자들에게 인터넷과 컴퓨터를 활용한 온라인 취재보도에 대한 안목을 넓히도록 하기 위해 집필됐다. 본 교재는 특히 온라인 강의를 염두에 두고 인터넷으로 강의를 듣는 학생들의 편의를 위해 가급적 알기 쉽게 풀어쓰기 위해 노력하였다.

이 책은 모두 13장으로 구성돼 있다. 제1장은 유비쿼터스 혁명과 저널리스트의 역할 변화, 온라인 취재보도의 개념 등에 대한 설명을 통해 온라인 취재보도의 중요성과 의미에 대해 살펴보았다. 제2장은 온라인 뉴스의 개념과 온라인 뉴스의 기획 및 취재 방법에 대해 기술하였다. 제3장과 4장은 단어별 검색 엔진, 주제별 검색 엔진, 메타 검색 엔진 등 검색 도구에 대한 소개와 함께 텍스트, 사운드, 이미지, 동영상 등의 정보를 검색하는 방법에 대해 자세히 언급하였다. 제5장은 온라인 정보의 평가 기준 및 평가 방법 등 온라인 정보의 신뢰성과 타당성을 평가하기 위한 방법에 대해 설명하였다. 제6장과 7장은 뉴스, 인물, 통계 정보 사이트의 활용 방법과 이메일 및 메일링 리스트, 뉴스 그룹 등 온라인 취재보도를 위한 기본적인 정보 수집 방법에 대해 실례를 들어가며 자세히 풀어썼다. 제8장은 컴퓨터 활용 취재보도(CAR)의 개념과 국내외 언론의 CAR에 관한 실제 사례 등을 통해 CAR의 의미와 중요성에 대해 이해할 수 있도록 하였다. 제9장부터 11장까지는 스프레드시트 프로그램을 활용해 온라인상에서 디지털 데이터를 다운받아 분석하고 이를 토대로 기사를 작성하는 과정에 대해 단계별로 실무에 직접 적용할 수 있도록 실질적인 내용을 담았다. 제12장은 데이터베이스 관리 프로그램을 활용해 온라인 데이터를 분석하고 직접 데이터베이스를 구축해 기사 작성에 활용하는 방법에 대해 다루었다. 마지막 제13장은 지적 재산권 및 저작권의 의미와 쟁점, 그리고 온라인 취재보도와 관련한 저작권의 의미에 대해 짚어보았다.

끝으로 이 책이 나오기까지 많은 배려를 해주신 최종찬 학장님과 콘텐츠 기획 설계팀의 이지현, 김경화, 신동원, 최에리나 선생님, 그리고 한국외국어대학교 출판부 여러분께 깊은 감사를 드린다.

2006년 1월

김병철

차 례

제1부

온라인 취재보도

제1장 온라인 취재보도의 이해

1. 유비쿼터스 혁명과 저널리스트의 역할 변화

1) 유비쿼터스 혁명과 언론 환경의 변화

컴퓨터와 인터넷의 등장으로 인한 정보통신 혁명 혹은 디지털 혁명에 뒤이은 이른바 유비쿼터스 혁명은 인류의 생활 방식과 사고방식, 의사소통 방식에 일대 변혁을 일으키면서 우리 삶의 많은 부분을 빠르고 그리고 광범위하게 변화시켜 나가고 있다. 언론도 예외는 아니어서 블로그, DMB, 와이브로(WiBro) 등 각종 뉴미디어의 등장과 함께 뉴스를 취재하고 보도하는 방식에 변화가 일어나면서 뉴스의 개념이나 성격도 변화하고 있다. 우리가 통상적으로 생각해왔던 신문과 방송 등 기존 매스 미디어의 경우에도 취재와 보도, 배포 등 거의 모든 영역에 걸쳐 디지털 기술이 적용됨으로써 이전에는 볼 수 없었던 혁신적인 변화가 일어나고 있다. 편집 및 제작 방식은 물론 취재 정보 입수의 입수나 정보원 혹은 수용자와의 접촉에 있어서도 급속한 변화를 겪고 있어 미디어 종사자들도 이제는 누구나 다 디지털과 친숙해져야만 하는 시대가 됐다. 특히 국내 언론계의 경우 1980년대부터 대다수 언론들이 CTS(Computerized Typesetting System)를 도입했고 1990년대 들어 컴퓨터와 네트워크 기술의 발달로 원고 작성에서부터 기사나 사진의 전송, 편집에 이르기까지 모든 과정을 디지털화 하였다. 또 2000년대를 전후해 본격화된 웹 형식의 뉴스 서비스에 이어 IPTV 등 새로운 미디어의 출현과 함께 신문과 방송, 통신이 하나로 융합되는 미디어 대변혁을 겪고 있다.

가령 취재 기자가 기사를 송고할 경우 예전에는 현장에서 직접 전화로 기사를 부르거나 팩스로 보내거나 아니면 편집국으로 뛰어 들어와 숨 가쁘게 기사를 작성하곤 하였다. 그러나 지금은 취재 현장에서 곧바로 컴퓨터로 기사를 작성해 인터넷을 통해 본사로 송고하는 등 취재에서 보도에 이르는 모든 과정이 디지털화 됐다. 사진 기자 역시 디지털 카메라를 활용해 취재 현장에서 사진을 찍어 직접 본사의 화상 데이터베이스(DB)로 전송하고 있다. 또 과거에는 해당 출입처 사람을 직접 만나거나 사건 사고의 현장을 찾아가 취재하는 현장 취재나 전화 취재가 일상적인 취재 방식이었다. 그러나 지금은 인터넷 웹 사이트를 비롯해 온라인상에서 활동하는 수많은 네티즌들과 그들의 커뮤니티가 중요한 취재 대상이 되면서 온라인을 활용한 취재가 현장 취재 못지않게 중요한 취재 방식으로 등장하였다.

기사를 위한 인터뷰 역시 과거에는 취재원을 찾아가 얼굴을 맞대고 얘기하는 대면 인터뷰나 전화 인터뷰가 대부분이었으나 지금은 이메일 인터뷰나 이메일 대담 혹은 화상 대담과 같은 새로운 방식이 활용되고 있다. 또 보도자료도 과거에는 주로 인편이나 팩스를 활용했으나 요즘은 이메일을 통해 기사에 필요한 관련 자료나 제보를 받는 경우가 많으며 특히 사진 자료의 경우 전송이 신속하고 용이해 이메일을 활용한 사진 전송이 늘고 있다. 아울러 기사 관련 사료를 찾을 때 종선에는 조사부에 직접 찾아가서 주제별로 스크랩된 기사나 자료를 찾아 일일이 복사하는 수고를 해야 했으나 지금은 인터넷 웹 사이트에 구축된 DB를 통해 온라인으로 자사 기사는 물론 타 언론사 기자들의 기사와 관련 자료를 손쉽게 검색할 수 있게 됐다. 사진 자료 역시 예전에는 관련 사진을 찾기 위해 조사부에 찾아가 주제별로 분류된 인화 사진을 일일이 뒤져봐야 하는 수고를 해야 했으나 지금은 사진 기자가 전송한 사진이 본사의 데이터 뱅크에 DB로 저장돼 온라인을 통해 아주 편리하게 지면 편집을 위한 자료로 활용되고 있다.

〈유비쿼터스 혁명과 온라인 취재보도〉

이러한 취재보도 방식의 변화와 관련해 한 가지 주목할 만한 것은 컴퓨터 활용 취재보도(CAR) 기법의 도입이다. 컴퓨터와 인터넷이 일반화되면서 언론도 이제 엑셀이나 액세스와 같은 컴퓨터 소프트웨어를 활용해 방대한 양의 자료를 분석해 기사화하는 컴퓨터 활용 취재 보도(CAR) 기법을 적용하는 사례가 늘고 있다.

CAR는 단순히 컴퓨터로 기사를 쓰는 것을 의미하는 것이 아니라 컴퓨터를 활용해 온라인상의 데이터를 찾고 분석해 기사를 만들고 보도하는 것을 말한다. 즉 CAR는 컴퓨터를 활용해 무의미한 것처럼 보이는 통계나 데이터에서 의미 있는 기사를 찾아내 보도하는 것을 말한다. 가령 <워싱턴포스트>(The Washington Post)의 조 크레이븐(Jo Craven) 기자는 워싱턴 DC 당국과 미 연방수사국(FBI)으로부터 입수한 방대한 양의 자료를 분석해 워싱턴 DC 경찰이 1990년 이래 미국 전역의 대도시중 가장 총기 발사율이 높고 민간인 사망 사고율도 높다는 사실을 보도해 퓰리처상을 수상했는데 이는 CAR의 전형적인 한 예라고 할 수 있다.

언론계의 디지털 기술 도입은 일선 기자들의 취재 및 기사 작성 방식뿐만 아니라 기사의 출고를 위한 데스크의 기사 검토 및 편집 작업 역시 디지털 시스템으로 바꾸어 놓았다. 과거에는 데스크 즉 부장이나 차장이 기사를 검토할 때 직접 펜을 들고서 잘못된 내용에 대해 일일이 원고지 위에 빨간 글씨로 적어가며 고친 다음 편집부로 넘겼으나 지금은 데스크가 직접 자판을 두들기며 기사를 수정하고 있다. 편집부의 각 지면별 기사 배치 등 편집 작업 역시 컴퓨터 편집 제작기를 활용해 모두 온라인상에서 이루어지고 있다.

일선 취재 기자들이 송고한 기사는 물론이고 사진 기자들이 찍어온 사진이나 미술팀이 제작한 그래픽 혹은 삽화도 컴퓨터를 이용해 온라인으로 주고받고 있다. 종종 아날로그 상태의 인화된 사진을 사용하기도 하지만 대부분의 사진 처리가 디지털 카메라와 화상 DB를 이용해 온라인상에서 처리되고 있다. 신문에 실리는 만화의 경우 직접 손으로 그리는 경우도 있지만 그래프나 도표, 삽화 등 기사에 사용되는 대부분의 화상 자료는 쿽익스프레스나 포토샵과 같은 전문 소프트웨어를 사용해 제작되고 있다. 교열부의 교정 작업 역시 과거에는 납 활자로 기사를 갱지에 인쇄한 가인쇄 상태의 대장을 직접 읽으면서 틀린 부분을 바로잡곤 했는데 지금은 디지털 시스템의 도입으로 모두 온라인상에서 이루어지고 있다.

〈디지털 시스템의 도입과 언론 환경의 변화〉

한편 정보 통신 기술의 발달로 시시각각 새로운 정보를 전달해주는 각종 뉴미디어가 속속 등장하면서 기존의 전통적인 배포 방식인 택배 제도나 우편 발송 제도가 정보 전달의 신속성을 저해하는 장애 요인으로 인식되면서 각 언론사마다 이를 극복하기 위해 디지털 시스템의 도입 등을 통해 다각적인 배급 체계를 개발하고 있다. 가령 신문사의 경우 디지털 시스템의 도입으로 컴퓨터에 의해 완성된 지면을 통신 위성이나 광통신망을 통해 각 지역 거점으로 전송한 뒤 해당 지역에서 직접 신문을 인쇄, 배포하는 동시 인쇄 시스템을 구축하는 신문사들이 늘고 있다. 또 온라인 뉴스만을 위한 별도의 제작 시설과 인력을 갖춘 전문 조직을 두고서 인쇄 신문과 인터넷 신문을 병행해서 발행하는 신문사들이 늘고 있다. 나아가 신문과 방송, 인터넷을 아우르는 통합형 뉴스룸을 두고서 하나의 기사를 인쇄 매체와 방송 매체뿐만 아니라 인터넷 매체 등 다양한 매체에 제공하는 원 소스 멀티 유스(one source multi use)를 지향하는 언론사들이 늘고 있다. 콘텐츠의 다채널 활용을 꾀하고 있는 이러한 크로스 미디어(cross media) 전략은 기존 언론의 조직 변화와 함께 저널리스트들의 새로운 역할 변화를 요구하고 있다.

2) 저널리스트의 역할 변화

앞서 얘기한 것처럼 컴퓨터와 정보통신 기술의 발달로 정보사회가 급진전되면서 우리 주변의 모든 환경과 사물이 지능화, 정보화, 네트워크화 돼가고 있는 유비쿼터스 사회로의 진입은 21세기 언론 환경의 혁명적인 변화와 함께 우리가 지금까지 생각해왔던 전통적인 의미의 언론인의 역할을 지금과는 다른 모습으로 변화시켜 가고 있다. 가령 미래의 저널리스트는 기존의 글쓰기 혹은 말하기 능력뿐만 아니라 HTML과 멀티미디어, 디자인 등 다방면에 걸쳐 많은 것을 알고 있는 웹 전문 콘텐츠 생산자에 가까운 모습으로 바뀔 수 있다. 또 텍스트뿐만 아니라 음성 파일이나 동영상 파일에 대해서도 나름대로 전문적인 식견을 갖고서 정보 생산 단계에서부터 수용자에게 가장 적합한 방식으로 정보를 설계하고 조직화하는 정보 설계사(information architect)로서의 역할이 요구되기도 한다. 미래의 저널리스트는 또 기존의 게이트키퍼(gate-keeper)로서의 역할보다는 특정 뉴스나 정보에 대해 전문적인 식견을 갖고서 정보의 진위를 판단해주거나 정확한 배경을 설명해주는 정보 분석가(information analyst) 혹은 정보 해석자(information interpreter)로서의 역할이 보다 중요해질 수 있다. 미래의 저널리스트는 전통적인 의미의 기사 작성자이면서 동시에 사진 기자와 방송 리포터 나아가 프로듀서 혹은 감독의 역할까지 하는 전방위적인 멀티 플레이어(multi player)로서의 역할이 요구될 수도 있다. 나아가 정보 통신 기술의 혁신적인 발전으로 모바일 저널리즘에 적합하도록 개발된 기자 전용의 입는 컴퓨터(wearable computer)와 휴대 인터넷, 위치 추적 시스템, 디지털 이미지 및 사운드 센서 등 최첨단 모바일 장비로 무장한 모바일 저널리스트의 모습으로 발전할 수도 있다. 이처럼 디지털 혁명과 언론 환경의 변화로 인한 미래 저널리스트의 역할은 다음과 같은 다양한 모습으로 발전할 가능성이 있다.

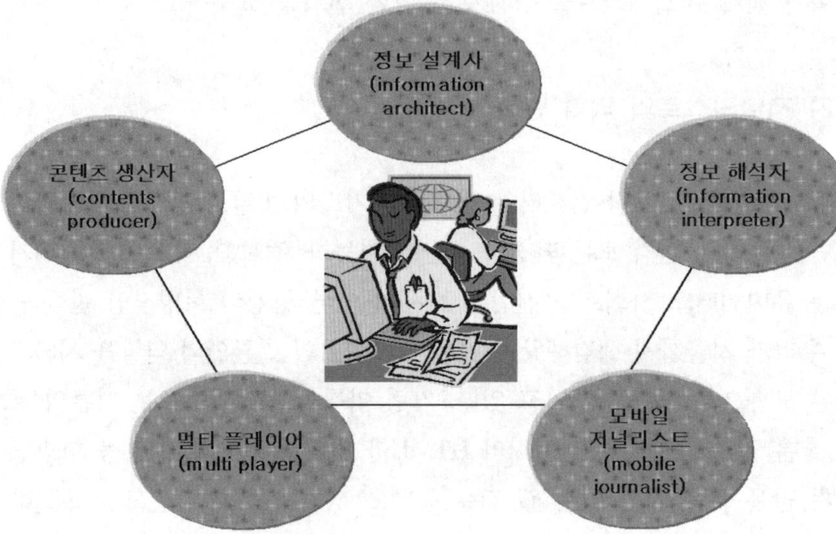

〈유비쿼터스 혁명과 저널리스트의 역할 변화〉

(1) 콘텐츠 생산자(contents producer)

21세기 저널리스트의 향후 역할이나 위상을 정확히 예측하기는 어렵지만 지금까지의 미디어 발전 과정을 고려해 볼 때 미래의 미디어는 기존의 미디어 개념을 뉴스 중심의 서비스에서 뉴스와 정보, 오락, 통신 기능이 통합된 멀티 콘텐츠 서비스로 바꿈으로써 단순한 뉴스 리포터보다는 복합적인 콘텐츠 생산자(contents producer)를 필요로 할 가능성이 높다(Craig(2005), p.17). 즉 미래의 저널리스트는 전통적 의미의 글쓰기뿐만 아니라 HTML과 멀티미디어, 편집, 디자인, 정보 검색 등 다방면에 걸쳐 많은 것을 알고 있는 다재다능한 웹 전문 콘텐츠 생산자로서의 역할을 요구받게 될 수 있다. 따라서 저널리스트는 한 분야에만 집중적으로 실력을 연마함으로써 그 분야에 대해 탁월한 전문성을 갖고 있는 스페셜리스트(specialist)로서의 자질을 갖추는 것도 필요하겠지만 다방면에 걸쳐 모든 것을 조금씩 다 알고 있는 제너럴리스트(generalist)로서의 자질이 더 요구될 수도 있다.

(2) 정보 설계사(information architect)

미래의 미디어는 텍스트뿐만 아니라 오디오와 비디오가 하나로 통합되는 멀티미디어를 지향하고 있기 때문에 21세기 저널리스트는 앞서 얘기한 콘텐츠 생산자의 차원을 넘어서서 정보 디자이너(information designer) 혹은 정보 설계사(information architect)의 개념에 보다 가까울 수 있다(Ward(2002), p.170). 특히 인터넷 미디어를 비롯한 각종 뉴미디어의 경우 하이퍼텍스트 기능을 살려 텍스트와 텍스트 혹은 사이트와 사이트를 연결하거나 경우에 따라서는 오디오와 비디오를 결합한 하이퍼미디어 형태의 정보를 제공하고 있기 때문에 앞으로의 저널리스트는 텍스트뿐만 아니라 음성 파일이나 동영상 파일에 대해서도 나름대로 전문적인 식견을 갖고 있어야 한다. 아울러 정보 생산 단계에서부터 수용자에게 가장 적합한 방식으로 정보를 설계하고 조직화하는 정보 설계사로서의 역할을 요구받고 있다. 즉 미래의 저널리스트는 콘텐츠의 기획 및 취재, 제작, 편집, 전송에 이르기까지 모든 과정을 아우르는 콘텐츠 설계사로서의 역할을 요구받고 있기 때문에 뉴스 취재 및 보도 방식이 기존 매스 미디어와 매우 다를 수밖에 없다. 즉 미래의 저널리스트는 현장 취재 단계에서부터 텍스트의 어느 부분에 어떻게 하이퍼텍스트 링크를 걸어야 할지, 또 동영상이나 음성이 필요하다면 어떤 동영상 혹은 음성 파일을 확보해서 콘텐츠의 어느 부분에 어떻게 연결시켜야할지를 고려하는 종합적이고 창조적인 콘텐츠 설계 능력이 요구될 수 있다. 이처럼 미래의 저널리스트는 기사 작성에 필요한 정확한 사실(facts)의 수집도 중요하지만 기사의 구조나 표현 방식에 대한 깊은 이해가 필요하기 때문에 저널리스트로서 성공하기 위해서는 기존 매스 미디어의 리포터 개념과는 차원이 다른 정보 설계사 혹은 정보 디자이너로서의 발상의 전환이 요구된다고 하겠다.

(3) 정보 해석자(information interpreter)

미래의 저널리스트는 기존의 게이트 키퍼(gate-keeper)로서의 역할보다는 특정 뉴스나 정보에 대해 전문적인 식견을 갖고서 정보의 진위를 판단해주거나 정확한 배경을 설명해주는 정보 분석가(information analyst) 혹은 정보 해석자(information interpreter)로서의 역할이 보다 중요해질 수 있다. 즉 미래의 다채널 다매체 시대에는 쏟아지는 정보의 홍수 속에서 꼭 필요한 정보만을 찾아주는 검색 기능이 발달한 개인형 미디어(personal media)를 필요로 할 수 있다는 점에서 미래의 저널리스트는 정확한 정보 검증 능력을 갖춘 정보 분석가 혹은 해석자로서의 역할이 보다 중요해질 수 있다. 가령 블로그나 인터넷 TV와 같은 1인 미디어 형태의 매체는 전통적인 의미의 게이트 키핑(gate-keeping) 과정이나 아무런 여과 장치 없이 정보가 그대로 전달될 수 있기 때문에 정보의 진위를 확인하기가 어렵고 따라서 해당 정보를 액면 그대로 받아들인다는 것은 많은 위험이 따를 수 있다. 따라서 앞으로의 미디어는 정보의 신뢰성이나 정보에 대한 사실 판단이 매우 중요한 쟁점이 될 수 있으며 따라서 저널리스트의 가장 중요한 임무 가운데 하나는 어떤 정보가 신뢰할만한 것인지 정보의 진위를 확인해주는 데 있다고 할 수 있다. 이런 의미에서 미래의 저널리스트는 단순한 사실(facts)의 통로 혹은 사실의 처리자라기 보다는 정보 검증 능력을 갖춘 정보 해석자로서의 역할을 필요로 할 수 있다(Craig(2005), p.13).

(4) 멀티 플레이어(multi player)

미래의 뉴스 생산 조직은 전통적인 의미의 기존 뉴스 생산 조직과 더불어 온라인 뉴스만을 위한 별도의 제작 시설과 인력을 갖춘 온라인 전문 조직이 늘어나는 한편 신문과 방송, 인터넷을 아우르는 새로운 통합형 뉴스룸으로 발전할 가능성이 있다. 이러한 통합형 뉴스룸은 자연스럽게 하나의 뉴스를 인쇄 매체나 방송 매체뿐만 아니라 인터넷 매체 등 다양한 매체에 제공함으로써 원 소스 멀티 유스(one source multi use)를 지향하는 크로스 미디어(cross media) 전략을 추구하게 될 것이다. 실례로 미국 <시카고 트리뷴>

(Chicago Tribune)의 경우 라디오와 TV, 신문, 인터넷을 아우르는 새로운 형태의 통합형 뉴스룸을 운영하고 있는데 기사의 유형이나 마감 시간에 따라 신문 기자가 취재를 나가기도 하고 방송 기자나 온라인 기자가 취재를 나가기도 한다. 그러나 어느 경우가 됐건 가장 적합하다고 판단된 매체의 기자가 현장에 나가 취재한 뉴스는 시청자와 독자, 그리고 온라인 이용자를 동시에 겨냥하는 원 소스 멀티 유스 형태로 활용된다. 따라서 <시카고 트리뷴>과 같은 이러한 통합형 뉴스룸은 상황에 따라 인쇄 매체 기자가 디지털 카메라나 녹음기를 들고 현장에 나가기도 한다(Craig(2005), p.21).

국내 일부 신문이나 방송의 경우에도 기존 매스 미디어 뿐만 아니라 디지털멀티미디어방송(DMB)과 같은 모바일 미디어를 위해서도 뉴스를 제공하는 원 소스 멀티 유스형 미디어를 지향하고 있다. 따라서 미래의 저널리스트는 인쇄 매체와 방송 매체뿐만 아니라 모바일 미디어 등 다양한 매체를 대상으로 취재를 하는 멀티 플레이어로서의 역할이 요구된다고 하겠다. 요컨대 미래의 저널리스트는 전통적인 의미의 기사 작성자이면서 동시에 사진 기자와 방송 리포터 나아가 프로듀서 혹은 감독의 역할까지 해야 하는 전방위적인 멀티 플레이어로서의 자질을 필요로 한다. 이러한 멀티 플레이어형 저널리스트는 새로운 뉴미디어뿐만 아니라 기존 매스 미디어의 경우에도 필요로 하고 있다는 점에서 이는 21세기 다매체 다채널 시대의 새로운 기자의 자질이라고 할 수 있다.

(5) 모바일 저널리스트(mobile journalist)

미래의 뉴스 생산 조직은 신문과 방송, 인터넷을 한데 아우르는 새로운 형태의 통합형 뉴스룸을 지향할 수 있지만 다른 한편으로는 기존의 물리적 공간 개념을 초월한 가상 뉴스룸(virtual newsroom)도 생각해 볼 수 있다. 이러한 가상 뉴스룸은 전 세계 어느 곳이 됐든 서로 네트워크로 연결만 돼있으면 기자가 사무실에 직접 들를 필요 없이 현장에서 곧바로 기사나 사진, 동영상 자료를 전송할 수 있고 사이버 공간에 자리 잡고 있는 데스크나 편집자가 즉시 이를 처리할 수 있다. 경우에 따라서는 기자뿐만 아니라 수용자도 직접 뉴스 생산 및 제작 과정에 참여하는 열린 형태의 가상 뉴스룸으로 운영될 수도 있다(Pavlik(2001), p.106-107). 이러한 가상 뉴스룸은 어떠한 형태가 됐건 기자가 현장에서 직접 취재원을 만나 취재하거나 인터넷에 접속해 정보를 검색하고 확인해서 기사를 송고하는 모바일 저널리스트(mobile journalist)를 가능케 한다. 그렇게 되면 현장에서 뉴스의 취재 및 확인 등 모든 활동을 끝내는 모바일 취재보도가 가능함으로써 무선 인터넷과 휴대 전화 등을 이용한 모바일 미디어를 중심으로 모바일 저널리스트와 모바일 수용자가 서로 뉴스와 정보를 주고받는 모바일 저널리즘이라는 새로운 형태의 저널리즘으로 발전할 수 있다. 이러한 모바일 저널리스트는 정보 통신 기술의 지속적인 발전으로 모바일 저널리즘에 적합하도록 개발된 기자 전용의 입는 컴퓨터(wearable computer)와 휴대 인터넷, 위치 추적 시스템, 디지털 이미지 및 사운드 센서 등 최첨단 모바일 장비로 무장한 전형적인 21세기형 저널리스트의 모습을 보여줄 수 있다. 이러한 모바일 저널리스트는 세계 어디에서라도 기사의 송고가 가능하며 특히 통신이 불가능한 오지나 정보를 확인할 길이 없는 낯선 환경에서 혹은 마감 시간에 임박해 일을 해야 할 경우 현장에서 모든 취재보도 활동을 끝낼 수 있다는 점에서 뉴스 생산의 효율성을 극대화시킬 수 있다(Pavlik(2001), p.54-60).

정리하기

- ❑ 디지털 혁명 혹은 유비쿼터스 혁명으로 인한 언론 환경의 변화로 뉴스를 취재하고 보도하는 방식에 변화가 일어나면서 인터넷 웹 사이트를 비롯해 온라인상에서 활동하는 수많은 네티즌들과 그들의 커뮤니티가 중요한 취재 대상이 되면서 인터넷을 활용한 온라인 취재보도가 새로운 취재보도 방식이 되고 있다.
- ❑ 온라인 취재보도와 관련해 한 가지 주목할 만한 것은 엑셀이나 액세스와 같은 컴퓨터 소프트웨어를 활용해 방대한 양의 전산 자료를 분석해 기사화하는 컴퓨터 활용 취재보도(CAR) 기법의 도입이다. CAR는 단순

히 컴퓨터로 기사를 쓰는 것을 의미하는 것이 아니라 컴퓨터를 활용해 온라인상의 데이터를 찾고 분석함으로써 무의미한 것처럼 보이는 통계나 데이터에서 의미 있는 기사를 찾아내 보도하는 것을 말한다.

❑ 미래의 저널리스트는 전통적인 의미의 글쓰기 능력뿐만 아니라 온라인 정보 검색, 편집, 디자인 등 다방면에 걸쳐 많은 것을 알고 있는 웹 전문 콘텐츠 생산자이자 특정 뉴스 혹은 정보에 대해 전문적인 식견을 갖고서 정보의 진위를 판단해주거나 정확한 배경을 설명해주는 정보 분석가(information analyst) 혹은 정보 해석자(information interpreter)로서의 역할이 요구될 수 있다. 미래의 저널리스트는 또 전통적인 의미의 기사 작성자이면서 동시에 사진 기자와 방송 리포터 나아가 프로듀서 혹은 감독의 역할까지 해야 하는 전방위적인 멀티 플레이어로서의 자질을 필요로 할 수 있다.

2. 온라인 취재보도란 무엇인가?

1) 온라인 취재보도의 개념

온라인 취재보도에 대한 개념 정의에 앞서 먼저 컴퓨터 활용 취재보도(Computer-Assisted Reporting: CAR)의 정확한 의미부터 살펴볼 필요가 있는데 CAR라는 용어는 미국의 언론인인 테스 치치오코(Tess Chichioco)가 1989년 미국의 언론 전문 잡지인 에디터스 & 퍼블리셔(Editors & Publisher)에 기고한 글에서 처음 사용하였다. 그 후 진 워드(Jean Ward), 캐더린 한센(Katherine Hansen)과 같은 학자들이 신문 기자들의 취재보도 경향을 연구하는 과정에서 컴퓨터를 이용하는 사례를 발견하고 이를 CAR라고 부르게 됐다(Defleur, 1997; 황용석 · 권혜진(2002), p.16 재인용). 이러한 CAR는 말 그대로 컴퓨터를 활용한 취재보도를 말한다. 그러나 이는 단순히 컴퓨터로 기사를 쓰는 것을 의미하는 것이라기보다는 전문 컴퓨터 소프트웨어를 활용해 무의미한 것처럼 보이는 통계 자료에서 의미 있는 스토리를 찾아내 기사를 만들고 보도하는 것을 말한다고 할 수 있다. 즉 CAR는 다양한 정보원을 통해 획득한 광범위한 기초 데이터를 데이터 분석용 전문 소프트웨어를 활용해 계산(counting), 정렬(sorting), 병합(merging) 등 각종 분석 기법에 의해 데이터 속에 숨어있는 사실을 찾아내 보도하는 것을 일컫는다.

CAR는 1980년대부터 정보통신 기술을 탐사 보도에 활용하려는 시도의 일환으로 탐사 보도 전통과 밀접한 관계를 맺고 언론계에 보급돼 왔는데 전통적 의미에서의 CAR는 고도의 전문적인 정보 분석 기법 및 탐사 보도 기법과 연관을 갖고 있다는 점에서 일반적인 인터넷 활용 취재보도(Internet Assisted Reporting) 즉 인터넷 검색 사이트나 홈페이지 등 인터넷에 기반을 둔 초보적 형태의 정보 획득 및 보도 활동과는 다르다고 할 수 있다(우병현(2001), p.151-152). 다음 사례를 보면 단순한 인터넷 활용 취재보도와는 다른 CAR의 독특한 특성을 알 수 있다.

2000년 8월 9명의 한국인 기자들과 함께 미국의 미주리 대학에서 3주간 미국탐사보도협회(IRE)와 컴퓨터활용취재보도연구소(NICAR)가 주관하는 CAR 연수를 받은 적이 있는데 당시 강사는 IRE 사무총장이었던 브랜트 휴스턴(Brant Houston)과 <워싱턴포스트>의 조 크레이븐(Jo Craven) 기자였다. 그녀는 3명의 동료 기자들과 함께 8개월 동안 워싱턴 DC 시당국과 미 연방수사국(FBI) 등으로부터 방대한 양의 자료를 입수해 DB로 만든 뒤 컴퓨터 프로그램으로 정밀 분석해 <워싱턴포스트> 1면에 미국의 수도인 워싱턴 DC 소속 경찰이 1990년 이래 미국 전역의 대도시중 가장 총기 발사율이 많고 민간인 사망 사고율도 많다는 사실을 보도하였다.

'치명적인 폭력: 워싱턴 DC 경찰 총기 발사 전국 선두(Deadly Force: D. C. Police Lead Nation in Shootings)'라는 제목으로 1998년 11월 15일부터 19일까지 5회에 걸쳐 연재된 이 기사는 경찰 총기 사고의 주된 원인이 부적절한 훈련과 감독 소홀에 따른 총기의 부적절한 사용에 있다는 사실도 고발하였다(Craven, 1999). 방대한 양의 자료를 전문적인 데이터 분석 소프트웨어를 활용한 체계적이고 과학적인 분석을 통해 작성한 이 기사는 CAR의 전형적인 한 사례라고 할 수 있는데 크레이븐과 동료 기자들은 이 기사로 1999년 공공 부문(public service) 퓰리처상을 받았다.

그런데 CAR라는 용어 자체가 컴퓨터 활용 취재보도라는 매우 포괄적인 의미를 갖고 있듯이 넓은 의미에서 볼 때 CAR는 전문적인 데이터 분석 소프트웨어를 활용한 보도뿐만 아니라 컴퓨터를 이용한 전반적인 취재보도 활동까지를 포괄한다고 할 수 있다. 즉 CAR는 '특정 사건이나 정보를 컴퓨터로 검색, 검사, 조사하여 그 결과를 보도하거나 그와 관련된 활동에 컴퓨터를 이용하는 기법'(추광영, 1988)으로, 여기에는 인터넷과 같은 온라인을 이용한 작업뿐만 아니라 CD-ROM, 플로피디스크 등 오프라인 작업 과정에서 컴퓨터를 이용하는 전반적인 취재보도 활동을 포괄하는 것으로 정의할 수 있다(권만우(2003), p.67). CAR의 대표적인 옹호자 가운데 한사람인 노라 폴(Nora Paul)도 CAR의 점진적인 변화에 대해 얘기하면서 사람이나 정보를 찾기 위해 단순히 인터넷을 이용하는 것도 CAR의 한 형태라고 설명하고 있다(Ward(2002), p.70). 브랜트 휴스턴(Brant Houston) 역시 CAR란 기자가 컴퓨터를 활용해 기사를 작성하는 것뿐만 아니라 온라인 데이터베이스를 통해 광범위하게 조사하는 것, 정부 기관으로부터 방대한 자료를 획득하고 이를 분석하는 것, 그리고 보다 높은 수준과 심층적인 맥락에서 기사를 보도하기 위해 이러한 분석을 이용하는 것을 말한다(Houston(1999), p.3)고 설명하고 있다. 요컨대 넓은 의미에서 컴퓨터 활용 취재보도란 기사의 취재, 작성, 편집, 배포 등에 컴퓨터와 인터넷을 이용하는 것이라고 정의할 수 있다.

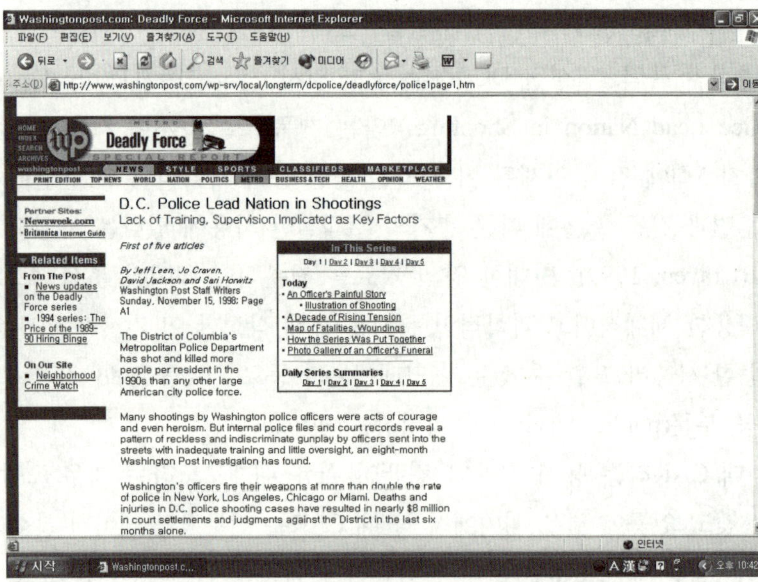

〈CAR 사례〉

출처: http://www.washingtonpost.com/wp-srv/local/longerm/dcpolice/deadlyforce/police1page1.htm

온라인 취재 보도란 이러한 넓은 의미의 컴퓨터 활용 취재보도 가운데 인터넷 즉 온라인의 활용에 초점을 맞춘 취재보도 활동을 의미한다. 즉 넓은 의미에서 온라인 취재보도란 기사의 취재, 작성, 편집, 배포 등에 인터넷과 같은 온라인을 이용하는 것을 말하며 여기에는 온라인 취재를 통해 수집한 정보를 컴퓨터를 이용해 가공하는 것 즉 CAR라고 부르는 컴퓨터 활용 취재보도도 일정 부분 포함된다. 그리고 좁은 의미에서 온라인 취재보도는 새로운 기사의 발굴 다시 말해 뉴스 수집(news gathering) 과정에 인터넷 즉 온라인을 활용하는 것으로 국한해서 정의내릴 수 있다.

온라인 취재보도가 주목을 받는 이유는 컴퓨터와 네트워크가 기존의 전통적인 기사 발굴 방법만으로는 찾기 어려운 특종 기사나 기획 기사를 생산해 낼 수 있는 잠재력을 갖고 있기 때문이다(권만우(2003), p65). 특히 CAR를 모르는 기자는 정부 관리나 정보원이 던져주는 정보만 얻어먹고 사는 애완견 혹은 동물원에 갇힌 동물이나 다름없다(Houston(1999), p.5)는 표현처럼 CAR는 취재원이 제공하는 보도 자료나 2차적인 데이터 분석 자료에 의존하지 않고 기자가 직접 원본 데이터에 대한 검색과 분석을 통해 기존의 상투적인 발표 저널리즘 혹은 관변 저널리즘에서 탈피해 좀더 과학적이고 객관적인 보도를 함으로써 저널리즘의 새로운 지평을 열어가고 있다는 점에서 관심을 끌고 있다. 아울러 인터넷의 등장은 많은 공공 정보와 상업용 정보들을 인터넷상에서 이용할 수 있도록 해 컴퓨터 활용 취재보도의 개념을 데이터베이스 저널리즘에서 네트워크 저널리즘으로 확대시킴으로써 기자들의 취재보도 활동의 효율성을 높이는데 크게 기여하고 있다(황용석 · 권혜진(2002), p.19).

이처럼 온라인 취재보도는 전통적인 의미의 취재보도 방법을 보완하기 위한 보조 수단으로 활용되던 수준에서 벗어나 기존의 취재보도 방식만으로는 불가능한 새로운 기사 거리를 발굴하기 위한 보다 적극적인 의미의 새로운 취재 방식으로 그 활용 범위가 확대되고 있다.

〈온라인 취재보도와 인터넷〉

2) 온라인 취재보도의 영역

노라 폴(Nora Paul)에 따르면 컴퓨터 활용 저널리즘(computer-assisted journalism)은 4R 즉 컴퓨터를 활용한 취재(computer-assisted reporting), 컴퓨터를 활용한 연구 조사(computer-assisted research), 컴퓨터를 활용한 참고 정보 확인(computer-assisted reference), 컴퓨터를 활용한 만남(computer-assisted rendezvous) 등 네 가지 영역으로 구분될 수 있다(Paul(1999), p.3-4). 앞서 얘기한 협의의 개념으로서의 온라인 취재보도 즉 뉴스 수집(news gathering)에 초점을 맞춘 온라인 취재보도 역시 온라인을 활용한 취재, 온라인을 활용한 연구 조사, 온라인을 활용한 참고 정보 확인, 온라인을 활용한 만남 등 네 가지 영역으로 구분해 볼 수 있다.

(1) 온라인을 활용한 취재

온라인을 활용한 취재란 넓은 의미에서 우리가 통상적으로 생각하고 있는 전통적인 의미의 취재 활동에 인터넷 즉 온라인을 활용하는 것을 말한다. 노라 폴이 언급한대로 인터넷은 기사 아이디어 구상(story idea), 취재 시작(begin reporting), 취재 과정(during reporting), 기사 작성(during reporting) 등 모든 취재보도 단계에서 유용하게 활용될 수 있다(Paul(1999), p.5). 인터넷은 웹 사이트에 올려진 각종 자료는 물론이고 게시판이나 토론방 혹은 뉴스그룹 등에 대한 관찰이나 참여를 통해 기사 소재를 발굴하거나 특종 기사 혹은 기획 기사가 될만한 정보를 찾아내는데 유용하게 활용될 수 있다. 가령 국내 대부분의 인터넷 사이트의 경우 이용자가 이메일이나 게시판, 토론방, 채팅룸 등 다양한 채널을 통해 자신의 의견이나 정보를 전달하도록 하고 있는데 불특정 다수 이용자들의 이러한 온라인 커뮤니티는 기사가 될만한 정보를 찾아내거나 특정 이슈나 사안에 대한 여론의 흐름을 탐지할 수 있는 유용한 도구가 될 수 있다. 이러한 온라인을 활용한 취재는 좁은 의미에서는 앞서 얘기한 CAR 즉 온라인 작업을 통해 획득한 기초 데이터를 스프레드시트(spreadsheet)나 데이터베이스(database) 관리 프로그램과 같은 전문적인 데이터 분석용 컴퓨터 소프트웨어를 활용해 정밀 분석해 의미를 추출해내 것을 말한다. 이러한 CAR 기법은 전통적인 의미의 취재 방식 즉 인터뷰나 현장 답사, 보도 자료, 제보 등을 통한 취재를 보완해줄 뿐만 아니라 인터넷 웹 사이트에 올려진 각종 온라인 데이터를 다운받아 분석함으로써 특종 혹은 기획 보도를 할 수 있는 기회가 많기 때문에 CAR는 디지털 시대의 새로운 취재 기법으로서 상당한 잠재력을 갖고 있다고 할 수 있다.

(2) 온라인을 활용한 연구 조사

온라인을 활용한 연구 조사란 보고서나 연구 논문 등과 같은 온라인 데이터베이스를 활용하는 것을 말한다. 온라인을 활용한 취재와 온라인을 활용한 연구 조사는 서로 유사한 측면이 있는데 온라인을 활용한 취재가 인터뷰나 직접적인 관찰, 자체적인 컴퓨터 분석 등 일차 자료(primary sources)에 의존하는 것이라면 온라인을 활용한 연구 조사는 이차 자료(secondary sources)를 사용한다는 점에서 차이가 있다고 하겠다. 온라인으로 접근 가능한 이러한 이차 자료의 활용은 기자가 취재하고자 하는 특정 사안에 대한 배경 정보 등 기사에 필요한 각종 정보를 제공해준다.

(3) 온라인을 활용한 참고 정보 확인

온라인을 활용한 참고 정보 확인이란 기사를 작성하는데 필요한 단순한 사실이나 용어, 통계 등을 확인하는 것을 말한다. 과거에는 사소하지만 기사를 쓰는데 매우 중요한 이러한 정보를 찾는데 누툼한 백과사전이나 용어 사전, 연감 등을 일일이 뒤져봐야 했지만 지금은 컴퓨터와 인터넷을 사용해 아주 편리하고 빠르게 검색할 수 있게 됐다.

(4) 온라인을 활용한 만남

기자는 인터넷 웹 사이트 등 온라인상에서 활동하는 네티즌들과 그들의 수많은 커뮤니티를 통해 다양한 부류의 사람들을 만날 수 있다. 동호회 게시판이나 토론방, 채팅룸, 뉴스 그룹, 메일 리스트 등이 여기에 해당된다고 할 수 있는데 기자는 이러한 온라인 커뮤니티를 통해 사람들의 대화에 귀를 기울이기도 하고 취재원 혹은 인터뷰 대상자를 만나거나 소개받기도 한다. 또 이메일 접촉이나 이메일을 활용한 인터뷰 혹은 대담과 같은 다양한 방식을 통해 취재에 도움을 줄 만한 사람을 만나거나 직접 취재원으로부터 정보를 얻기도 한다.

〈온라인을 활용한 만남〉

온라인을 활용한 이러한 만남은 시공간의 제약을 받지 않기 때문에 신속성과 저비용의 효율성 등으로 인해 공간적으로 혹은 시간적으로 정상적인 인터뷰가 어려울 때 특히 효과적이라고 할 수 있다. 또 국내 인터넷 신문의 경우 인터넷 신문 이용자가 직접 취재 기자와 이메일을 교환하거나 기사에 대한 의견달기, 게시판, 토론방, 채팅룸 등 다양한 채널을 통해 자신의 의견이나 정보를 직접 전달하도록 하고 있는데 기자는 이러한 다양한 상호작용 기제를 통해 수용자들과 만남을 갖거나 다양한 피드백을 받을 수 있다.

정리하기

- ❑ 넓은 의미에서 컴퓨터 활용 취재보도(CAR)란 기사의 취재, 작성, 편집, 배포 등에 컴퓨터와 인터넷을 이용하는 것이라고 정의할 수 있는데 온라인 취재보도란 이러한 넓은 의미의 컴퓨터 활용 취재보도 가운데 온라인 특히 인터넷의 활용에 초점을 맞춘 취재보도 활동을 의미한다. 즉 온라인 취재보도란 기사의 취재, 작성, 편집, 배포 등에 인터넷 즉 온라인을 이용하는 것을 말하며 여기에는 수집한 정보를 컴퓨터를 이용해 가공하는 것 즉 흔히 CAR라고 부르는 컴퓨터 활용 취재보도도 일정 부분 포함된다.
- ❑ 온라인 취재보도가 주목을 받는 이유는 컴퓨터와 네트워크가 기존의 전통적인 기사 발굴 방법만으로는 찾기 어려운 특종이나 기획 기사를 생산해낼 수 있는 잠재력을 갖고 있기 때문이다. 인터넷의 등장은 많은 공공 정보와 상업용 정보들을 인터넷상에서 이용할 수 있게 함으로써 컴퓨터 활용 보도의 개념을 데이터베이스 저널리즘에서 네트워크 저널리즘으로 확대시켜 취재보도 활동의 효율성을 높이는데 크게 기여하고 있다.
- ❑ 온라인 취재보도는 온라인을 활용한 취재, 온라인을 활용한 연구 조사, 온라인을 활용한 참고 정보 확인, 온라인을 활용한 만남 등 크게 네 가지 영역으로 구분해 볼 수 있다.

제2장 온라인 뉴스의 기획 및 취재

1. 온라인 뉴스란 무엇인가?

1) 온라인 뉴스의 개념과 특성

(1) 온라인 뉴스의 개념

뉴스(news)라는 말은 통상적으로 소식 또는 새로운 것이라는 의미를 갖고 있는데 웹스터 사전은 뉴스에 대해 '새로운 사건이나 정보의 보도(a report of a recent event; new information)' 혹은 '신문, 잡지 또는 방송에 보도된 것(what is reported in a newspaper, news periodical, or news broadcast)'이라고 정의하고 있다(Webster's Third New International Dictionary, 2003). 여기서 보도된(reported)이라는 말에 주목할 필요가 있는데 이는 새로운 정보나 사건이라고 해서 보두 뉴스가 되는 것은 아니고 그것이 미디어를 통해 보도됐을 때에만 뉴스가 된다는 것을 의미한다. 즉 뉴스는 사건과 미디어가 결합돼 발생하는 것으로 미디어는 뉴스의 배포 역할을 수행함과 동시에 뉴스의 신뢰성과 권위를 보장하게 된다(McQuail(2000); 양승찬 외 공역(2002), p.407). 이처럼 뉴스란 사건 자체가 아니라 사건의 보도 다시 말해 사건에 대한 기술 혹은 실명이라고 할 수 있는데 그렇다면 온라인 뉴스(online news)란 무엇일까.

온라인 뉴스

- 온라인 미디어를 통해 보도된 새로운 정보나 사건
- 0과 1로 표현되는 비트의 조합으로 이뤄진 디지털 상태의 뉴스

〈온라인 뉴스의 개념〉

앞서 얘기한 뉴스의 개념을 온라인에 적용해보면 온라인 뉴스란 온라인 미디어를 통해 보도된 새로운 정보나 사건이라고 정의할 수 있다. 즉 온라인 뉴스란 온라인 미디어를 통해 디지털 방식으로 처리되고 전송되는 뉴스를 의미한다. 다시 말해 온라인 뉴스란 글자나 소리, 사진, 동영상 등 여러 가지 형태의 정보를 0과 1로 표현되는 비트의 조합 즉 디지털 신호로 바꿈으로써 0과 1이라는 두 가지 기호의 조합으로 이뤄진 디지털 상태의 뉴스를 말한다.

뉴스가 종이 신문 위에 잉크로 인쇄돼 있으면 이는 아날로그 상태의 뉴스다. 그러나 뉴스가 인터넷 신문과 같은 온라인 미디어를 통해 제공되거나 배포되면 이는 디지털 상태의 온라인 뉴스라고 할 수 있다.

다음 도표에서 볼 수 있듯이 대체적으로 온라인 뉴스는 컴퓨터나 휴대 전화 화면을 통해 뉴스를 전달해야 하는 물리적인 전달 시스템의 차이로 인해 기존 신문이나 방송 뉴스에 비해 다음과 같은 몇 가지 단점을 갖고 있다 (Craig (2005), p.89).

첫째, 신문은 전면을 펼쳐 놓고 관심 있는 제목이나 주제 혹은 사진이 게재된 기사를 쉽게 찾아갈 수 있다. 즉 신문은 독자들이 쉽게 모든 기사를 훑어볼 수 있도록 잘 구조화된 형식을 통해 뉴스를 배열함으로써 가독성을 높여줄 수 있다. 반면 컴퓨터 화면은 신문 지면에 비해 크기가 작기 때문에 신문처럼 한꺼번에 모든 정보를 다 보여줄 수 없는 단점을 갖고 있다. 둘째로, TV 뉴스는 생방송 혹은 녹화 방송을 통해 아무런 끊어짐 없이 안정적으로 양질의 비디오 영상을 보여줄 수 있다. 그러나 온라인 뉴스는 TV 뉴스에 비

온라인 뉴스의 강점과 약점

매체	강점	약점
온라인 뉴스	-즉시 업데이트할 수 있다. -사진, 비디오, 오디오를 첨부할 수 있다. -현장 생중계가 가능하다. -방송 매체에 비해 훨씬 심도 있는 보도가 가능하다	-컴퓨터를 켜야 하는 불편함이 있다. -비디오 화질이 떨어진다. -집중력을 요구한다. -다운로드 속도가 신속한 접근을 방해한다. -때때로 정보의 신뢰성이 문제가 된다.
신문	-기사를 넓게 펼쳐 놓고 볼 수 있다. -난해한 개념에 대한 설명이 가능하다. -사진을 첨부할 수 있다. -많은 주제를 심층 보도할 수 있다. -독특한 스타일의 기사 작성 및 보도가 가능하다.	-특별한 경우를 제외하곤 하루에 한 번만 발행한다. -비디오나 오디오를 사용할 수 없다. -현장 생중계가 불가능하다. -집중력을 요구한다. -마감 시간이 종종 심층 분석을 방해한다.
TV	-대부분의 사건 및 인터뷰에 대해 양질의 영상을 보여줄 수 있다. -사건이나 긴급 뉴스에 대한 생중계가 가능하다. -즉시 업데이트할 수 있다. -TV는 어느 곳에나 존재하는 편재성이 있다.	-종종 심층 보도가 제한적이어서 피상적일 수 있다. -인쇄 매체나 온라인 매체에 비해 많은 주제를 다룰 수 없다. -종종 오락 프로그램 도중 뉴스가 끼어든다.
라디오	-대부분의 사람이 자동차 안에서 라디오를 들을 수 있어 편리하다. -완전한 집중을 요구하지 않는다. -즉시 업데이트할 수 있다. -생중계가 가능하다. -사건 및 인터뷰에 관한 오디오를 사용할 수 있다.	-사진이나 비디오를 사용할 수 없다. -인쇄 매체와 같은 심층 보도나 TV와 같은 영상 요소가 부족하다. -종종 오락 프로그램 도중 뉴스가 끼어든다.
뉴스 잡지	-다른 어떤 매체보다도 뉴스에 대한 심층 분석이 가능하다. -탁월한 컬러 사진을 제공할 수 있다. -독특한 스타일의 기사 작성 및 보도가 가능하다. -다양한 주제를 다룰 수 있다.	-대개 일주일에 한번만 발행되며 따라서 종종 올드 뉴스를 다루게 된다. -비디오나 오디오를 사용할 수 없다. -생중계가 불가능하다.

출처: R. Craig(2005), *Online Journalism: Reporting, Writing and Editing for New Media*, p.8. 재구성.

해 화질이 다소 떨어지는 제한된 영상을 보여줄 수밖에 없는 취약점을 갖고 있다. 셋째, 연구 결과에 따르면 컴퓨터 이용자들은 장문의 텍스트로 된 온라인 뉴스를 읽을 때 불편함을 느낀다. 또 초보 이용자들의 경우 온라인 뉴스 사이트를 찾아다니다 길을 잃게 되면 짜증을 내게 되고 그렇게 되면 해당 사이트를 다시 찾아오지 않을 수도 있다. 넷째, 온라인 뉴스는 컴퓨터 화면을 통해 작은 글자로 된 텍스트를 보여주기 때문에 TV와 신문을 동시에 보는 것과 같은 눈의 긴장을 유발해 피로감을 더해줄 수 있다.

이러한 단점에도 불구하고 온라인 뉴스는 다른 매체가 따라올 수 없는 몇 가지 탁월한 장점을 갖고 있다(Craig(2005), p.90-91).

첫째, 온라인 뉴스는 링크 기능을 통해 이용자들로 하여금 해당 주제에 대해 좀 더 많은 것을 읽을 수 있는 기회를 제공할 수 있다. 둘째, 온라인 뉴스는 즉시 그리고 정기적으로 업데이트할 수 있다. 셋째, 공간의 제한이 없는 심층 보도가 가능하다. 넷째, 기사에 오디오와 비디오를 비롯해 온라인 고유의 콘텐츠를 추가할 수 있다. 다섯째, 기사를 아카이브(archive) 형태로 저장할 수 있다.

(2) 온라인 뉴스의 특성

온라인 뉴스는 온라인 뉴스의 기반이 되고 있는 디지털의 기술적 특성상 몇 가지 차원에서 기존 매스 미디어가 제공해온 전통적인 의미의 뉴스와는 다른 차이점을 갖고 있다. 온라인 뉴스만이 갖고 있는 이러한 고유한 특성은 온라인 이용자들이 뉴스를 읽고 받아들이는 방식에 영향을 미치게 되며 나아가 기자들이 기사를 작성하고 전달하는 방식에도 영향을 미치게 된다.

✪ 온라인 뉴스는 시간과 공간의 제약이 없는 범지구적인 실시간 뉴스다.

인터넷 신문 혹은 인터넷 방송과 같은 온라인 미디어의 가장 큰 장점 가운데 하나는 마감 시간의 개념이 사라지고 뉴스의 실시간 제공이 가능해져 기존 종이 신문이 갖고 있던 속보성의 한계를 극복하게 됐다는 점이다. 가령 인터넷 신문은 기존의 종이 신문처럼 일정한 마감 시간이나 발행 주기가 따로 없이 24시간 언제든지 뉴스의 갱신 및 보완이 가능하기 때문에 시간적 제약으로부터 자유롭다. <오마이뉴스>를 예로 들면 <오마이뉴스>는 2000년 10월 13일 'YS 고대 앞 14시간 농성'이란 제목으로 김영삼 전 대통령의 고려대 정문 앞 대치 사건을 1신부터 24신까지 17시간 동안 24차례에 걸쳐 생중계함으로써 인터넷 뉴스의 즉시성 혹은 속보성을 유감없이 발휘한 바 있다(김익현(2003), p. 95).

마감 시간으로부터 자유로운 온라인 뉴스의 이러한 속보성은 그러나 다른 한편으로 매체 간 지나친 속보 경쟁으로 인해 심층 보도를 제약하는 요인으로 작용할 수도 있다는 점에서 양면성을 갖고 있다고 할 수 있다. 가령 미국의 인터넷 신문 <시카고 트리뷴>(www.chicagotribune.com)의 경우 15분 주기로 AP나 케이블 뉴스 등을 모니터하며 기사를 업데이트하기 때문에 인쇄 신문의 마감 시간대에 몰려있는 업무량과 긴장이 인터넷 편집국의 경우 15분 단위로 쪼개져 분산돼 있다(박성희(2001), P.149). 이처럼 온라인 뉴스의 실시간 속보 경쟁에 따른 마감 시간대의 분산은 특정 마감 시간대에 몰려있는 인쇄 신문의 시간적 압박보다 더 중압감을 주는 시간적 제약 요인으로 작용해 기획 보도나 탐사 보도와 같은 심층 보도를 저해하는 부정적 측면으로 나타날 수도 있다.

한편 온라인 뉴스는 통신 회선을 타고 빛의 속도로 이동하기 때문에 아무리 멀리 떨어진 곳이라도 빠른 시간 안에 뉴스가 전송된다. 따라서 온라인 뉴스는 시간적 제약뿐만 아니라 공간적 제약을 뛰어넘어 지구촌 어디에서라도 24시간 편리한 시간과 장소에서 클릭만 하면 뉴스를 바로 볼 수 있도록 지리적 경계가 없는 범지구적인 뉴스 서비스를 가능케 한다(황용석 · 이홍철(2000), p.19).

✪ 온라인 뉴스는 비선형적인 하이퍼텍스트 구조의 뉴스다.

인터넷 신문을 비롯한 온라인 미디어가 제공하고 있는 뉴스는 인터넷이 갖는 하이퍼링크의 기술적 장점을 기반으로 텍스트 간 링크를 극대화시킨 이른바 하이퍼텍스트(hypertext) 구조의 뉴스다. 따라서 인터넷 신문은 관련 기사나 데이터를 모아서 입체적으로 한꺼번에 보여줌으로써 지면의 제한 즉 공간적 제한이 없는 무한 편집이 가능하다. 기존 종이 신문은 제한된 지면 내에서 뉴스 가치에 따라 어떤 뉴스를 어디에 배치할 것인가 하는 뉴스의 취사선택이 매우 중요한 문제였다. 그러나 인터넷 신문은 하이퍼텍스트 구조의 뉴스로 인해 기사의 분량 제한이 없어져 지면의 제약으로부터 자유로워졌으며 심층 보도가 가능해졌다. 온라인 뉴스는 이러한 장점 때문에 호흡이 긴 기사와 짧은 기사를 자유자재로 쓸 수 있고 중요한 기사는 다른 관련 기사나 자료와 하이퍼링크로 연결시킴으로써 각종 정보와 데이터를 무한정 제공할 수 있다(김익현(2003), p.38). 인터넷 신문은 또 기존 종이 신문과는 달리 하이퍼텍스트 방식에 의한 비선형적 혹은 비순차적 구조에 의해 뉴스가 전달되기 때문에 인터넷 신문 독자는 논리적인 순서가 아니라 자유롭게 읽는 순서를 바꿀 수 있다. 따라서 인터넷 신문 이용자는 인터넷 신문을 통해 각자가 필요로 하는 뉴스와 정보를 원하는 만큼 원하는 순서에 따라 취사선택하면서 뉴스를 읽을 수 있어 수용자에 의한 뉴스의 재구성이 가능하다.

✪ 온라인 뉴스는 멀티미디어 뉴스다.

온라인 미디어가 제공하는 뉴스는 0과 1이란 두 가지 숫자로 이뤄진 디지털 신호의 집합이라고 할 수 있다. 즉 온라인 뉴스는 문자나 소리, 영상 등 우리 주변의 모든 정보가 디지털 신호로 변환된 디지털 상태의 뉴스다. 따라서 기존 종이 신문은 텍스트 위주의 기사 제공 형태를 가졌으나 인터넷 신문과 같은 온라인 미디어는 비트의 조합을 통해 텍스트 외에 사진, 그래픽, 음성, 동영상 등 다양한 형태의 정보를 하나의 미디어 시스템 내에서 통합적으로 전달하는 멀티미디어화된 뉴스의 제공이 가능하다. 다시 말해 온라인 미디어는 하이퍼텍스트와 멀티미디어가 결합된 하이퍼미디어로서 텍스트와 텍스트뿐만 아니라 소리나 동영상 등 서로 다른 이질적인 형태의 미디어들을 연결시킴으로써 신문과 방송, 통신의 경계를 넘나드는 멀티미디어 뉴스를 제공하고 있다.

✪ 온라인 뉴스는 상호작용 뉴스다.

온라인 미디어의 가장 중요한 특징 가운데 하나는 뉴스 생산자와 소비자 혹은 수용자간 상호작용 커뮤니케이션이 가능하다는 점이다. 기존의 종이 신문은 생산자가 수용자에게 일방적으로 메시지를 전달하는 일 대 다의 일방향 커뮤니케이션 위주였다. 그러나 인터넷 신문과 같은 온라인 미디어는 일 대 다의 매스 커뮤니케이션적 속성과 일 대 일의 대인적 커뮤니케이션의 속성을 모두 포괄하는 다차원적인 상호작용 커뮤니케이션이 가능하다. 대부분의 인터넷 신문은 수용자가 직접 취재 기자와 이메일을 교환하거나 기사에 대한 의견달기, 게시판, 토론방, 채팅룸 등 다양한 채널을 통해 자신의 의견이나 정보를 전달하도록 함으로써 기자와 수용자 혹은 수용자와 수용자간 활발한 상호작용 커뮤니케이션이 이루어지도록 하고 있다. 특히 특정 기사에 따라 붙는 불특정 다수 독자들의 댓글 달기는 종종 해당 기사보다 더 많은 정보를 제공해주는 등 인터넷 신문에서만 가능한 상호작용 뉴스의 새로운 지평을 열어가고 있다. 과거 종이 신문의 경우 기자는 말만 하면 됐지만 인터넷 신문의 경우에는 말하는 것뿐만 아니라 듣는 것도 중요한 부분이 됐다. 풀턴(K. Fulton, 1996)에 따르면 과거에는 기자가 어떻게 하면 공익적이고 가치가 있고 읽기에 재미있는 글을 쓸까를 주로 고민하였다. 그러나 인터넷 시대에는 관점을 바꿔야 하며 기사 자체를 생각하기 보다는 사람들과의 연결을 더 중시해야 한다(이재경(2002), p.221). 특히 일부 인터넷 신문의 경우에는 시민 기자 제도를 도입해 독자가 직접 기사를 게재하도록 하는 등 수용자 중심의 뉴스 생산 구조를 채택함으로써 소비자로 하여금 미디어에 대한 참여의 자유를 누릴 수 있도록 하고 있다. 가령 <오마이뉴스>의 경우 전문적인 직업 기자 외에 뉴스 게릴라로 불리는 시민 기자들을 동원해 다양한 소재의 뉴스를 제공하고 있다. 이는 뉴스 생산 단계에서부터 독자를 직접 참여시키는 상호작용 뉴스를 구현함으로써 뉴스 생산의 주체가 기자에서 수용자로 넘어가는 언론 권력의 이동 가능성까지 보여주고 있다는 점에서 주목을 끌고 있다.

✪ 온라인 뉴스는 데이터베이스(DB) 뉴스다.

온라인 뉴스의 데이터베이스(DB) 기능과 검색 기능 역시 온라인 뉴스의 중요한 특징 가운데 하나다. 인터넷 신문이나 인터넷 방송의 기사와 동영상은 언제든지 저장해두었다가 필요할 때에 볼 수 있다는 점에서 온라인 뉴스는 비동시적 뉴스라고 할 수 있다(남시욱(2001), p.325). 즉 온라인 뉴스는 디지털의 저장과 압축 기술을 활용해 텍스트와 음성, 영상 등 모든 정보를 무한정 저장할 수 있고 또 저장된 정보를 손쉽게 검색할 수 있다는 장점을 갖고 있다. 일부 인터넷 신문의 경우에는 DB 기능과 검색 기능을 활용해 해당 기사의 하단에 국내외 관련 기사뿐만 아니라 기사에 등장하는 전문 용어를 찾아볼 수 있도록 하는 다양한 서비스를 제공하고 있기도 하다. 이처럼 온라인 뉴스는 기사를 전달하는 것과 받는 것이 동시적이면서 비동시적인 뉴스로써 단발적 뉴스 제공으로 그치는 경우가 많은 기존 미디어와는 달리 기사의 DB화를 통해 이슈의 발생에서부터 소멸에 이르기까지의 전 과정을 통시적으로 일목요연하게 들여다볼 수 있게 해준다(진행남(2002), p.34).

온라인 뉴스는 또 뉴스를 구성 요소별로 쪼개서 저장해두면 나중에 필요한 요소들만 골라 같은 뉴스를 다양한 형태로 연출하는 등 뉴스의 재구성이 용이하다는 장점을 갖고 있다(공훈의(2001), p.27). 따라서 온라인 뉴스는 디지털 기술을 이용한 DB화를 통해 기존 신문이나 방송보다 훨씬 뛰어난 접근성과 함께 다양한 부가가치를 창출할 수 있다.

정리하기

- 뉴스(news)라는 말은 통상적으로 소식 또는 새로운 것이라는 의미를 갖고 있는데 웹스터 사전은 뉴스에 대해 '새로운 사건이나 정보의 보도(a report of a recent event; new information)' 혹은 '신문, 잡지 또는 방송에 보도된 것(what is reported in a newspaper, news periodical, or news broadcast)'이라고 정의하고 있다(Webster's Third New International Dictionary, 2003). 여기서 보도된(reported)이라는 말에 주목할 필요가

있는데 이는 새로운 정보나 사건이라고 해서 모두 뉴스가 되는 것은 아니고 그것이 미디어를 통해 보도됐을 때에만 뉴스가 된다는 것을 의미한다.

- ❑ 온라인 뉴스란 온라인 미디어를 통해 보도된 새로운 정보나 사건이라고 정의할 수 있다. 즉 온라인 뉴스란 온라인 미디어를 통해 글자나 소리, 사진, 동영상 등 여러 가지 형태의 정보를 0과 1로 표현되는 비트의 조합 즉 디지털 신호로 바꿈으로써 디지털 방식으로 처리되고 전송되는 디지털 상태의 뉴스를 말한다.
- ❑ 온라인 뉴스는 디지털의 기술적 특성상 하이퍼텍스트성, 멀티미디어성, 상호작용성 등 기존 매스 미디어가 제공해온 전통적인 의미의 뉴스와는 다른 특성을 갖고 있는데 이러한 특성들은 수용자들이 뉴스를 읽고 받아들이는 방식에 영향을 미치게 되며 나아가 기자들이 기사를 작성하고 전달하는 방식에도 영향을 미치게 된다.

2. 온라인 취재 기사의 기획 및 취재 방법

1) 온라인 취재 기사의 기획

온라인상에서 기사 거리를 찾는 방법은 크게 세 가지로 생각해 볼 수 있다. 하나는 기자가 특별한 목적 없이 여기 저기 온라인 사이트를 탐색하다가 우연히 뉴스가 될만한 사건이나 정보를 얻는 경우다. 두 번째는 독자나 정보원이 이메일 등을 통해 기사를 제보해주는 경우다. 세 번째는 기자가 특별한 문제의식이나 나름대로의 아이디어를 갖고서 미리 주제를 정한 다음 체계적인 취재를 통해 뉴스가 될만한 내용을 찾아내는 것이다. 이러한 유형의 기사를 흔히 기획 기사라고 하는데 심층 보도 혹은 탐사 보도는 이러한 유형에 해당된다고 할 수 있다. 여기서는 이러한 기획 기사에 초점을 맞춰 온라인 취재 기사를 구상하고 기획하는 단계에서 도움이 될만한 몇 가지 고려 사항들을 정리하면 다음과 같다(김경희 · 이재경 · 임영호(2003), p.45-46).

(1) 온라인 취재 기사 기획 시 고려 사항

✪ 기사의 주제 및 성격

온라인 취재 기사의 기획 단계에서 가장 중요한 것은 기사의 주제와 성격, 목적, 방향을 명확히 하는 것이다. 즉 온라인 취재 기획의 핵심은 누구에게 무엇을 어떻게 전달할 것인가 하는 것이다. 기자가 알고자 하는 것 혹은 독자들이 가장 궁금해 하는 것이 무엇인지 그리고 어떻게 어떠한 내용을 취재할 것인지를 명확히 하지 않으면 엉뚱한 곳에서 시간만 낭비할 가능성이 높다.

✪ 취재원 및 자료의 확보 가능성

본격적인 취재에 앞서 기사 작성에 필요한 자료 혹은 취재원에 대한 접근이 가능한지를 면밀히 판단해야 한다. 만약 온라인상의 자료가 없거나 있더라도 접근이 불가능하다면 경우에 따라서는 전통적인 방식의 오프라인 취재가 더 효율적일 수 있다. 따라서 온라인 취재가 기사 작성에 필요한 자료 혹은 정보를 확보할 수 있는 가장 확실한 방법인지를 잘 판단해서 경우에 따라서는 오프라인 취재 방식을 병행하거나 아예 온라인 취재를 포기하고 오프라인 취재로 전환하는 것이 필요하다.

✪ 인력 및 마감 시간

기사의 성격과 자료의 규모 및 확보 가능성, 마감 시간 등을 고려해서 단독 취재만으로도 충분히 가능한지 아니면 다른 부서 혹은 기자의 지원을 받거나 별도의 취재팀을 구성해서 취재에 나서야 하는지를 명확히 해야 한다.

✪ 매체의 특성

온라인 취재는 기획 단계에서부터 매체의 특성에 따라 수용자에게 가장 적합한 방식으로 정보를 전달하기 위한 나름대로의 취재 방법을 고려해야 한다. 즉 해당 주제에 대해 수용자들이 가장 잘 이해할 수 있도록 경우에 따라서는 텍스트와 사이트를 연결하거나 혹은 동영상이나 음성이 필요하다면 어떤 동영상 혹은 음성 자료를 확보해서 이를 어떻게 연결시켜야할지를 고려해야 하다. 이를 위해서는 각각의 매체 특성에 맞는 기사의 구조 혹은 표현 방식에 대한 깊은 이해가 필요하며 음성이나 동영상 파일에 대해서도 나름대로 전문적인 식견을 갖고 있어야 한다.

2) 온라인 취재 방법

온라인은 뉴스를 배포하기 위한 매체로서의 역할을 할뿐만 아니라 뉴스가 될만한 중요한 정보를 얻거나 분석하는데 유용하게 활용되는 취재 도구로 이용되고 있다. 우리나라의 경우 월드와이드웹(World Wide Web)의 등장과 함께 인터넷이 본격화되기 시작한 1990년대 초부터 본격적으로 취재에 인터넷이 활용되기 시작하면서 기자들의 취재 정보 입수 및 정보원과의 접촉 방식에 있어서도 큰 변화를 초래했는데 일반적으로 일선 기자들이 취재 과정에서 자주 활용하는 온라인 취재 방법을 살펴보면 다음과 같다.

✪ 웹 사이트 및 온라인 커뮤니티를 이용한 취재

과거에는 해당 출입처 사람을 직접 만나거나 사건 사고의 현장을 찾아가 기사 거리를 찾는 현장 취재 혹은 전화를 이용한 전화 취재가 보편적인 취재 방식이었다. 그러나 인터넷의 등장 이후 정부 기관이나 공공 기관 또는 연구소 등이 운영하는 인터넷 웹 사이트와 홈페이지를 비롯해 UN 본부 등 국제 기구 및 단체들의 사이트가 중요한 취재 대상이 되면서 온라인 출입처가 오프라인 출입처 못지않은 중요한 출입처가 됐다. 뿐만 아니라 동호회 카페 등 온라인상에서 활동하는 수많은 네티즌들과 그들의 커뮤니티 역시 중종 중요한 정보를 사전에 입수해 특종을 낚는 뉴스의 원천이 되고 있다. 가령 자살이나 청부 살인 등 사회적으로 문제가 될만한 온라인상의 각종 사회 현상이 톱뉴스로 보도되는 일이 많아 이러한 뉴스를 놓치지 않기 위해 온라인 커뮤니티를 탐색하는 기자들이 많다.

✪ 이메일을 이용한 취재

이메일 역시 기자들이 가장 자주 사용하는 온라인 취재 방법 가운데 하나다. 기자들이 뉴스 취재를 목적으로 수행하는 인터뷰는 형식에 따라 대면 인터뷰, 전화 인터뷰, 서면 인터뷰 등으로 구분할 수 있는데 최근에는 신속성과 저비용 등의 효율성으로 인해 이메일을 이용한 인터뷰 혹은 대담이 늘고 있다. 이메일 인터뷰는 취재원과의 감정적 교감이나 현장감이 없는 간접적인 인터뷰라는 점에서 일정한 한계를 갖고 있지만 대면 인터뷰나 전화 인터뷰가 불가능한 경우 뜻밖의 성과를 거두는 등 중요한 취재 수단으로 활용되고 있다.

〈이메일을 활용한 취재〉

또 독자 혹은 정보원이 이메일을 통해 기사를 제보하거나 뉴스가 될만한 자료나 사진을 보내주는 경우도 많아 기자와 독자간의 이메일 교환이 뉴스 취재를 위한 통로로 활용되고 있다. 보도자료 전달 방식도 과거에는 주로 인편이나 팩스를 이용했으나 요즘은 이메일을 통해 해당 출입처의 보도 자료를 받는 경우가 많고 특히 사진의 경우 전송이 신속하고 원본과 아무런 차이 없이 그대로 사용할 수 있어 이메일을 활용한 사진 자료의 전송이 늘고 있다. 이밖에 이메일을 통해 받아보는 뉴스 레터나 각종 소식지도 관련 분야의 최근 흐름과 정보를 파악할 수 있는 중요한 뉴스의 출처가 되고 있다.

✪ 데이터베이스(DB) 및 통계 자료 분석을 이용한 취재

인터넷을 이용하면 텍스트와 음성, 동영상 등 각종 정보를 디지털화한 다양한 유형의 데이터베이스(DB) 혹은 통계 자료에 쉽게 접근할 수 있어 DB를 활용한 취재보도가 활성화되고 있다. 개별 언론사들이 자체적으로 구축한 DB나 온라인상의 각종 상용 DB를 잘 활용하면 경우에 따라서는 발로 뛰는 취재보다 훨씬 더 많은 정보를 얻을 수 있을 뿐만 아니라 엑셀이나 액세스와 같은 컴퓨터 프로그램을 활용할 경우 무의미한 것처럼 보이는 통계나 데이터에서 의미 있는 기사를 찾아내 보다 체계적이고 과학적인 보도를 할 수 있다.

✪ 여론 조사를 이용한 취재

직접적인 온라인 여론 조사나 각종 웹 사이트 및 홈페이지에 개설된 게시판이나 토론방 등 온라인 토론 공간의 여론 동향을 파악해 이를 기사화하는 온라인 여론 조사 보도 역시 중요한 취재 방법이다. 가령 직접적인 온라인 투표나 설문 조사의 경우 한사람이 여러 번 투표에 참가함으로써 결과를 조작하거나 왜곡시킬 가능성도 있고 표본의 대표성 등 과학적인 통계 기준을 만족시켜 주지 못한다는 단점이 있기도 하지만 사전에 이러한 점들을 감안해 신뢰할 수 있는 데이터가 나올 수 있도록 설계한다면 기사 작성 시 중요한 자료로 활용될 수 있다.

◎ 검색 도구를 이용한 취재

언론 현장에서 일하다보면 제보자로부터 확보한 취재단서나 기사 아이디어를 토대로 실질적인 취재에 나설 경우 종종 어디서 무엇을 취재해야할지 막막할 경우가 있다. 또 찾고자 하는 정보가 있을 것 같은 사이트나 데이터베이스를 잘 모를 경우 관련 정보의 유형 혹은 특성에 따라 검색 엔진(search engine)이나 메타 검색 엔진(meta search engine)과 같은 검색 도구를 활용하면 정보원 혹은 취재원을 쉽게 찾아낼 수 있다. 가령 취재와 관련해 특정 정보나 구체적으로 생각하고 있는 핵심 단어나 문구가 있을 경우 구글이나 알타비스타와 같은 검색 엔진을 이용하면 의외로 쉽게 실마리를 풀어갈 수 있다. 이를 위해서는 기본적인 검색 도구의 기능과 이용 방법에 대해 숙지해둠으로써 이를 효율적으로 활용하기 위한 정보 검색 방법에 대해 나름대로 전문가가 돼야 한다.

3) 온라인 취재의 장점

◎ 정보 접근성의 확대

온라인 취재는 현장 취재나 전화 취재와 같은 전통적인 취재 방식으로는 확보하기 어려운 광범위한 정보에 대한 탐색을 통해 정보원을 다양화함으로써 보다 심층적인 보도를 할 수 있을 뿐만 아니라 기사 아이디어를 발굴하는데도 효과적으로 이용될 수 있다. 가령 정부 기관이나 공공 기관 또는 각종 국제기구의 경우 공식적인 보도 자료는 물론 각 부처의 예산 내역이나 월례 보고서 혹은 상정중인 법안 등 각종 정보를 웹 사이트에 올려놓는 경우가 많아 직접적인 방문이나 전화 문의와 같은 과정을 거치지 않고 필요할 때마다 이들 사이트에 접속해 기사 작성에 필요한 다양한 정보를 확보할 수 있다. 뿐만 아니라 온라인을 통해 자사 기사는 물론 타 언론사의 기사나 관련 자료를 손쉽게 검색해 쓰고자 하는 기사의 방향을 정하는데 참고 자료로 활용할 수 있다.

✪ 시간과 비용의 절약

온라인 취재는 시간과 공간의 제약을 극복한 신속성과 취재 과정에 소요되는 경비 절감 등 저비용의 효과로 인해 뉴스 생산의 효율성을 높일 수 있다. 가령 과거에는 확인이 불가능하거나 많은 시간이 소요됐던 특정 정보나 데이터를 검색 엔진이나 온라인 DB 혹은 웹 사이트를 활용해 신속하게 찾아낼 수 있을 뿐만 아니라 방대한 양의 전산 자료를 손쉽게 분류하고 분석함으로써 제한된 시간 내에 훨씬 더 생산적인 작업을 할 수 있다. 특히 지방이나 해외로 출장 취재를 갈 경우 소요되는 정보 수집 비용을 감안할 때 온라인 취재는 경비 절감을 위한 매우 경제적이고 효율적인 취재 방식으로 활용될 수 있다.

✪ 정확성과 신뢰도의 향상

온라인 취재는 취재원이 제공하는 보도 자료나 데이터 분석 자료에 의존하지 않고 기자가 직접 방대한 양의 전산 자료를 다운받아 원본 데이터에 대한 검증과 분석을 통해 좀더 과학적이고 객관적인 보도를 함으로써 기사의 정확성과 신뢰도를 제고할 수 있다. 특히 컴퓨터 활용 취재보도(CAR)는 인터넷 검색 사이트나 홈페이지 등 인터넷에 기반을 둔 초보적 형태의 취재와는 달리 데이터 분석용 전문 소프트웨어를 활용해 각종 분석 기법에 의해 데이터 속에 숨어있는 사실을 찾아내 보도한다는 점에서 기존의 상투적인 관변 저널리즘 혹은 발표 저널리즘에서 탈피해 보다 체계적이고 과학적인 보도를 위한 새로운 저널리즘 양식으로 자리잡아가고 있다.

4) 온라인 출입처의 구축

기자에게 있어 가장 중요한 일 가운데 하나는 자신의 취재 영역에서 정보의 출처가 될 수 있는 정보원 혹은 취재원을 확보하고 관리하는 것이다. 대체적으로 부서나 출입처가 바뀔 경우 기자들이 제일 먼저 하는 일은 전임자로부터 해당 출입처의 주요 취재원과 출입처의 주요 이슈 혹은 현안에 대한 설명을 듣는 일이다. 그런 다음 출입처를 직접 방문해 자신을 소개하면서 기존 취재원들과의 연결 고리를 유지하는 한편 담당 분야의 정보에 밝은 새로운 취재원을 확보하는 일에 나서게 된다.

온라인 취재 역시 오프라인 취재와 똑같은 접근 방식이 요구된다. 온라인 취재의 경우에도 전임자로부터 주요 정보원 리스트를 넘겨받거나 직접적인 조사를 통해 유용한 정보가 있을만한 사이트를 검색해 웹 브라우저 북마크 형태로 저장한 뒤 이를 주제별로 조직화한 온라인 출입처를 구축해둠으로써 주기적으로 이들 사이트들을 탐색하면서 관련 동향을 파악하는 일이 중요하다. 온라인상에 산재해있는 수많은 정보와 각종 사회 현상을 추적해 이를 기사화하기란 쉽지 않다. 온라인의 특성상 기하급수적으로 늘어나는 정보의 폭발 속에서 뉴스가 될만한 내용을 찾는 것은 모래밭에서 바늘을 찾는 일인지도 모른다. 또 하루에도 수없이 많은 사이트들이 생겨나고 사라지는 것이 온라인 세계다. 따라서 효율적인 온라인 취재를 위해서는 뉴스가 나올만한 주요 웹 사이트나 홈페이지, 온라인 커뮤니티, 취재원 이메일 리스트 등을 확보해서 오프라인 출입처를 관리하듯이 이를 체계적으로 관리하는 일이 필요하다. 기사 아이디어를 얻기 위해 무작위로 여기 저기 사이트를 탐색하면서 정보를 찾는 경우라면 모르겠지만 효율적인 온라인 취재를 위해서는 무엇보다도 일상적인 취재 업무를 수행하는 데 도움이 될만한 주요 사이트를 중심으로 자기만의 온라인 네트워크를 구축해 두는 것이 중요하다고 하겠다.

일반적으로 출입처는 지역 출입처(geographic beat), 이슈 출입처(issue

beat), 기관 출입처(institution beat) 등으로 구분할 수 있는데 온라인 취재의 경쟁력은 뉴스가 나올 만한 주요 온라인 정보원 리스트를 확보해 자신의 출입처와 매체 특성에 맞게 이를 최적화시킨 온라인 출입처를 구축하는 데서 비롯된다고 하겠다(Callahan(2003), p.78).

정리하기

- ❑ 온라인 취재는 기획 단계에서 ① 기사의 주제 및 성격, ② 취재원 및 자료의 확보 가능성, ③ 인력 및 마감 시간, ④ 매체의 특성 등 몇 가지 사항들을 고려해야 한다.
- ❑ 온라인 취재 방법에는 ① 웹 사이트 및 온라인 커뮤니티를 이용한 취재, ② 이메일을 이용한 취재, ③ 데이터베이스(DB) 및 통계 자료 분석을 이용한 취재, ④ 여론 조사를 이용한 취재, ⑤ 검색 도구를 이용한 취재 등이 있다.
- ❑ 온라인 취재는 ① 정보 접근성의 확대, ② 시간과 비용의 절약, ③ 정확성과 신뢰도의 향상 등 몇 가지 장점을 갖고 있는데 효율적인 온라인 취재를 위해서는 자신의 특성에 맞게 최적화시킨 온라인 출입처를 구축해두는 것이 중요하다.

제3장 온라인 정보 검색 I

1. 검색 도구에 대한 이해

1) 검색 도구의 종류

인터넷 특히 월드 와이드 웹(World Wide Web)에는 기자가 뉴스를 수집하고 취재하는 과정에서 유용하게 활용할 수 있는 많은 정보들이 존재한다. 웹상에 있는 이러한 다양한 종류의 정보들을 효율적으로 이용하기 위해서는 인터넷에 대한 기초 지식은 물론 필요로 하는 정보를 보다 빠르고 정확하게 찾아낼 수 있는 검색 방법에 대해 잘 알고 있어야 한다. 인터넷의 늪에 빠져 시간을 허비하는 일 없이 원하는 정보를 제때 정확하게 찾고자 한다면 단어별 검색 엔진이나 주제별 검색 엔진, 메타 섬색 엔진 등 기본적인 검색 도구의 이용 방법에 대해 숙지하고 있어야 한다. 또 각 검색 도구마다 텍스트는 물론 사운드, 이미지, 동영상 등 다양한 형태의 정보에 대한 검색 기능을 제공하고 있어 관심 주제나 정보의 유형 혹은 특성에 따라 적합한 검색 도구를 잘 선별해 활용하면 원하는 정보를 쉽게 찾을 수 있다.

(1) 단어별 검색 엔진

일반적으로 단어별 검색 엔진은 특정 검색어 즉 키워드를 검색어 입력창에 입력하면 해당 검색어에 맞는 정확한 정보를 찾기 위해 웹상의 콘텐츠를 체계적으로 구축해 놓은 데이터베이스를 세밀하게 검색하게 된다. 따라서 매우 특화된 정보 혹은 구체적으로 생각하고 있는 특정의 핵심 단어나 문구가 있을 경우에는 알타비스타(www.altavista.com)나 라이코스(www.lycos.co.kr)와 같은 단어별 검색 엔진을 이용해 정보를 찾는 것이 바람직하다고 할 수 있다. 그런데 알타비스타나 라이코스와 같은 단어별 검색 엔진은 나름대로 독특한 특성을 갖고 있으며 검색 방법 역시 조금씩 다르다. 가령 알타비스타의 경우 초기화면에서 검색창에 '온라인 취재보도'를 입력한 뒤 오른쪽의 [찾기] 버튼을 클릭하면 다음과 같이 35,400개의 정보를 찾아냈다는 검색 결과를 보여주게 된다. 보다 정교한 검색을 위해서는 [찾기] 버튼 오른쪽 상단에 있는 [고급 검색]을 클릭해 파일 유형이나 날짜, 위치 등 다양한 검색 조건을 지정함으로써 좀더 정확한 결과를 얻을 수 있다.

알타비스타나 라이코스와 같은 검색 엔진은 스파이더(spider), 인덱스(index), 검색 엔진 소프트웨어(search engine software) 등으로 구성되는데 로

〈알타비스타 검색화면〉

봇(robot)으로 불리는 스파이더는 인터넷상의 수많은 홈페이지를 직접 방문해서 웹 페이지에 있는 특정한 정보를 읽어와 주기적으로 업데이트하는 일을 한다. 종종 카탈로그(catalog)라고도 불리는 인덱스는 스파이더가 추적한 웹 페이지에 대해 각 페이지마다 색인 작업을 해서 데이터베이스에 저장하는 일을 하는데 서로 다른 종류의 엔진은 서로 다른 크기와 종류의 데이터베이스를 갖고 있다. 마지막으로 검색 엔진 소프트웨어는 이렇게 구축된 데이터베이스에서 이용자가 찾고자하는 해당 검색어에 맞는 정확한 정보를 찾아오는 역할을 한다.

(2) 메타 검색 엔진

메타크롤러(www.metacrawler.com)나 도그파일(www.dogpile.com), 클럽리치(www.clubrich.com)와 같은 메타 검색 엔진은 일반적인 검색 엔진처럼 자체적인 데이터베이스를 갖고 있는 것이 아니라 구글이나 야후와 같은 다른 검색 엔진들과 연계해 각각의 검색 엔진이 갖고 있는 다양한 검색 기능과 데이터베이스를 활용해 이용자가 원하는 정보를 찾아내는 검색 도구다.

가령 클럽리치 초기화면에서 다음과 같이 검색어 입력창에 '온라인 취재보도'라고 입력한 뒤 [검색]이라는 버튼을 클릭 해보자. 그러면 다음과 같이 야후, 네이버, 구글, 네이트, 엠파스 등 5개 검색 엔진의 내용을 검색해서 각 검색 엔진별로 온라인 취재보도에 대한 검색 결과를 목록화시켜 나타내준다.

메타 검색 엔진은 이처럼 한번의 조작을 통해 동시에 여러 개의 개별 검색 엔신의 내용을 찾아볼 수 있는 효과를 갖고 있기 때분에 검색 시간을 줄일 수 있고 이용 가능한 모든 정보를 한꺼번에 찾아내는데 유용하다. 따라서 방대한 양의 광범위한 정보를 찾고자할 경우에는 메타 검색 엔진을 이용하는 것이 바람직할 수 있다. 그러나 메타 검색 엔진은 이러한 포괄적이고 광범위한 검색은 가능하지만 직접 해당 검색 엔진에서 정보를 찾는 것이 아니고 메타 검색 엔진을 거쳐 다른 검색 엔진의 정보를 찾는 것이기 때문에 속도가 느릴 수 있다.

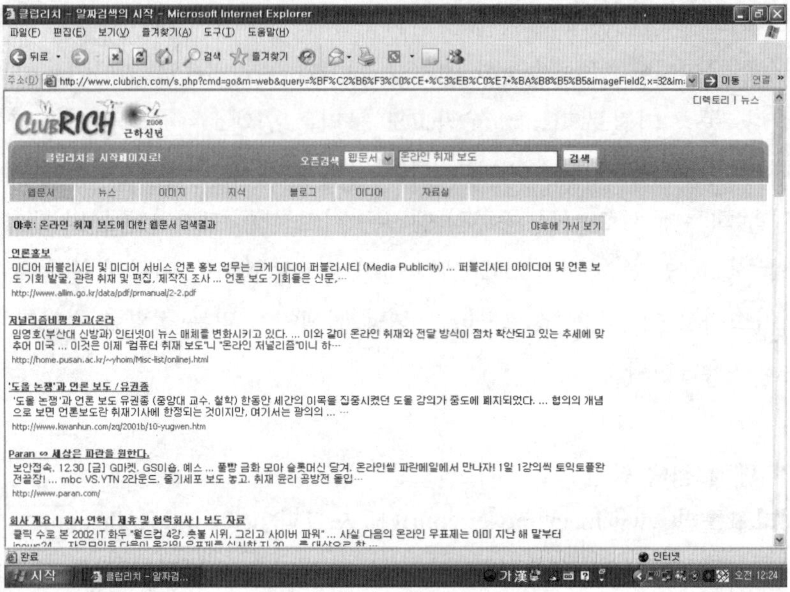

〈클럽리치 검색화면〉

(3) 주제별 검색 엔진

단어별 검색 엔진은 검색어 입력창에 입력한 키워드 즉 핵심 단어를 토대로 수많은 웹 페이지들을 일일이 검색하는 방식으로 정보를 찾게 된다. 그러나 주제별 검색 엔진은 스파이더와 같은 컴퓨터 로봇 프로그램을 사용하는 것이 아니라 도서관의 도서 목록 카드처럼 사람이 직접 수작업을 통해 각 주제별로 분류해 구축해 놓은 데이터베이스에서 위계적인 디렉토리 구조를 따라가면서 정보를 찾게 된다.

가령 포토 저널리즘에 관한 전반적인 정보를 찾고자 한다면 야후 코리아(http://kr.yahoo.com)의 경우 먼저 '뉴스와 미디어'라는 디렉토리를 클릭한 다음 이어서 '저널리즘'→'포토 저널리즘' 순으로 하위 디렉토리를 클릭해 나가면 포토 저널리즘과 관련된 모든 자료들을 보여주게 된다. '예술'→'미술'→'시각 예술'→'사진'→'포토 저널리즘' 순으로 디렉토리를 검색해도 동일한 결과를 얻을 수 있다.

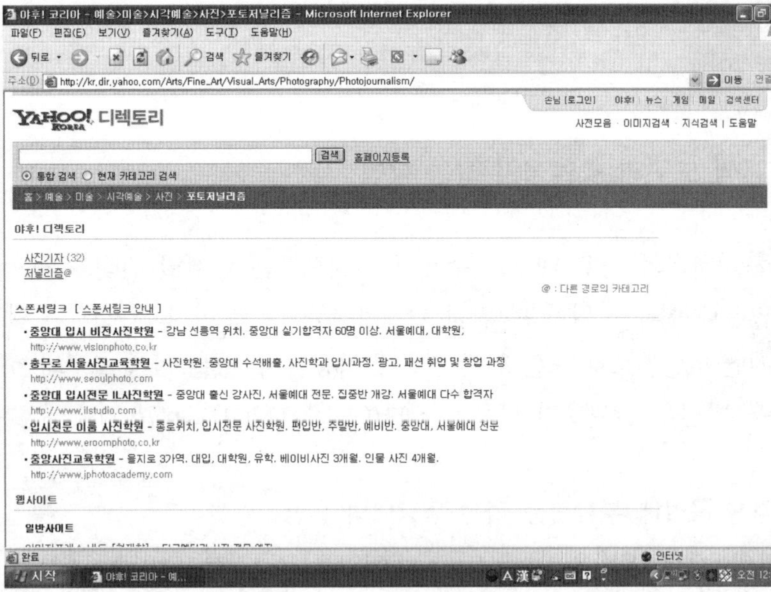

〈야후의 주제별 검색〉

이처럼 주제별 검색 엔진은 찾고자 하는 정보에 대한 사전 지식이 없더라도 정보의 종류만 알고 있으면 디렉토리를 이용해 카테고리별로 분류된 정보를 쉽게 찾을 수 있다는 장점이 있다. 또 사람이 직접 구축한 데이터베이스에서 정보를 찾기 때문에 일반 검색 엔진에 비해 쓸데없는 자료나 관련이 없는 자료들이 걸러진 보다 정확하고 수준 높은 정보를 얻을 수 있다. 따라서 웹상의 많은 자료 중에서 특정 주제와 관련된 전반적인 정보를 찾고자 할 경우에는 주제별 디렉토리 검색 방식을 이용해 주제 분류를 찾아보는 것이 바람직하다. 그러나 디렉토리 검색 방식은 주제별로 나뉘어져 있는 목차를 따라가면서 정보를 찾아야 하기 때문에 디렉토리를 정확하게 찾아가야 하고 또 여러 단계를 거쳐서 정보를 찾아야 하는 불편함이 따를 수 있다. 그런데 과거에는 단어별 검색 도구와 주제별 검색 도구를 서로 구분하기도 했었는데 지금은 야후와 같은 주요 검색 도구들이 두 가지 방식을 모두 제공하고 있기 때문에 이 같은 구분이 거의 무의미해졌다. 구글의 경우에도 초기화면에서 '디렉토리' 링크를 클릭하면 단어별 검색 방식뿐만 아니라 주제별 검색 방식으로도 정보를 찾을 수 있도록 두 가지 방식의 검색 기능을 모두 제공하고 있다.

2) 검색 도구의 효율적인 활용 방법

온라인 취재의 경우 대부분 주제별 검색보다는 단어별 검색을 사용하는 일이 많은데 이때 어떠한 검색 엔진을 선택하느냐에 따라 그 결과가 달라질 수 있지만 일반적으로 모든 검색 엔진에 적용될 수 있는 검색 도구의 효율적인 활용 방법을 살펴보면 다음과 같다(Callahan(2003), p.70-71).

✪ 검색 목적에 부합하는 기본 명령어의 활용

각각의 검색 엔진은 문서 안에 들어있을 것 같은 단어(words)나 구문(phrases)의 조합을 통해 검색 범위를 좁힘으로써 보다 정교한 검색을 할 수 있도록 고유의 명령어를 사용한다. 따라서 각각의 검색 엔진이 제시하고 있는 기본 명령어들을 숙지해서 이를 잘 활용할 경우 보다 효율적으로 정보를 검색할 수 있다. 이를 위해서는 각각의 검색 엔진의 메인 페이지 등에 제시돼있는 도움말(help)이나 검색 요령(search tips) 등을 클릭해서 개별 검색 엔진의 명령어 사용법을 익혀두는 것이 필요하다.

✪ 구체적인 검색어의 선택

일반적인 검색 단어나 구문보다는 찾고자 하는 문서에 포함돼 있을 가능성이 높은 구체적인 검색 단어와 구문을 선택하는 것이 중요하다.

✪ 정확한 검색어의 선택

검색 엔진은 사용자가 입력한 글자를 그대로 인식한다. 가령 한국기자협회를 줄여서 기협이라고 부르는 경우가 많은데 검색어로 기협을 입력하면 다른 결과가 나타난다. 따라서 우리가 흔히 사용하는 용어라 하더라도 경우에 따라서는 전혀 다른 결과가 나오거나 검색이 되지 않을 수 있다.

✪ 검색 결과의 순차적 검토

대부분의 검색 엔진은 검색 질문과 가장 관련성이 높은 것부터 위에서 아래로 위계적 순서에 따라 검색 결과를 보여준다. 따라서 결과물의 첫 페이지 혹은 둘째 페이지에 보다 많은 주의를 기울이면서 상단에서 하단 순으로 검색 결과를 면밀히 검토해야 한다.

✪ 검색 결과의 웹 주소 분석

검색 결과가 제시되면 웹 페이지를 곧바로 열어보는 것보다는 웹 사이트에 대한 설명과 함께 흔히 URL(Uniform Rcsourcc Locator)로 불리는 웹 주소를 찬찬히 살펴본 다음 이를 선별적으로 열어보는 것이 필요하다. 가령 그 웹 사이트가 정부 기관 웹 사이트인지 아니면 교육 혹은 상업적 목적의 웹 사이트인지 등을 면밀히 살펴봐야 한다. 이처럼 웹 사이트의 주소와 설명을 자세히 살펴본 뒤 필요한 웹 사이트만을 선별적으로 열어 보면 여러 웹 사이트에 접속하느라 소모되는 시간을 절약할 수 있다.

정리하기

- ❑ 온라인상에서 원하는 정보를 제때 정확하게 찾고자 한다면 단어별 검색 엔진이나 메타 검색 엔진, 주제별 검색 엔진 등 기본적인 검색 도구의 기능과 사용 방법에 대해 숙지하고 있어야 한다. 또 관심 주제나 정보의 유형 혹은 특성에 따라 적합한 검색 도구를 잘 선별해서 사용해야 한다.
- ❑ 단어별 검색 엔진은 특정 검색어 즉 키워드를 검색어 입력창에 입력하게 되면 해당 검색어에 맞는 정확한 정보를 찾기 위해 웹상의 콘텐츠를 체계적으로 구축해 놓은 데이터베이스를 세밀하게 검색하게 된다. 따라서 매우 특화된 정보 혹은 구체적으로 생각하고 있는 특정의 핵심 단어나 문구가 있을 경우에는 알타비스타(www.altavista.com)나 라이코스(www.lycos. co.kr)와 같은 단어별 검색 엔진을 이용해 정보를 찾는 것

이 바람직하다.

❑ 메타 검색 엔진은 일반적인 검색 엔진처럼 자체적인 데이터베이스를 갖고 있는 것이 아니라 구글이나 야후와 같은 다른 검색 엔진들과 연계해서 각각의 검색 엔진이 갖고 있는 다양한 검색 기능과 데이터베이스를 활용해 원하는 정보를 찾아내는 검색 도구다.

❑ 주제별 검색 엔진은 찾고자 하는 정보에 대한 사전 지식이 없더라도 정보의 종류만 알고 있으면 디렉토리를 이용해 카테고리별로 분류된 정보를 쉽게 찾을 수 있다는 장점이 있다. 또 사람이 직접 구축한 데이터베이스에서 정보를 찾기 때문에 일반 검색 엔진에 비해 쓸데없는 자료나 관련이 없는 자료들이 걸러진 보다 정확하고 수준 높은 정보를 얻을 수 있다.

❑ 검색 도구의 효율적인 활용을 위해서는 ① 검색 목적에 부합하는 기본 명령어의 활용, ② 구체적인 검색어의 선택, ③ 정확한 검색어의 선택, ④ 검색 결과의 순차적 검토, ⑤ 검색 결과의 웹 주소 분석 등 몇 가지 요령이 필요하다.

2. 텍스트 및 사운드 정보 검색

1) 텍스트 정보 검색

온라인 정보의 효율적인 검색을 위해서는 텍스트와 사운드, 이미지, 동영상 등 다양한 형태의 정보에 대한 기본적인 이해를 토대로 각각의 정보가 갖고 있는 특징과 그에 따른 검색 방법을 숙지해둘 필요가 있다.

(1) 텍스트에 대한 이해

텍스트는 기자들이 가장 많이 접하는 가장 기본적인 형태의 정보다. 이미지나 사운드 혹은 동영상을 사용하지 않고서도 얼마든지 정보를 제공할 수 있지만 텍스트 없이 전달하고자 하는 정보를 정확히 표현하기란 쉽지 않다. 텍스트는 이미지나 동영상에 비해 적은 용량으로도 매우 많은 내용을 보여줄 수 있는 아주 효율적인 형태의 정보 전달 수단으로 정보를 경제적으로 전달하고자 할 경우 텍스트를 활용하는 일이 많다. 인터넷상에서 효율적으로 정보를 전달하기 위한 압축 기술과 전송 기술의 발달로 이미지, 사운드, 동영상 등 다양한 형태의 정보가 제공되고 있지만 사실 지금도 인터넷상의 대부분의 정보가 텍스트로 제공되고 있는 것은 이 같은 이유에서다.

텍스트는 저장 방식에 따라 아스키(ASCII: American Standard Code for Information Interchange) 텍스트와 워드프로세서 텍스트로 구분할 수 있다. 아스키 텍스트는 1개의 글자를 8비트로 표현하는 방식으로 최대 256개의 글자를 표현할 수 있다. 인터넷 웹 문서 특히 하이퍼텍스트 문서를 작성할 때 사용하는 HTML(Hypertext Markup Language) 문서도 아스키 텍스트에 해당한다. 워드프로세서 텍스트는 MS 워드나 한글과 같은 별도의 워드프로세서 프로그램을 사용해 저장하는 텍스트로 아스키 문서와는 달리 호환성이 없다.

웹에서의 텍스트 표현은 HTML에 의해 이루어지는데 HTML은 인터넷 웹 문서 특히 하이퍼텍스트 문서를 작성할 때 사용되는 프로그래밍 언어를 말한다. 우리가 익스플로러와 같은 웹 브라우저를 통해서 보는 웹 문서는 모두

이 HTML로 만들어져 있다. 초보자들의 경우 종종 HTML 문서를 웹 브라우저로 작성하는 것으로 잘못 알고 있는 사람들도 있는데 웹 브라우저는 HTML 문서를 읽는 일을 할 뿐이다. 또 HTML 문서를 작성하기 위해서는 반드시 나모 웹에디터나 드림위버 같은 웹 저작 도구가 필요한 것으로 알고 있는 사람들도 있는데 HTML은 우리가 사용하고 있는 워드프로세서 프로그램이나 마이크로소프트사의 메모장과 같은 텍스트 편집기만 있어도 얼마든지 작성할 수 있다(Ward(2002), p.151). HTML 문서는 태그(Tag) 명령어 즉 꺽쇠 < > 기호로 된 꼬리표로 둘러싸여있는 명령어를 사용해 작성하는데 태그 명령어는 시작과 끝을 알리는 2개의 태그가 한 쌍을 이루게 된다. 태그 명령어로 작성된 문서를 HTML 문서라고 하는데 HTML 문서는 '온라인 취재보도.html'처럼 html 또는 htm이라는 확장자를 가진 웹 문서로 저장이 된다. 웹 브라우저는 이렇게 저장된 웹 문서를 디코딩(decoding) 즉 해독해서 이용자에게 보여주는 역할을 한다.

(2) 텍스트 정보 검색

웹 문서의 검색은 기본적으로 검색 엔진을 이용한 키워드 검색을 통해 이루어진다. 즉 웹에서의 텍스트 정보 검색은 검색 질문과 문서군 사이에 유사점이 있는지 키워드를 통해 유사도 계산을 실행한 뒤 문서군 중에서 검색 질문과 유사한 문서를 선택해서 검색 결과로 제시하는 키워드 검색 방식이 많이 활용된다(권만우(2003), p. 161). 그런데 각 검색 엔진마다 독특한 특성을 갖고 있고 또 검색 방법이나 기준 역시 다르기 때문에 똑같은 키워드를 입력하더라도 그 결과가 다르게 나오는 경우가 많다. 따라서 온라인 취재 과정에서 원하는 텍스트 정보를 빠르고 정확하게 찾고자 한다면 각각의 검색 엔진의 작동 방식에 대한 정확한 이해와 함께 각 정보의 유형이나 특성에 맞는 적절한 검색 엔진을 선택해 이를 효율적으로 활용할 수 있는 방법에 대해 숙지하고 있어야 한다.

가령 구글은 가장 관련성이 높고 중요한 페이지를 위에서 아래로 순차적으로 보여주는데 구글 초기화면에서 맨 왼쪽의 웹 문서 메뉴를 선택한 뒤 검색창에 '온라인 취재보도'란 단어를 입력한 다음 [Google 검색]이란 버튼을 클릭하거나 리턴 키를 눌러보자. 그러면 다음과 같이 0.12초 만에 17,800개의 정보를 찾아냈다는 검색 결과를 보여주게 된다.

만약 17,800개의 정보 가운데 좀더 범위를 좁혀서 가령 인터넷 신문과 관련된 세부적인 내용을 알고 싶다면 맨 아래 좌측의 [결과 내 검색] 링크를 클릭해 검색창에 '인터넷 신문'이라는 단어를 입력한 뒤 [결과 내 검색] 버튼을 눌러 재검색을 하게 되면 13,700개의 정보가 나타난다. 대부분의 검색 엔진은 이처럼 보다 정교한 검색을 위해 검색 결과 내에서 범위를 좁혀 재검색을 할 수 있는 기능을 제공하고 있다. 반약 찾고사하는 모든 단어가 포함된 특정 문구나 문장으로 검색을 하고자 할 경우에는 "동해물과 백두산이 마르고 닳도록"과 같이 원하는 검색어를 겹따옴표로 묶어서 검색창에 입력하게 되면 겹따옴표 안에 입력한 것과 동일한 순서로 연달아 모든 단어가 모두 포함된 자료만을 찾아서 보여준다.

일반적으로 단어별 검색 엔진을 이용한 텍스트 검색의 경우 검색어를 입

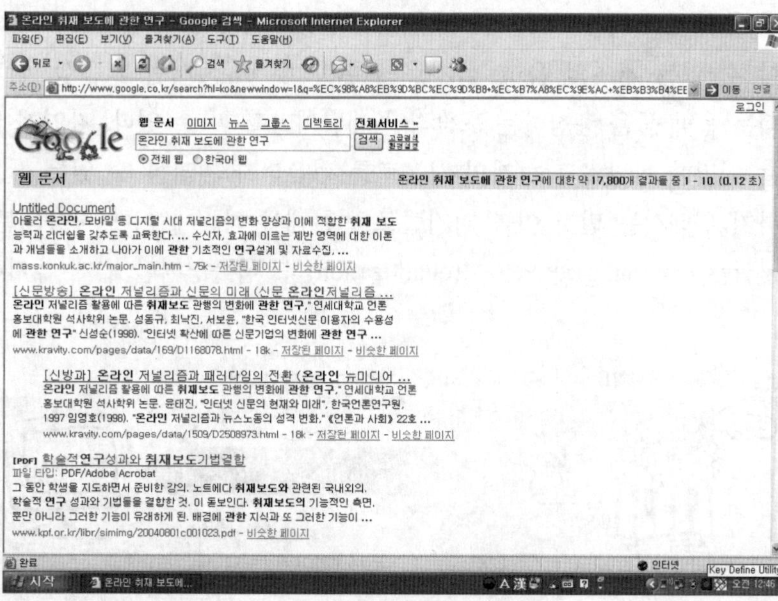

〈구글의 텍스트 정보 검색〉

력하게 되면 .html 혹은 htm이라는 확장자를 갖는 HTML 문서는 물론 .pdf라는 확장자를 갖는 PDF(Portalbe Document Format) 파일이나 .doc라는 확장자를 갖는 MS 워드 파일 혹은 .hwp라는 확장자를 갖는 한글 파일 등 다양한 유형의 파일을 검색해서 보여주게 된다. 가령 구글의 경우 HTML 문서 외에 PDF 파일이 검색됐을 경우 검색 결과 페이지에 파일 타입이 PDF임을 표시해준다. 물론 구글의 경우 PDF 파일이 검색되면 자동으로 HTML 문서도 생성해서 'HTML 버전'을 같이 보여주지만 검색된 원본 PDF 파일을 직접 열어보고자 한다면 PDF 파일을 읽는데 필요한 Adobe Acrobat 프로그램이 있어야 한다. 만약 사용자의 컴퓨터에 별도의 Adobe Acrobat 프로그램이 없다면 무료로 다운받을 수 있는 웹 페이지로 이동해 PDF 파일을 읽는 데 필요한 소프트웨어를 다운받아 설치해야한다.

2) 사운드 정보 검색

(1) 사운드에 대한 이해

우리가 보통 소리라고 부르는 사운드는 천둥소리와 같이 글자로는 정확히 표현할 수 없는 자연의 음향, 글자로 표현할 수 있는 사람의 음성, 악보로 표시되는 음악 등을 총칭하는 포괄적인 개념이라고 할 수 있다. 자연계에 존재하는 이러한 아날로그 상태의 사운드를 컴퓨터가 처리할 수 있는 신호로 전달하기 위해서는 먼저 이를 디지털로 변환해야 하는데 이때 사용되는 방식이 샘플링(sampling)과 양자화(quantization)다. 샘플링이란 쉽게 얘기해서

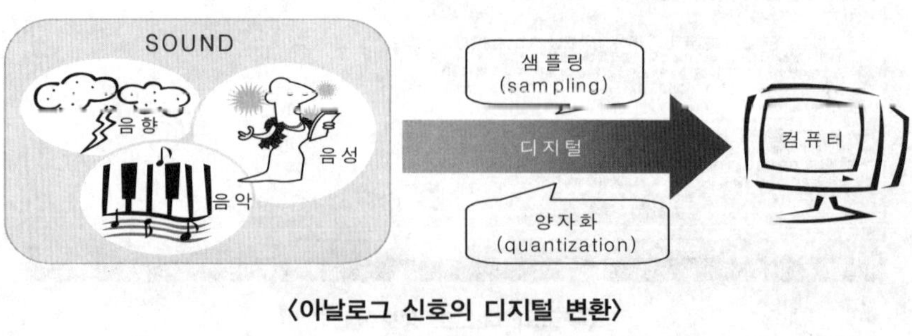

〈아날로그 신호의 디지털 변환〉

원래의 연속적인 아날로그 신호에서 이를 대표할 수 있는 몇 개의 신호만을 표본화하는 것을 말하며 양자화란 이렇게 샘플링을 통해 얻어진 신호에 몇 단계의 정해진 디지털 값을 부여하는 것을 말한다.

아날로그 신호를 디지털 신호로 바꾸기 위해서는 이처럼 연속적으로 변화하는 아날로그 신호를 일정 시간 간격으로 잘라내어 표본화한 뒤 각 신호의 레벨을 0과 1의 불연속적인 디지털 값으로 정량화하는 과정을 거쳐야 한다. 이렇게 변환된 사운드 파일은 저장 방식에 따라 여러 가지 유형이 있는데 자주 사용되는 대표적인 사운드 파일 형식을 보면 다음과 같다.

〈사운드의 종류〉

✪ WAV

WAV(Waveform Extension)는 마이크로소프트사가 개발한 윈도우의 기본 사운드 파일 형식이다. 윈도우의 녹음기를 실행하면 .wav라는 확장자를 가진 WAV 파일을 만들 수 있으며 음성, 효과음, 음악 등에 다양하게 사용될 수 있다. 그러나 파일 크기가 크기 때문에 웹 페이지에서 사용할 수 있는 사운드 클립의 길이가 제한적이어서 실제로는 주로 짧은 효과음에 사용된다. WAV는 플러그인(plug-in)이 필요 없고 여러 브라우저에서 지원되며 편집이 쉽다는 장점이 있다.

✪ MP3

MP3(Moving Picture Experts Group Audio Layer 3)는 동영상 전문가 그룹(Moving Picture Experts Group: MPEG)이라는 국제단체(공식 명칭: ISO/IEC JTC1/SC29/WG11)에서 만든 여러 가지 압축 방식 중 오디오 압축을 위해 제정한 표준 압축 방식을 말한다. MP3는 MPEG-1의 오디오 압축 기술 중 세 번

째 계층의 기술이 MPEG에서 떨어져 나와 독립적으로 .mp3라는 확장자를 갖는 오디오 파일로 발전한 것이다. MP3의 압축 방식은 원음에서 사람이 알아듣지 못하는 소리 대역을 잘라내는 손실 압축(lossy compression)을 통해 원래의 CD 음질을 그대로 유지하면서 정보량은 대폭 줄일 수 있어 압축률이 매우 높은데다 음질은 원음과 거의 같아 디지털 사운드 파일로 널리 활용되고 있다.

✪ RealAudio

리얼오디오(RealAudio)는 리얼네트워크(Real Networks)사가 개발한 것으로 WAV나 MP3 파일의 경우 파일 전체를 다운로드 해야 소리를 들을 수 있으나 리얼 오디오 파일은 다운로드 없이 실시간으로 CD 음질 수준의 오디오 구현이 가능한 스트리밍 방식을 사용하기 때문에 전체 파일을 다운로드할 때까지 기다리지 않고도 사운드를 들을 수 있다. .ram 혹은 .rm이라는 확장자를 갖는 리얼 오디오 파일은 인터넷에서 리얼 플레이어(RealPlayer) 플러그 인을 다운로드받아 설치하면 들을 수 있는데 압축률이 매우 높아 MP3보다 파일 크기가 작다.

✪ WMA

WMA(Windows Media Audio)는 마이크로소프트사에서 개발한 디지털 오디오 압축 기술로 MP3 방식보다 압축률이 뛰어나 MP3 절반 정도의 용량으로 동일한 음질을 제공할 수 있다. WMA는 리얼 오디오 같은 스트리밍 기술과 복제 방지를 위한 저작권 보호 기술도 포함돼 있다. WMA 방식은 또 윈도우에 기본으로 들어있는 미디어 재생기로 재생할 수 있기 때문에 별도의 소프트웨어 없이도 사용할 수 있어 인터넷 방송국에서 많이 활용되고 있다.

✪ MIDI

MIDI(Musical Instrument Digital Interface)는 주로 악기로 연주하는 음악을 표현하기 위해 사용되는 파일 형식으로 자체 사운드 품질은 좋지만 사운드 카드에 따라 재생 시 소리가 다르게 들릴 수 있다는 단점이 있다. MIDI 파일은 특정 하드웨어나 소프트웨어를 갖춘 컴퓨터에서만 MIDI 음원의 구현이 가능해 사용자의 컴퓨터 환경에 따라 영향을 많이 받는다는 단점이 있다.

한편 인터넷에서 활용되는 사운드 형식은 크게 다운로드 방식과 프로그레시브 다운로드 방식, 스트리밍 방식 등 세 가지가 있다. 다운로드 방식은 전체 사운드 파일을 사용자 컴퓨터에 다운로드받아 하드디스크에 저장한 후 이를 플레이하는 방식을 말한다. 프로그레시브 다운로드 방식은 파일의 일부분을 다운로드하고 플레이를 시작하는 방식으로 플레이 중에도 계속 다운로드가 이루어진다. 반면 스트리밍 방식은 네트워크를 통해 사운드 파일을 조금씩 받아 임시로 메모리에 저장한 상태에서 조금씩 직접 플레이하는 방식을 말하며 하드디스크에는 파일이 저장되지 않는다.

웹 서비스를 통한 일반적인 정보의 전달은 대개 다운로드를 받아서 이를 다시 플레이하는 방식으로 이루어지기 때문에 텍스트 정보를 제외하고는 상당한 시간이 걸린다. 따라서 사운드나 동영상이 가미된 정보를 위해서는 특별한 정보 전송 방식이 필요한데 이를 해결할 수 있는 방법이 바로 스트리밍 기술이다. 스트리밍 기술은 1995년 리얼네트워크사에서 개발한 리얼오디오를 통해 첫 선을 보인 기법으로 사운드나 동영상 등의 파일을 다운로드 없이 실시간으로 재생함으로써 이용자에게 정보가 끊임없이 흘러갈 수 있게 한 것이다. 전송되는 데이터가 마치 물이 흐르듯이 처리된다고 해서 스트리밍이라는 명칭이 붙여졌다. 스트리밍 방식은 초기의 3-4초 정도의 버퍼링(buffering) 시간을 제외하고는 정보를 계속 보낼 수 있고 CD 수준의 서비스가 가능해 인터넷 라디오 방송의 경우 많은 사람들이 애용하고 있다.

(2) 사운드 정보 검색

텍스트나 이미지에 대한 검색뿐만 아니라 MP3와 같은 음악 파일이나 오디오에 대한 검색 기능까지 제공하는 검색 엔진들이 늘어나면서 사운드 정보의 효율적인 검색 방법에 대한 관심이 높아지고 있다. 일반적으로 사운드 정보를 검색하려면 검색 엔진에 접속해 오디오 검색이나 음악 검색 등의 메뉴를 선택한 뒤 검색어 입력창에 검색 용어를 입력하면 .mp3, .wav, .ra, .wma 등의 확장자를 가진 음악 파일을 비롯해 각종 음성 및 사운드 파일을 찾아준다. 또 직접 사운드 파일을 다운로드받아 들을 수 있도록 하고 있다.

가령 알타비스타(www.altavista.com)에 접속해 초기화면 상단 메뉴 가운데 [MP3/오디오]를 선택한 뒤 검색어 입력창에 'Amazing Grace'를 입력한 다음 [찾기]라는 검색 버튼을 클릭하면 다음과 같이 .ra, .ram, .mp3 등의 확장자를 가진 다양한 형식의 오디오 파일 검색 결과를 보여준다. 이 때 검색 결과 페이지에서 [페이지 URL]을 클릭하면 해당 오디오 파일이 있는 페이지로 이동하게 된다. 알타비스타의 경우 가령 MP3나 WAV 등으로 파일 유형을 제한하거나 1분 미만의 파일 혹은 1분 이상의 파일 등으로 소요 시간을 제한하면 오디오 검색 영역을 보다 세분화해서 검색할 수 있다.

우리가 살펴본 이러한 사운드 정보에 대한 검색은 그러나 사실 사운드 자체에 대한 검색이 아니라 사운드의 제목이나 내용을 기술한 텍스트를 이용해 검색하는 것이다. 즉 사운드에 담겨있는 실제 내용을 검색하는 것이 아니라 사전에 데이터베이스화돼 있는 정보를 텍스트 검색 기술을 이용해 검색하는 텍스트 기반 검색 방법에 의한 것이다. 그렇다면 사전에 데이터베이스

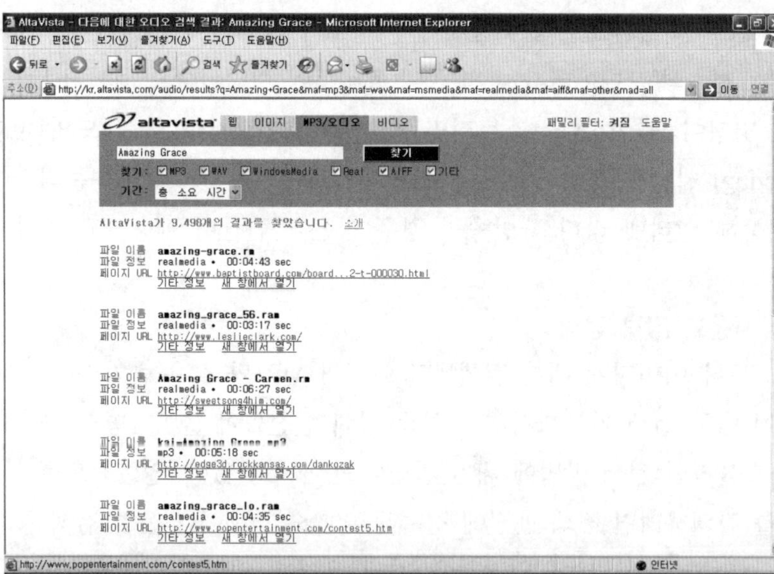

〈알타비스타의 사운드 정보 검색〉

화돼 있지 않은 토론회나 연설 혹은 뉴스의 특정 내용에 관해 알고 싶다면 어떻게 해야 할까? 이때 사용할 수 있는 검색 방법이 내용 기반 검색 방법이다. 텍스트 기반 검색 방법은 사용자가 수작업으로 사운드 데이터에 직접 주석의 형태로 의미를 부여해서 텍스트 검색 기술을 이용해 사운드를 검색하는 방법이라면 내용 기반 검색 방법은 시스템이 자동적으로 사운드 데이터로부터 사운드 자체의 내용적 특징을 추출해 이를 기반으로 검색하는 방법이다. 사운드 데이터에 대한 내용 기반 검색 방법에는 크게 브라우징과 인덱스를 통한 검색 방법이 있다. 인덱스를 통한 검색 방법은 다시 사운드의 음향을 분석해 인덱스를 만든 후 사용자가 음향 효과로 질의를 해서 사운드를 찾는 방법, 사운드 내의 음성을 분석해 인덱스를 만든 후 사용자가 음성이나 텍스트로 질의를 해서 사운드를 찾는 방법이 있다. 음향 분석을 이용한 내용 기반 검색 방법으로는 가령 노래의 제목으로 노래를 찾는 것이 아니라 기억에 남아 있는 곡의 일부를 콧노래로 흥얼거려서 찾는 방법을 들 수 있다. 음성 분석을 이용한 내용 기반 검색 방법으로는 가령 좌담회나 연설의 길이가 너무 길어서 전체 내용을 다 들을 수 없기 때문에 필요로 하는 중요한 부분만 발췌해서 듣고 싶은 경우 단어 검출 기법을 적용해 연설의 일부 단어들로 구성된 문자열로 질의를 하면 그 단어들을 포함한 내용을 들려주는 방법 등을 들 수 있다. 이러한 음성 요약 방법으로는 중요한 단어의 검출, 중요한 문장의 검출, 중요한 단락의 검출 등 세 가지 접근 방식이 있다(권만우(2003), p.164).

정리하기

- 텍스트는 저장 방식에 따라 아스키(ASCII: American Standard Code for Information Interchange) 텍스트와 워드프로세서 텍스트로 구분할 수 있다. 아스키 텍스트는 1개의 글자를 8비트로 표현하는 방식으로 최대 256개의 글자를 표현할 수 있다. 인터넷 웹 문서 특히 하이퍼텍스트 문서를 작성할 때 사용하는 HTML(Hypertext Markup Language) 문서도

아스키 텍스트에 해당한다. 워드프로세서 텍스트는 MS 워드나 한글과 같은 별도의 워드프로세서 프로그램을 사용해 저장하는 텍스트로 아스키 문서와는 달리 호환성이 없다.

- ❑ 사운드 파일은 저장 방식에 따라 여러 가지 유형이 있는데 자주 사용되는 대표적인 사운드 파일 형식으로는 WAV, MP3, RealAudio, WMA, MIDI 등이 있다. MP3는 MPEG-1의 오디오 압축 기술 중 세 번째 계층의 기술이 MPEG에서 떨어져 나와 독립적으로 .mp3라는 확장자를 갖는 오디오 파일로 발전한 것으로 압축률이 매우 높은데다 음질은 원음과 거의 같아 디지털 사운드 파일로 널리 활용되고 있다.
- ❑ 인터넷에서 활용되는 사운드 형식은 크게 다운로드 방식과 프로그레시브 다운로드 방식, 스트리밍 방식 등 세 가지가 있는데 스트리밍 방식은 네트워크를 통해 사운드 파일을 조금씩 받아 임시로 메모리에 저장한 상태에서 조금씩 직접 플레이하는 방식으로 하드디스크에는 파일이 저장되지 않는다.
- ❑ 사운드 검색 방법은 텍스트 기반 검색 방법과 내용 기반 검색 방법 등 크게 두 가지로 나눌 수 있는데 텍스트 기반 검색 방법은 사용자가 수작업으로 사운드 데이터에 직접 주석의 형태로 의미를 부여해서 텍스트 검색 기술을 이용해 사운드를 검색하는 방법을 말한다. 내용 기반 검색 방법은 시스템이 자동적으로 사운드 데이터로부터 사운드 자체의 내용적 특징을 추출해 이를 기반으로 검색하는 방법이다.

제4장 온라인 정보 검색 II

1. 이미지 정보 검색

1) 이미지에 대한 이해

이미지(image)는 스캐너나 디지털 카메라와 같은 입력 장치를 통해 생성된 그림을 말하고 그래픽(graphic)은 일러스트레이터와 같은 컴퓨터 소프트웨어를 통해 생성된 그림을 말하는데 우리가 지금까지 살펴본 검색 엔진의 경우 대개 구별 없이 이미지라는 용어를 사용한다.

이미지는 텍스트 다음으로 자주 사용되는 정보 표현 방식이라고 할 수 있는데 우리가 보기에는 똑같은 그림이지만 저장되는 방식에 따라 크게 비트맵(bitmap) 방식과 벡터(vector) 방식으로 나뉜다. 비트맵 방식은 그림을 가로 세로 동일한 간격의 격자(grid)로 구분해서 픽셀(pixel)이라고 하는 여러 개의 점 즉 화소로 표시하는 방식을 말한다. 반면 벡터 방식은 그림의 특성을 수식화해서 함수 형태로 표현하는 방식을 말한다. 비트맵 방식은 수십 킬로바이트(KB) 이상의 메모리를 필요로 하지만 벡터 방식은 수 킬로바이트의 메모리로도 표현이 가능한 경우가 많아 비트맵 방식에 비해 적은 용량으로 그림을 표현할 수 있다. 또 벡터 방식의 그림은 임의로 확대 또는 축소하거나 특성의 일부를 쉽게 변화시킬 수 있지만 비트맵 방식의 그림은 확대, 축소,

회전 등의 독립적 연산이 불가능해 확대나 축소를 하면 화질이 떨어지거나 훼손될 수 있다.

이미지는 텍스트와는 달리 색상, 명도, 채도 등 많은 정보를 갖고 있기 때문에 이미지 데이터를 파일로 저장할 때는 텍스트보다 훨씬 더 많은 메모리를 차지하게 된다. 따라서 이미지를 디지털 정보로 전환할 경우 압축을 하지 않으면 저장 공간을 많이 차지하고 전송 속도도 오래 걸려 비효율적이다. 때문에 이미지 정보를 처리하기 위해서는 다양한 압축 기술을 이용해 원래의 화질을 유지하면서도 정보량은 줄여 효율적으로 정보를 저장하고 전송하는 것이 필요하다.

(1) 이미지 파일의 종류

이미지는 압축 방식 혹은 저장 방식에 따라 여러 가지 종류가 있는데 자주 사용되고 있는 대표적인 이미지 파일 형식을 보면 다음과 같다.

✪ JPG

사진과 같은 정지 영상 혹은 이미지 압축 방식으로는 .jpg라는 확장자를 갖는 JPG 방식과 .gif라는 확장자를 갖는 GIF 방식이 많이 사용된다. JPG는 합동 사진 전문가 그룹(Joint Photographic Experts Group: JPEG) 압축 방식을 사용하는 이미지 파일 형식을 말한다. JPEG은 UN 산하 기관인 국제표준화기구(ISO)와 국제전기위원회(IEC)가 컬러 정지 영상과 관련된 기술적 표준을 제정하기 위해 구성한 공동위원회(Joint Technical Committee 1) 산하 소위원회(Sub-Committee 29) 워킹 그룹(Working Group 10)의 별칭인데 국제전신전화자문위원회(CCITT · 현재의 ITU-T)와 합동으로 작업을 진행했기 때문에 합동 사진 전문가 그룹(Joint Photographic Experts Group)이라는 이름이 붙여졌다. JPEG은 이러한 국제단체의 이름이자 JPEG이 표준화한 컬러 정지 영상을 압축하기 위한 국제 표준 규격 혹은 기술 자체를 말한다. 1992년에 국제 표준으로 확정된 JPEG 압축 방식은 화질의 손실을 허용하는 손실 압축 방식과 화질의 손실이 없는 비손실 압축 방식으로 나눌 수 있는데 비손실 압축의 경우 2:1, 손실 압축의 경우 최대 50:1까지 정보량을 압축할 수 있다. 우리가 흔히 말하는 JPG는 손실 압축 방식을 이용한 JPG다.

✪ GIF

GIF(Graphic Interface Format)는 원래 미국의 컴퓨서브(CompuServe)사가 통신상에서 다른 기종간의 원활한 이미지 전송을 위해 개발한 형식이다. 전송을 목적으로 만들어졌기 때문에 색상 수를 줄여 용량을 줄이는 방법으로 데이터 압축률을 높였지만 최대 256개의 색상만 지원한다는 단점이 있다. GIF 포맷은 일반적으로 웹 사이트의 아이콘이나 로고, 바탕이 투명 처리된 그래픽 혹은 애니메이션용으로 많이 사용되는 포맷이다. 가령 애니메이티드(animated) GIF 파일은 웹 문서에 사용되는 움직이는 그림 파일 형식으로 웹 문서에 역동적인 효과를 줄 수 있을 뿐만 아니라 재생을 시키기 위한 별도의 플러그 인이 필요하지 않은 장점이 있어 많이 활용되고 있다.

✪ BMP

BMP(Bitmap)는 압축하지 않은 비트맵 이미지를 저장하는 파일 포맷으로 압축을 하지 않기 때문에 파일 크기가 크다는 단점을 갖고 있다. BMP는 윈도우의 바탕 화면에 보이는 배경 그림이나 로고 그림 등에서 아직도 널리 이용되고 있다.

✪ PNG

PNG(Portable Network Graphics)는 GIF처럼 색상 수를 줄여 압축하는 형식의 이미지 파일 포맷으로 GIF보다 뛰어난 압축률을 제공한다. 비손실 압축을 사용해 이미지 변형 없이 원래 이미지를 웹상에 그대로 표현할 수 있고 하드웨어에 의해 색상에 영향을 받지 않는 등의 장점을 갖고 있다.

✪ WMF

WMF(Windows Metafile Format)는 윈도우에서 기본적으로 지원하는 형식으로 MS 오피스 등에서 클립아트를 사용할 때 많이 쓰인다. 임의의 크기로 확대하는 것이 자유롭고 파일의 크기가 작은데다 많은 프로그램들이 이 포맷을 지원하는 것이 장점이라고 할 수 있다.

앞서 얘기한 이러한 여러 가지 이미지 파일 형식 중 웹에서 많이 사용되는 것은 JPG와 GIF라고 할 수 있다. 특히 JPG 파일은 뛰어난 압축률 때문에 인터넷에서 많이 사용되는데 색상이 많은 그림이나 사진에 적합한 파일 형식이다. GIF 파일은 색상 수가 256개로 제한돼 있기 때문에 단순한 색상의 그림을 저장할 때 많이 사용된다. 또 배경을 투명하게 저장하거나 애니메이션 파일을 만들 때도 사용된다.

2) 이미지 정보 검색 방법

이미지 정보를 검색하려면 검색 엔진에 접속해 이미지 검색 혹은 멀티미디어 검색 메뉴를 선택한 뒤 검색어 입력창에 찾고자하는 파일과 관련된 검색어를 입력하면 .jpg, .gif, .bmp 등의 확장자를 가진 이미지 파일을 찾아준다. 구글이나 알타비스타와 같은 국내외 검색 엔진의 경우 대부분 이미지를 비롯한 멀티미디어 검색 기능을 별도로 제공하는 경우가 많다.

가령 구글에 접속해 초기화면 상단 메뉴 가운데 [이미지]를 선택한 뒤 검색어 입력창에 '태극기'를 입력한 다음 [이미지 검색]이라는 검색 버튼을 클릭하거나 키보드의 엔터 키를 누르면 다음과 같이 .jpg, .gif 등의 확장자를 가진 다양한 형식의 이미지 파일 검색 결과를 보여준다.

이번에는 구글의 이미지 검색창에 '박지성 첫 골 장면'이라고 입력한 뒤 [이미지 검색] 버튼을 눌러보자. 그러면 다음과 같이 박지성의 멋진 첫 골 장면을 검색해서 보여준다. 구글의 이미지 검색은 이미지 제목과 이미지 관련 설명 등 다양한 기준을 사용해서 이미지의 내용을 색인한 뒤 특별한 알고리즘을 사용해서 가장 질이 높은 이미지들부터 검색 결과 페이지에 나타내준다. 또 검색 결과가 출력된 후 보이는 작은 이미지를 클릭하면 해당 이미지

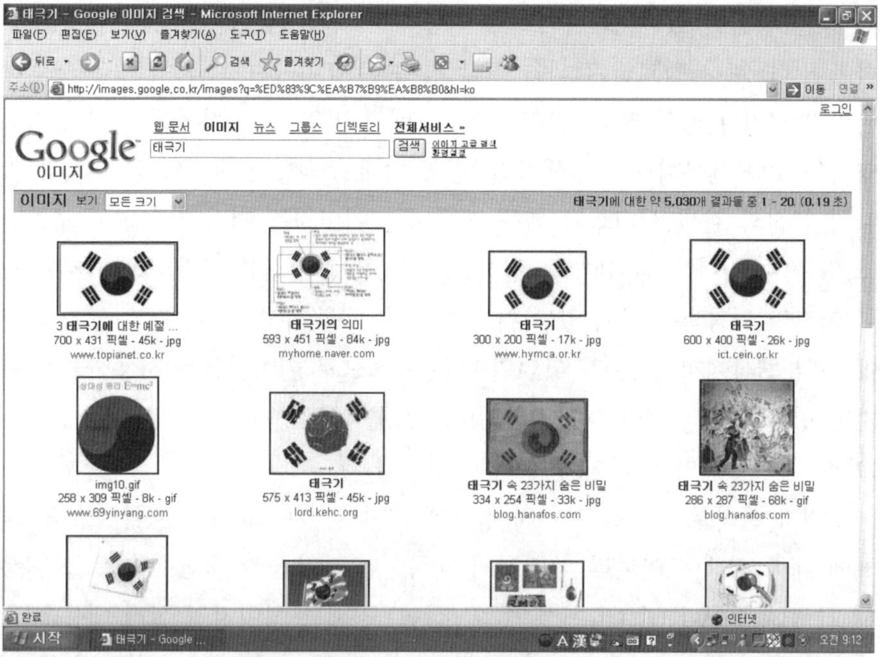

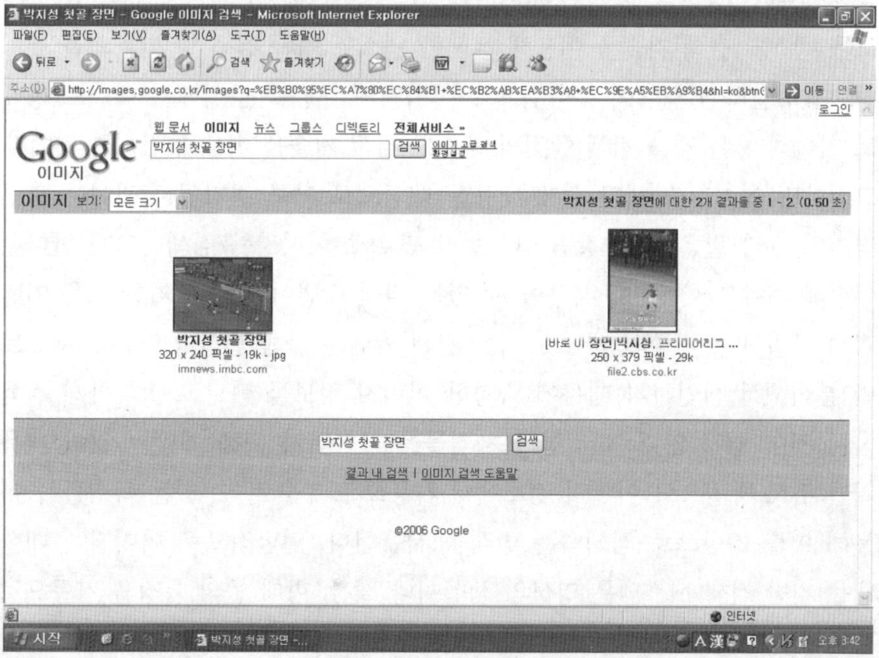

〈구글의 이미지 정보 검색〉

의 원본 파일이 있는 웹 사이트로 이동해 이미지 원본을 열어볼 수 있도록 하고 있다. 보다 정교한 검색을 원할 경우에는 [이미지 고급 검색]을 클릭해 이미지 크기나 파일 타입, 컬러 타입, 도메인 범위 등을 지정해 이미지 검색 영역을 보다 세분화해서 검색하면 된다. 이때 주의할 것은 구글을 비롯해 각 검색 엔진의 검색 서비스를 통해 제공되는 이미지는 저작권에 의해 보호받고 있을 수 있다는 점이다. 즉 검색 엔진을 통해 수집한 각각의 이미지에 대한 저작권은 검색 포털에 있는 것이 아니라 해당 저작권자가 갖고 있기 때문에 만약 웹상에서 보는 것 이외의 다른 목적으로 이미지들을 사용하고자 한다면 링크돼 있는 해당 저작권자의 사이트를 방문하거나 저작권자와 접촉해 그에 필요한 허가를 받아야 한다는 것이다.

우리가 살펴본 이러한 이미지 정보에 대한 검색은 그러나 사실 이미지 자체에 대한 검색이 아니라 이미지의 제목이나 내용을 기술한 텍스트를 이용해 검색한 것이다. 즉 '박지성 첫 골 장면' 검색도 이미지의 실제 내용을 검색해서 골인 장면을 보여준 것이 아니라 사전에 데이터베이스화돼 있는 정보를 텍스트 검색 기술을 이용해 검색한 텍스트 기반 검색 방법에 의한 것이다. 다시 말하면 사람이 수작업으로 이미지의 내용을 분석해서 텍스트 형태로 기술해 놓은 것을 검색 엔진의 텍스트 검색 기술을 이용해 검색한 것이다. 그렇다면 이미지 자체의 실제 내용을 대상으로 야구 경기의 홈런이나 축구 경기의 슛과 같은 특정 장면이나 동작 단위로 이미지를 검색하고자 한다면 어떻게 해야 할까? 이때 사용할 수 있는 검색 방법이 앞서 얘기한 내용 기반 검색 방법이다. 기존의 텍스트 기반 검색 방법은 검색 엔진이 단순히 텍스트만 분석해서 색인하기 때문에 다양한 이미지 정보를 빠르고 정확하게 검색하는 것이 쉽지 않다. 이러한 문제점들을 극복하기 위해 개발된 것이 내용 기반 검색 방법으로 이미지 정보에서 자동으로 추출될 수 있는 특징들을 이용해 이를 기반으로 검색하는 방식을 사용한다. 일반적으로 이미지에 대한 내용 기반 검색 시스템은 영상의 색상이나 질감, 형태 등의 특징을 자동으로 추출해 이를 인덱스로 만들어 데이터베이스에 저장하면 이용자가 원하는 이미지의 대략적인 스케치나 형태적 특징 혹은 색상적 특징 등 다양한 속성에 기초한 내용 기반 질의를 통해 이미지 데이터를 검색하는 기법을 사용한다. 가령 내용 기반 검색 방법을 이용하면 이용자가 얼굴의 특징에 대한 시각적 질의를 통해 특정 인물이 나오는 사진만을 검색할 수 있다.

정리하기

- ❑ 이미지(image)는 스캐너나 디지털 카메라와 같은 입력 장치를 통해 생성된 그림을 말하고 그래픽(graphic)은 일러스트레이터와 같은 컴퓨터 소프트웨어를 통해 생성된 그림을 지칭하는데 대개 검색 엔진의 경우 구별 없이 이미지라는 용어를 사용한다.
- ❑ 이미지는 저장 방식에 따라 크게 비트맵(bitmap) 방식과 벡터(vector) 방식으로 나뉘는데 비트맵 방식은 그림을 가로 세로 동일한 간격의 격자(grid)로 구분해서 픽셀(pixel)이라고 하는 여러 개의 화소로 표시하는 방식을 말한다. 벡터 방식은 그림의 특성을 수식화해서 함수 형태로 표현하는 방식을 말한다.
- ❑ 이미지는 텍스트와는 달리 색상, 명도, 채도 등 많은 정보를 갖고 있기 때문에 이미지 정보를 처리하기 위해서는 압축 기술을 이용해 원래의 화질을 유지하면서도 정보량은 줄여 효율적으로 정보를 저장하고 전송하는 것이 필요하다.
- ❑ 이미지는 압축 방식 혹은 저장 방식에 따라 JPG, GIF, BMP, PNG, WMF 등 여러 가지 종류가 있는데 웹에서 많이 사용되는 대표적인 파일 형식은 JPG와 GIF라고 할 수 있다.
- ❑ 이미지에 대한 내용 기반 검색 방법은 영상의 색상이나 질감, 형태 등의 특징을 자동으로 추출해 이를 인덱스로 만들어 데이터베이스에 저장하면 이용자가 원하는 이미지의 대략적인 스케치나 형태적 특징 혹은 색상적 특징 등 다양한 속성에 기초한 내용 기반 질의를 통해 이미지 데이터를 검색하는 기법을 사용한다.

2. 동영상 정보 검색

1) 동영상에 대한 이해

동영상은 카메라를 사용해 촬영한 연속적인 이미지인 비디오(video)와 카메라를 사용하지 않고 사람이 직접 그린 인공적 표현인 애니메이션(animation)을 말한다. 비디오나 애니메이션의 경우 연속된 동작을 자연스럽게 보이도록 표현하기 위해서는 최소한 초당 15 프레임(frame)을 보여줘야 한다. 여기서 프레임은 1장의 정지 화면 즉 이미지(image)를 말하는데 일반적으로 영화의 경우에는 초당 24 프레임, 텔레비전의 경우에는 지역에 따라 다르지만 초당 25 또는 30 프레임을 사용한다.

비디오와 애니메이션은 대부분 사운드를 포함하고 있을 뿐만 아니라 초당 15 프레임 이상의 정지 영상을 보여줘야 하기 때문에 다른 정보에 비해 훨씬 많은 용량을 차지한다. 가령 디지털 영화 한편의 경우 약 2억 바이트의 메모리를 요구하며 TV 영상을 디지털화하는 경우에는 프레임 당 1 메가바이트(MB)의 메모리가 필요하기 때문에 초당 25-30 메가바이트의 메모리를 필요로 한다. 이처럼 동영상 정보는 다른 데이터에 비해 많은 메모리를 필요로 하기 때문에 동영상 정보의 효율적인 전송을 위해서는 압축 기술을 이용해 원래의 화질을 유지하면서도 정보량은 줄여 전송률을 높여주는 것이 필요하다. 이러한 문제점을 해결하기 위해 동영상 전문가 그룹(Moving Picture Experts Group: MPEG)이라는 단체의 주도하에 동영상 정보의 효율적인 압축 및 전송을 위한 국제 표준 규격이 제정됐다.

MPEG은 국제표준화기구(ISO)와 국제전기위원회(IEC)가 동영상과 관련한 기술적 표준을 확립하기 위해 구성한 공동위원회(Joint Technical Committee 1) 산하 소위원회(Sub-Committee 29)의 워킹 그룹(Working Group 11) 별칭인 동영상 전문가 그룹(Moving Picture Experts Group)이라는 국제단체(공식 명칭: ISO/IEC JTC1/SC29/WG11)의 이름이자 이곳에서 제정한 국제 표준 규격 혹은 기술을 뜻한다. 1988년부터 활동을 시작한 MPEG은 동영상과 사운드의 압축에 관한 일련의 기술적인 국제 표준을 개발해왔는데 이 가운데 1992년에 표준화된 MPEG-1은 가정에서 사용되는 VCR 혹은 VHS 비디오 테이프 수준의 동영상과 사운드를 최대 1.5Mbps로 압축 저장할 수 있는 표준 규격으로 150:1에서 450:1의 고비율로 압축이 가능해 압축률은 뛰어나지만 화질이 떨어진다는 단점이 있다. MPEG-1은 초창기에는 동영상을 보기 위해 별도의 MPEG 재생용 보드를 필요로 했으나 펜티엄 프로세서가 등장한 이후 CPU 기능만으로도 처리가 가능하게 됐다. 그 이후 MPEG-1의 품질을 개선해 1994년에 국제 표준으로 승인된 것이 MPEG-2인데 MPEG-2의 기본적인 구조는 MPEG-1과 거의 같지만 해상도와 전송 속도 측면에서 MPEG-1보다 한 차원 높은 압축 기술로 HDTV 수준의 디지털 동영상을 지원하며 정보를 읽는 속도가 MPEG-1에 비해 훨씬 빠르다. MPEG-2는 DVD나 디지털 케이블 방송, 디지털 위성 방송, HDTV 등 고화질과 고음질을 필요로 하는 분야에서 활용돼왔다.

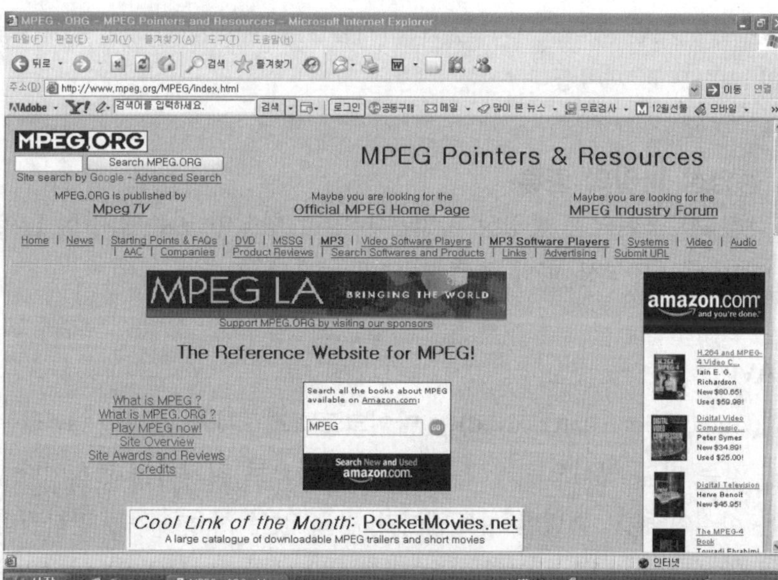

〈MPEG 사이트 초기화면〉

출처: http://www.mpeg.org/MPEG/index.html

1999년에 표준화된 MPEG-4는 인터넷 망 및 이동 통신망에서의 쌍방향 멀티미디어 통신을 겨냥해 개발된 멀티미디어 동영상 압축 기술이다. MPEG-4는 자연 영상이나 자연음은 물론 컴퓨터에 의해 생성된 합성 영상과 합성음 등 다양한 형태의 오디오, 비디오를 유연하게 효율적으로 전송하는 것을 목표로 하고 있다. MPEG-1과 MPEG-2는 영상을 프레임 즉 화면 단위로 부호화하는 반면 MPEG-4는 영상의 내용에 근거해 해당 영상의 배경과 객체를 분리해 영상 내에 존재하는 객체 단위로 부호화해 전송한 다음 한 화면으로 다시 합성하는 압축 방식을 쓰고 있다. 즉 기존의 압축 방식은 영상에 담긴 내용과는 무관하게 화소를 직접 처리해서 압축하는 방식인데 비해 MPEG-4는 내용에 대한 이해와 분석을 토대로 한 부호화 방식이라는 점에서 차이가 있다. MPEG-4는 주문형 비디오(VOD), IMT-2000 멀티미디어 통신, 영상 전화, 영상 회의, 인터넷 방송 등의 분야에서 활용되고 있다.

MPEG-7은 엄청난 속도로 증가하고 있는 멀티미디어 정보 가운데 필요로 하는 내용의 정보를 검색하는데 있어 기존의 키워드 검색 대신 내용을 기반으로 한 내용 기반 검색에 필요한 요소 기술들을 제공하기 위한 국제 표준화 작업의 일환으로 개발됐다.

(1) 동영상 파일의 종류

인터넷에서 구현되는 동영상 파일은 다양한 형식이 있는데 가장 많이 쓰이는 대표적인 동영상 파일 종류를 보면 다음과 같다.

✪ AVI

AVI(Audio Video Interleaved)는 마이크로소프트사가 개발한 .avi라는 확장자를 갖는 파일 형식으로 윈도우에서 기본적으로 지원하는 형식이다. AVI 파일은 화질이 좋고 특별한 하드웨어가 필요 없어 사용하기는 편하지만 압축하지 않은 원본 AVI 파일의 경우 대개 100 메가바이트(MB) 이상의 용량을 차지할 정도로 파일의 크기가 크다.

✪ MPEG

MPEG은 앞서 얘기한 MPEG 압축 기술을 이용해 동영상을 압축시킨 파일 형식으로 .mpg라는 확장자를 갖는다. MPEG 파일은 AVI에 비해 압축률이 높고 거의 모든 종류의 컴퓨터에서 지원돼 기종에 관계없이 사용 가능하다. MPEG 파일은 대개 파일 크기가 압축하지 않은 AVI 파일의 10분의 1정도에 불과할 정도로 압축률이 뛰어나다.

✪ RealVideo

리얼비디오(RealVideo)는 리얼네드워크(Real Networks)사가 개발한 리얼 오디오(RealAudio)의 사촌격으로 리얼오디오처럼 다운로드 없이 실시간으로 동영상을 재생하는 스트리밍 방식을 사용하기 때문에 전체 파일을 다운로드 할 때까지 기다리지 않고도 동영상을 볼 수 있다. 리얼비디오 파일은 .ram이나 .rm 혹은 .rv라는 확장자를 갖고 있으며 기자 회견이나 강연 혹은 콘서트와 같은 라이브 방송이나 인터넷 방송에서 많이 사용된다. 그러나 인터넷망의 속도가 느리거나 웹 트래픽이 과중할 경우 화면이 중간에 끊기거나 뒤틀릴 수 있는 단점을 갖고 있다. 또 대부분의 리얼비디오 파일은 하드 드라이브에 저장할 수 없기 때문에 비디오를 다시 보기 위해서는 해당 사이트에 재접속해야 하는 불편함이 있다.

✪ QuickTime

퀵타임(QuickTime)은 특별한 하드웨어 없이 소프트웨어만으로 재생할 수 있는 애플사의 동영상 압축 기술로 확장자는 .mov 또는 .qt다. 원래 매킨토시 컴퓨터에서 동영상을 재생하는데 활용되는 퀵타임 프로그램의 파일 형식이지만 퀵타임 소프트웨어나 퀵타임 브라우저 플러그 인을 설치한 대부분의 최신형 PC와 매킨토시 컴퓨터에서 모두 재생이 가능하다. 퀵타임은 모니터 화면에 여러 개의 윈도우를 띄워도 문제가 없고 다양한 화질과 크기의 풀 컬러, 풀 모션 비디오를 제공할 수 있다.

✪ WMV

WMV(Windows Media Video)는 마이크로소프트사에서 개발한 비디오 압축 기술로 윈도우에 기본으로 들어있는 미디어 재생기로 재생할 수 있기 때문에 별도의 소프트웨어 없이 사용할 수 있다. WMV 파일은 압축률은 뛰어나지만 압축률을 높이면 높일수록 화질이 급격히 떨어진다.

2) 동영상 정보 검색

국내외에서 서비스되고 있는 검색 엔진의 동영상 검색은 가령 영화 제목이나 가수 이름, 노래 제목 등의 키워드 입력을 통해 동영상 파일을 찾을 수 있도록 하고 있는데 검색 결과 페이지에서 동영상 콘텐츠가 있는 웹 사이트로 연결해주거나 제휴를 통해 확보한 데이터베이스에 있는 동영상을 제공해주고 있다. 또 동영상 카테고리별로 제목이나 내용을 데이터베이스화해서 텍스트를 기반으로 주제별 검색도 할 수 있도록 하고 있다.

가령 알타비스타(www.altavista.com)에 접속해 초기화면에서 [비디오]를 선택한 뒤 검색어 입력창에 '공룡'을 입력한 다음 [찾기]라는 검색 버튼을 클릭하면 다음과 같이 .mpg, .wmv, .avi 등의 확장자를 가진 다양한 포맷의 비디오 파일 검색 결과를 보여준다. 이 때 검색 결과 페이지에서 [페이지 URL]을 클릭하면 해당 비디오 파일이 있는 웹 페이지로 연결된다. 알타비스타의 경우 파일 유형을 제한하거나 1분 미만 혹은 1분 이상 등으로 총 소요 시간을 제한하면 비디오 검색 영역을 보다 세분화해서 검색할 수 있다.

우리가 살펴본 이러한 동영상 정보에 대한 검색은 그러나 영상물 내에 담겨 있는 실제 내용물을 기반으로 한 검색이 아니라 앞서 살펴본 기존의 텍스트 기반 검색 방식에 의한 것이기 때문에 영상물 자체의 내용을 토대로 한 장면 단위 검색은 할 수 없다. 따라서 영상물의 실제 내용을 대상으로 한 장면 단위 검색을 위해서는 동영상의 특징 추출(feature extraction)을 통해 이를 기반으로 동영상을 검색하는 내용 기반 검색 방법을 이용해야 한다.

〈알타비스타의 동영상 정보 검색〉

동영상의 내용 기반 검색을 위해 사용할 수 있는 정보로는 영상 정보, 문자 정보, 오디오 정보 등이 있는데 가장 일반적으로 사용할 수 있는 정보는 영상 정보다. 영상의 목차 작성을 위해 영상을 내용적으로 종합해 분할하는 것을 영상의 구조화라고 하고 영상을 이처럼 책의 목차와 같이 장, 절로 분할해서 원하는 부분만을 찾아보는 것을 영상 브라우징이라고 한다. 영상을 분할하는 방법으로는 장면의 전환점인 컷을 자동으로 검출하는 방법, 영상 중에서 반복해서 나타나는 구간을 검출하는 방법, 동일한 카메라워크를 계속 취하는 구간을 검출하는 방법 등이 있다. 이 가운데 가장 간단한 컷 검출 방법은 인접한 2개의 프레임 간의 화소 값의 차이를 비교하는 것이다. 즉 연속된 장면에서는 프레임간의 유사성이 강하고 장면의 전환이 이루어지는 부분에서는 프레임간의 유사성이 상대적으로 약하기 때문에 화소 값의 차이를 이용해 그 차이가 임계 값을 넘어서면 장면의 전환이 이루어진 것으로 계산해 동영상 데이터를 색인 해두면 '비행기가 이륙하는 장면'과 같이 원하는 장면을 검색할 수 있다(권만우(2003), p.168-169).

정리하기

- ❑ 동영상은 카메라를 사용해 촬영한 연속적인 이미지인 비디오(video)와 카메라를 사용하지 않고 사람이 직접 그린 인공적 표현인 애니메이션(animation)을 말한다.
- ❑ 인터넷에서 구현되는 동영상 파일은 다양한 종류가 있는데 가장 많이 쓰이는 대표적인 파일 포맷으로는 AVI, MPEG, RealVideo, QuickTime, WMV 등이 있다. AVI는 마이크로소프트사가 개발한 .avi라는 확장자를 갖는 파일 형식으로 윈도우에서 기본적으로 지원하는 형식이다. 리얼비디오(RealVideo)는 리얼네트워크(Real Networks)사가 개발한 리얼오디오(RealAudio)의 사촌격으로 리얼오디오처럼 다운로드 없이 실시간으로 동영상을 재생하는 스트리밍 방식을 사용한다.
- ❑ 영상물의 실제 내용을 대상으로 한 장면 단위 검색을 위해서는 동영상의 특징 추출(feature extraction)을 통해 이를 기반으로 동영상을 검색하는 내용 기반 검색 방법을 이용해야 한다. 동영상의 내용 기반 검색을 위해 사용할 수 있는 정보로는 영상 정보, 문자 정보, 오디오 정보 등이 있는데 가장 일반적으로 사용할 수 있는 정보는 영상 정보다.

제5장 온라인 정보 평가 방법

1. 온라인 정보 평가 기준

1) 온라인 취재보도의 허상과 실상

인터넷은 항상 마감 시간에 쫓겨 사는 기자들의 업무 스트레스를 말끔히 씻어줄 수 있을 만큼 충분하지는 못하더라도 시공간의 제약 없이 언제 어디서나 원하는 정보를 빠르고 쉽게 찾을 수 있다는 점에서 기자들의 취재보도 활동에 없어서는 안 될 중요한 취재 도구임에는 틀림없다. 그러나 인터넷 취재는 정보를 빠르고 정확하게 찾아내는 것도 중요하지만 그보다 더 중요한 것은 믿을만한 정보를 확보하는 것이다. 세계 최대의 도서관으로 일컬어지는 인터넷은 정보의 바나라고 불릴 만큼 수많은 정보들이 널려있지만 온라인 취재를 통해 꼭 필요로 하는 자료를 모두 찾아낼 수도 없거니와 찾아낸 정보 가운데도 잘못된 정보나 쓸모없는 정보들이 많다. 인터넷은 그 특성상 허위 정보나 역정보 혹은 유언비어를 그 어느 때보다도 빠르고 광범위하게 확산시키고 있다. 그 결과 객관적인 정보로 위장한 허위 정보를 사실인 것처럼 믿어버리거나 뉴스로서의 가치가 전혀 없는 잘못된 정보를 오용해 오보를 하는 실수를 범할 수도 있다.

그렇다면 어떻게 하면 인터넷 웹 사이트나 온라인 DB를 통해 입수한 정보가 뉴스에 인용해도 될 만큼 확실한 것이라는 것을 알 수 있을까? 동호회 카페나 채팅룸 혹은 토론 포럼 같은데서 취재한 네티즌들의 얘기는 정말 사실일까? 독자들이 이메일을 통해 보낸 기사 제보나 관련 자료는 과연 믿을 수 있을까? 누구나 다 경험한 일이겠지만 온라인 취재는 정보를 획득하는 것보다 수집한 정보의 신뢰성을 판단하는 것이 더 어렵고 중요하다고 할 수 있다. 사실 온라인상에 산재해 있는 대다수 정보들은 뉴스로 사용할 수 없는 것들이 많다. 그렇다면 온라인 취재를 통해 입수한 정보가 과연 뉴스에 인용해도 좋을 만큼 유용한 정보인지를 어떻게 판단할 수 있을까?

2) 온라인 정보 평가 기준

기자들이 취재할 때 항상 육하원칙(5W1H)을 적용하듯이 문헌정보학에서도 정보를 평가할 때 공신력(authority), 정확성(accuracy), 객관성(objectivity), 시의성(currency), 범위(coverage) 등 5가지 기준을 매우 중요하게 생각하는데 이러한 정보 평가 기준은 인터넷에서 수집한 온라인 정보의 타당성을 판단할 때도 적용될 수 있다. 즉 사이트의 유형이나 특성에 따라 약간씩 다를 수도 있겠지만 온라인 정보 역시 위드너 대학(Widenr University)의 사서인 잰 알렉산더(Jan Alexander)와 마샤 앤 테이트(Marsha Ann Tate)가 개발한 이 같은 5가지 항목의 질문을 통해 정보의 타당성 혹은 신뢰도를 평가할 수 있다(Paul(1999), p.140-141).

✪ 공신력(authority)

누가 웹 페이지를 만들었는가? 공식 사이트인가? 웹 페이지를 만든 사람의 연락처가 있는가? 웹 페이지에 자료를 게시한 사람은 누구이며 그들의 자격은 어떠한가?

✪ 정확성(accuracy)

웹 페이지의 모든 정보가 사실임을 별도로 확인해 볼 수 있도록 정보의 출처가 제시돼 있는가? 웹 페이지의 편집이 잘돼 있는가?(만약 철자나 문법이 형편없다면 그 정보의 정확성 또한 형편없는 것일 수 있다.)

✪ 객관성(objectivity)

편견이 분명하게 드러나는가? 광고와 정보가 명확하게 구분돼 있는가?

✪ 시의성(currency)

웹 페이지가 언제 작성되었고 언제 웹에 게시됐는지 그리고 언제 갱신됐는지 알 수 있는가?

✪ 범위(coverage)

웹 페이지가 말하고자 하는 것이 명확하게 나타나 있는가? 해당 분야의 정보를 제대로 잘 다루고 있는가? 혹 중요한 이슈들이 생략돼 있지는 않은가?

〈온라인 정보 평가 기준〉

공신력(authority)	-누가 웹 페이지를 만들었는가? -공식 사이트인가? -웹 페이지를 만든 사람의 연락처가 있는가? -웹 페이지에 자료를 게시한 사람은 누구이며 그들의 자격은 어떠한가?
정확성(accuracy)	-웹 페이지의 모든 정보가 사실임을 별도로 확인해 볼 수 있도록 정보의 출처가 제시돼 있는가? -웹 페이지의 편집이 잘돼 있는가?
객관성(objectivity)	-편견이 분명하게 드러나는가? -광고와 정보가 명확하게 구분돼 있는가?
시의성(currency)	-웹 페이지가 언제 작성되었고 언제 웹에 게시됐는지 그리고 언제 갱신됐는지 알 수 있는가?
범위(coverage)	-웹 페이지가 말하고자 하는 것이 명확하게 나타나 있는가? -해당 분야의 정보를 제대로 잘 다루고 있는가? -혹 중요한 이슈들이 생략돼 있지는 않은가?

정리하기

- ❑ 세계 최대의 도서관으로 일컬어지는 인터넷은 정보의 바다라고 불릴 만큼 많은 자료들이 존재하고 있지만 온라인 취재를 통해 필요로 하는 모든 정보를 다 찾아낼 수도 없거니와 찾아낸 정보 가운데도 잘못된 정보나 쓸모없는 정보들이 많다. 또 인터넷은 그 특성상 허위 정보나 역정보 혹은 유언비어를 과거 그 어느 때 보다도 빠르고 광범위하게 확산시키고 있어 온라인 취재는 정보를 획득하는 것보다 수집한 정보의 신뢰성을 판단하는 것이 더 어렵고 중요하다고 할 수 있다.
- ❑ 기자들이 어떤 종류의 기사를 취재하든 항상 육하원칙(5W1H)을 적용하듯이 문헌 정보학에서는 공신력(authority), 정확성(accuracy), 객관성(objectivity), 시의성(currency), 범위(coverage) 등 정보를 평가하는 5가지 기준을 중요시 하는데 이러한 기준은 인터넷에서 수집한 온라인 정보를 평가할 때도 적용될 수 있다.

2. 온라인 정보 평가 방법

그렇다면 공신력(authority), 정확성(accuracy), 객관성(objectivity), 시의성(currency), 범위(coverage) 등 5가지 기준을 갖고서 어떻게 하면 온라인 취재를 통해 확보한 실제적인 정보를 정확하게 평가할 수 있을까. 앞서 얘기한 대로 인터넷상에서 필요로 하는 정보를 찾는 것도 쉽지 않지만 입수한 정보의 진위를 검증하는 것은 더더욱 쉽지 않기 때문에 온라인 정보의 타당성 혹은 신뢰성을 판단하는 작업은 나름대로의 전문적인 훈련이 필요하다. 온라인 정보에 대한 구체적인 평가 방법은 매우 다양하겠지만 우선 다음과 같이 웹 사이트 주소 분석, 웹 사이트 소유자 혹은 운영자 분석, 웹 페이지 내용 분석 등을 근거로 정보를 평가하는 방법을 생각해 볼 수 있다(Callahan (2003), p.10-16).

1) 웹 사이트 주소 분석

온라인 취재를 통해 확보한 정보의 신뢰도를 평가하기 위해서는 우선 온라인 정보의 출처를 확인해보는 것이 중요하다. 이를 확인할 수 있는 가장 간단한 방법 가운데 하나는 월드 와이드 웹(World Wide Web) 주소를 분석하는 것이다. 즉 웹 사이트 주소에 대한 해독(decoding)을 통해 정보를 제공한 조직이나 개인의 특성을 파악함으로써 온라인 정보의 신뢰성 여부를 판단할 수 있는데 이를 위해서는 기본적으로 IP 주소(Internet Protocol Address)와 DNS(Domain Name System)에 대해 이해하는 것이 필요하다.

✪ IP 주소(Internet Protocol Address)

웹 사이트 주소는 인터넷상에서 특정 컴퓨터의 위치를 나타내는 IP 주소를 말한다. 인터넷상에서 특정 컴퓨터를 찾아가거나 서로 다른 컴퓨터 사이에 정보를 주고받기 위해서는 상대방 컴퓨터의 위치 즉 주소를 알고 있어야 하는데 이 주소가 바로 IP 주소다. IP 주소는 인터넷에 연결된 모든 컴퓨터가 갖고 있는 가장 기본적인 주소로 마치 각 전화선마다 전화번호가 할당되듯이 인터넷에 접속돼 있는 컴퓨터는 숫자로 된 고유의 번호가 할당된다. 즉 IP 주소는 컴퓨터가 해독할 수 있는 주소로 '.'으로 구분된 숫자를 사용한다.

✪ DNS(Domain Name System)

DNS(Domain Name System)는 IP 주소와는 달리 숫자가 아닌 실제 이름으로 구성된 주소 체계를 말한다. 앞서 얘기한 것처럼 숫자로 이루어진 IP 주소는 사람들이 기억하기가 어렵기 때문에 쉽게 인식할 수 있도록 영문자로 표현한 것을 도메인 이름(Domain Name)이라고 한다. DNS는 이 도메인 이름을 컴퓨터가 해독할 수 있는 IP 주소로 변환시켜 주는 기능을 한다. 인터넷상에서 사용되는 도메인은 전 세계적으로 고유하게 존재해야 하므로 공통적으로 정해진 체계에 따라야 하는데 대개의 경우 '기관.기관종류.국가명' 등 3개의 조합으로 이루어진 계층 구조를 이루고 있다. 예를 들면 대표적인 검색 엔진 가운데 하나인 구글의 경우 www.google.co.kr로 표기한다. 여기서 www는 월드 와이드 웹을 의미하며 google은 사이트의 이름, co는 company의 약자로 기업을 의미한다. 만약 학교를 나타낼 경우에는 ac를 사용한다. 맨 오른쪽에 있는 kr은 최상위 도메인(Top Level Domain: TLD)으로 한국을 의미한다. 최상위 도메인 아래 단계의 차상위 도메인을 2단계 도메인(Second Level Domain: SLD)이라고 한다. 최상위 도메인으로는 com, net, org 등과 같은 일반 최상위 도메인(generic Top Level Domain: gTLD)과 kr(한국), jp(일본), ca(캐나다)처럼 세계 각국을 두 자리 영문 약자로 표현한 국가 코드 최상위 도메인(country code Top Level Domain: ccTLD)이 있다. gTLD는 국제적으로 동일한 조건으로 등록, 관리되는 반면 ccTLD는 각 국가의 관련 기관에서 도메인 등록 요건 및 등록 절차 등을 관리하고 있다. 인터넷 초창기에 생성된 com, net, org 등과 같은 gTLD의 경우 조합의 맨 마지막에 오는 국가 항목 대신에 com, net, org 등을 그대로 사용한다. 전 세계 인터넷 주소 관리 및 사용 감독 기능을 맡고 있는 기구는 1988년 10월에 창립돼 현재 미국 캘리포니아에 본부를 두고 있는 비영리 민간 기구인 ICANN(Internet

Corporation For Assigned Names and Numbers)이다.

웹 사이트 주소 해독과 관련해 가장 먼저 할 일은 웹 사이트 운영 주체의 종류 혹은 유형을 나타내주는 맨 마지막의 접미사(suffix) 즉 1단계의 TLD와 2단계의 SLD를 분석하는 것인데 대표적인 것으로 다음과 같은 것들을 들 수 있다.

.go 혹은 .gov = 정부 기관
.ac 혹은 .edu = 교육 기관
.co 혹은 .com = 기업이나 상업적 단체
.or 혹은 .org = 비영리 기관 및 단체
.mil = 군대 관련 기관
.int = 국제기구
.net = 네트워크 운영 기관
.re = 연구소

가령 www.whitehouse.gov라는 사이트와 www.whitehouse.net라는 사이트를 비교해 보자. 이 두 사이트는 맨 마지막에 있는 최상위 도메인을 제외하고는 매우 유사한 주소를 갖고 있는데 전자는 미 백악관의 공식 사이트인 반면 후자는 Why InterNetworking이라는 웹 개발 회사 사이트다. 그리고 이와 유사한 주소를 갖고 있는 www.whitehouse.com이라는 또 다른 사이트는 백악관이나 미국 정부와는 아무런 관계가 없는 상업적인 사이트다 (Callahan(2003), p.14).

2) 웹 사이트 소유자 혹은 운영자 분석

웹 주소 해독을 통해 특정 웹 사이트를 호스팅하고 있는 조직 혹은 단체의 특성을 확인했으면 이제는 웹 사이트 소유자 혹은 운영자가 누구인지를 파악하기 위한 좀더 깊이 있는 탐색이 필요하다. 이를 위해서는 InterNIC(www.internic.net)을 이용하면 된다. 우선 InterNIC에 접속해 맨 오른쪽의 [Whois]

메뉴를 클릭 해보자. 그러면 다음과 같이 알아보고자 하는 도메인 주소를 입력할 수 있는 입력창이 뜨는데 도메인 주소 입력창에 이 사이트가 요구하는 입력 양식에 따라 whitehouse.net이라고 도메인 주소를 입력한 뒤 [submit] 버튼을 클릭해보자.

[submit] 버튼을 클릭하면 다음과 같이 도메인 등록일 및 최근 정보 수정일을 비롯해 어느 도메인 사업자(registra)를 통해 등록했는지에 대한 보다 자세한 정보를 알려준다. 더 자세한 정보를 알고자 할 경우에는 해당 도메인 사업자 즉이 경우에는 Network Solutions의 홈페이지에 접속해서 같은 방식으로 도메인 검색을 하면 해당 웹 사이트를 소유하고 있는 개인 혹은 기관의 이름과 연락처 등 보다 자세한 정보를 알 수 있다.

InterNIC(www.internic.net) 사이트는 그러나 .com, .edu, .net, .org 등 gTLD에 대한 정보만을 제공하기 때문에 ccTLD에 대한 정보를 검색하기 위해서는 Uwhois(www.uwhois.com) 사이트를 이용해야 한다. 또 ICCAN이 공인한

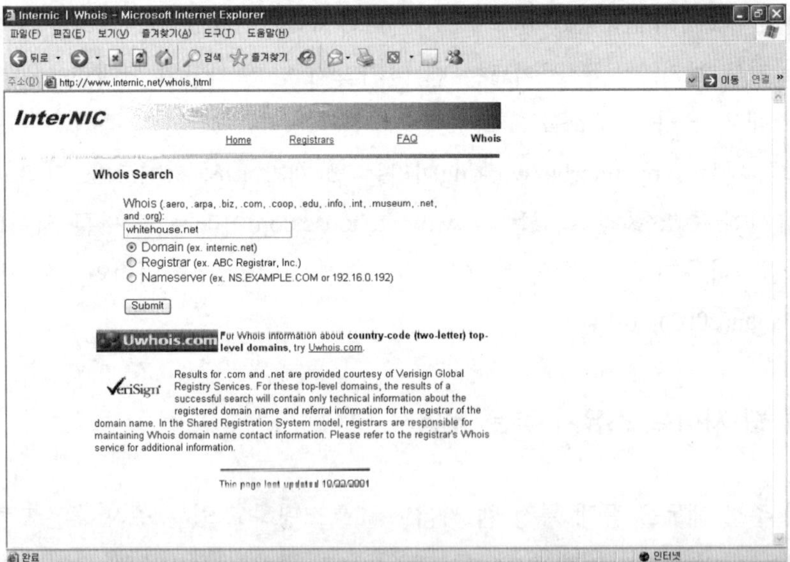

〈InterNic의 도메인 검색〉

전 세계의 공식 도메인 사업자 목록을 알고자 한다면 InterNIC 초기화면에서 'Registras' 메뉴를 클릭해 http://www.internic.net/regist.html로 이동하면 된다.

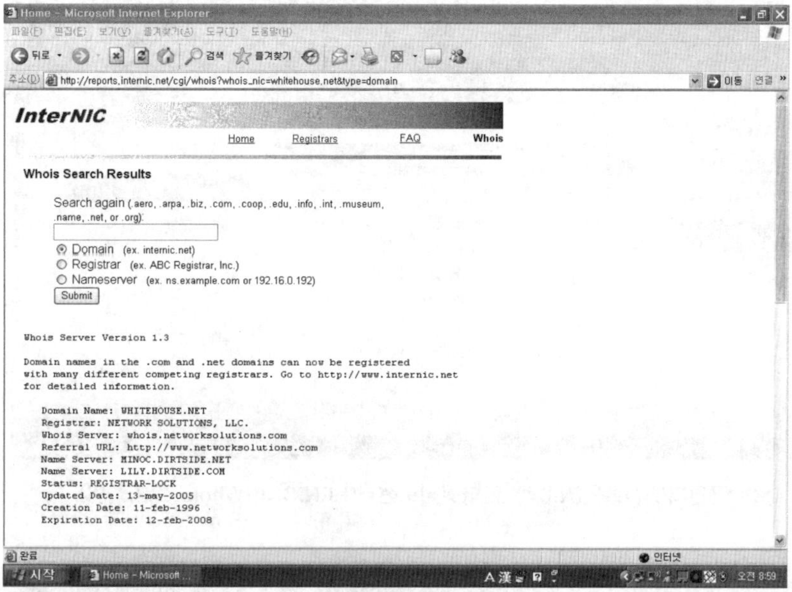

〈InterNic의 검색 결과〉

KR 도메인 즉 한국 사이트의 경우에는 국내 인터넷 주소 관리 기관인 한국인터넷진흥원(NIDA)의 인터넷정보센터(KRNIC) 도메인 검색 서비스인 Whois (http://whois.nida.or.kr)를 이용하면 된다.

이를 위해서는 우선 한국인터넷진흥원(www.nic.or.kr) 사이트에 접속한 뒤 맨 오른쪽에 있는 [도메인 검색]이라는 메뉴를 클릭 해보자. 그러면 다음과 같이 알아보고자 하는 도메인 주소를 입력할 수 있는 입력창이 뜬다.

그러면 이제 도메인 주소 입력창에 '한국외국어대학교.kr' 혹은 'hufs.ac.kr'이라고 도메인 주소를 입력해보자. 그러면 다음과 같이 도메인 등록일, 등록인 이름 및 주소, 책임자 이름 및 이메일 주소, 전화번호, 최근 정보 변경일 등 자세한 검색 결과를 보여준다.

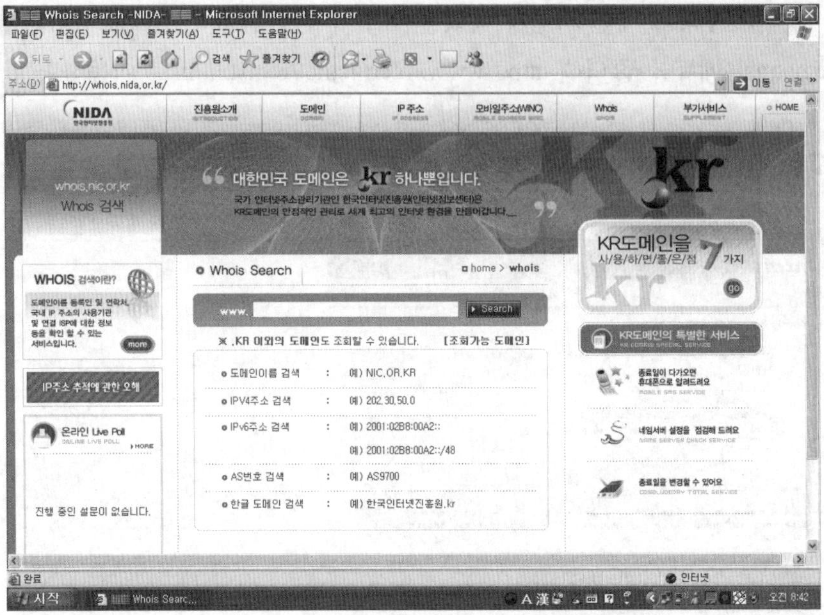

〈한국인터넷진흥원(NIDA) 인터넷정보센터(KRNIC)의 Whois 초기화면〉

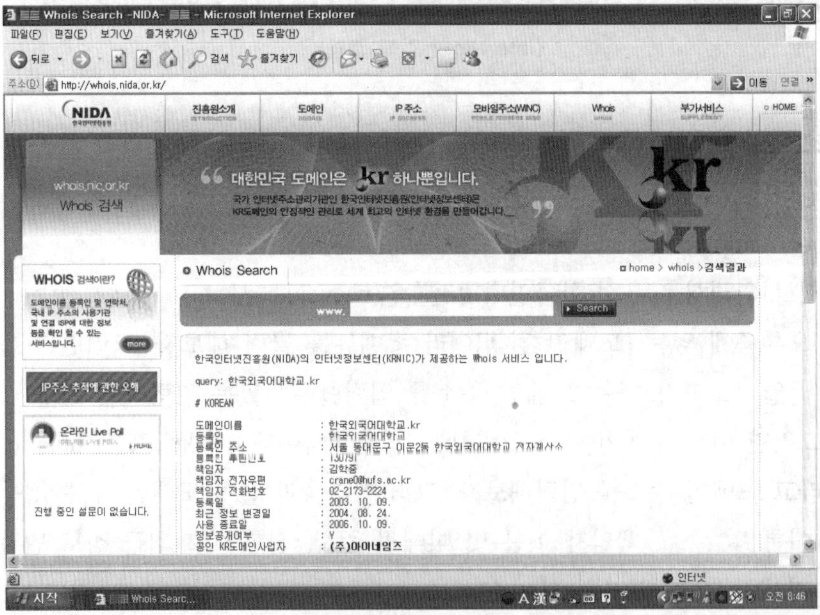

〈Whois 검색 결과〉

종종 구글과 같은 검색 엔진을 이용해 찾아낸 검색 결과 페이지에서 해당 정보를 클릭하면 매우 복잡한 웹 주소를 보여주는 경우가 있다. 가령 구글에서 검색어 입력창에 '한국외국어대학교'를 입력한 뒤 [Google 검색] 버튼을 클릭해 관련 정보를 찾아낸 다음 그 가운데 하나를 클릭하면 http://www.hufs.ac.kr/bk21/bk21.html 등과 같이 다소 복잡한 웹 주소를 보여주는 경우가 있다. 아무런 사전 정보 없이 이러한 웹 주소에 직접 접속해 들어가게 되면 어떤 기관 혹은 조직이 이 웹 사이트를 책임지고 있는지를 확인하기가 어려운 경우가 있다. 이럴 때는 해당 웹 주소의 첫 번째 슬래시(/) 다음에 나오는 모든 내용을 자른 뒤 남는 메인 페이지 주소를 이용해 웹 사이트 소유자 혹은 운영자를 파악하면 된다. 이러한 웹 주소 절단(truncating) 방식의 검색은 검색 엔진을 이용해 찾은 웹 페이지가 작동하지 않아 해당 정보를 찾을 수 없을 경우에도 유용하다. 즉 웹 사이트는 자주 바뀌는 경향이 있어서 해당 정보가 그 웹 사이트 내에 있더라도 변경된 다른 웹 페이지로 옮겨갔을 수 있다. 이럴 경우에는 앞서 얘기한 것처럼 웹 주소 절단 방식을 사용해 첫 번째 슬래시 다음에 나오는 모든 내용을 잘라내고 메인 페이지 주소만을 남긴 뒤 엔터 키를 눌러 원래의 웹 사이트에 접속한 다음 찾고자 하는 정보를 탐색하면 된다.

3) 웹 페이지 내용 분석

웹 사이트 수소 및 웹 사이트 운영자에 대한 분석이 끝났으면 다음으로는 웹 페이지의 제목을 비롯해 웹 페이지의 제작 동기나 의도, 웹 페이지에 올라와 있는 정보의 최종 수정일, 해당 정보의 근거가 되는 각주나 다른 웹 페이지로의 링크, 편견이나 과장된 표현의 사용 여부 등 웹 페이지의 내용적 특성에 대한 분석을 통해 해당 정보의 신뢰도를 평가해야 한다.

4) 오프라인 분석

온라인 정보에 대한 검증은 온라인 분석만으로도 충분한 경우가 있지만 온라인 취재를 통해 확보한 정보는 기존 방식의 오프라인 검증 과정을 통해 다시 한번 확인하는 것이 필요하다. 사실 온라인 정보만으로 기사를 작성하는 것은 상당히 위험하고 불충분할 수 있다. 따라서 전적으로 온라인 취재에만 의존하는 것이 아니라 현장 취재 혹은 전화 취재 등 직접적인 접촉을 통한 오프라인 취재를 통해 두세 개 혹은 그 이상의 취재원을 확보하고 제시한다면 기사가 전달하는 메시지의 사실성과 신뢰성이 그만큼 강화될 것이다 (김경희 · 이재경 · 임영호(2003), p.65).

이처럼 인터넷은 뉴스 보도에 유용하게 활용할 수 있는 중요한 취재 도구임에는 틀림없지만 온라인 정보의 신뢰성에 대한 검증은 매우 번거롭고 복잡한 절차를 필요로 한다. 그렇다면 처음부터 오프라인 취재를 하지 무엇 하러 복잡한 온라인 취재를 하느냐고 반문할 수도 있다. 대답은 간단하다. 인터넷은 오프라인 취재만으로는 감당할 수 없는 새로운 취재 기회를 제공하고 있기 때문이다. 즉 인터넷은 검증되지 않은 수많은 정보와 루머들로 넘쳐나는 불안정한 공간이기도 하지만 신뢰도 검증에 필요한 리트머스 시험지를 통과한 온라인 정보는 비용이나 시간의 문제로 혹은 다른 문제로 인해 오프라인 취재로는 확보할 수 없는 귀중한 정보를 확보할 수 있는 중요한 취재 도구가 되고 있기 때문이다.

정리하기

- 웹 사이트 주소에 대한 해독을 통해 정보를 제공한 조직이나 개인의 특성을 파악함으로써 온라인 정보의 신뢰성 여부를 판단할 수 있는데 이를 위해서는 기본적으로 IP 주소(Internet Protocol Address)와 DNS (Domain Name System) 등에 대해 이해하는 것이 필요하다.
- IP 주소는 인터넷에 연결된 모든 컴퓨터가 갖는 가장 기본적인 주소로 인터넷에 접속돼 있는 컴퓨터는 마치 각 전화선마다 전화번호가 할당되듯이 숫자로 된 고유의 번호가 할당된다. IP 주소는 사람들이 기억하기가 어렵기 때문에 쉽게 인식할 수 있도록 영문자로 표현한 것을 도메인 이름이라고 한다. DNS(Domain Name System)는 이 도메인 이름을 컴퓨터가 해독할 수 있는 IP 주소로 변환시켜 주는 기능을 한다.
- 웹 주소 해독을 통해 특정 웹 사이트를 호스팅하고 있는 조직 혹은 단체의 특성을 확인했으면 이제는 웹 사이트 소유자 혹은 운영자가 누구인지를 파악하기 위한 좀더 깊이 있는 탐색이 필요하다. 이를 위해서는 국내 사이트인 경우 국내 인터넷 주소 관리 기관인 한국인터넷진흥원(NIDA)의 인터넷정보센터(KRNIC) 도메인 검색 서비스인 Whois(http://whois.nida.or. kr)를 이용하면 된다.
- 웹 사이트 주소 및 웹 사이트 운영자에 대한 분석이 끝났으면 웹 페이지의 제목을 비롯해 웹 페이지의 제작 동기나 의도, 웹 페이지에 올라와 있는 정보의 최종 수정일, 해당 정보의 근거가 되는 각주나 다른 웹 페이지로의 링크 등 웹 페이지의 내용적 특성에 대한 분석을 통해 해당 정보의 신뢰도를 평가해야 한다.
- 온라인 취재를 통해 확보한 정보는 전통적인 방식의 오프라인 검증 과정을 통해 다시 한번 확인하는 것이 필요하다. 오프라인 취재를 통해 보다 많은 취재원을 확보하고 제시한다면 기사가 전달하는 메시지의 사실성과 신뢰성이 그만큼 강화될 수 있다.

제6장 온라인 취재보도를 위한 기본 정보 수집 I

1. 뉴스 정보 사이트의 활용

기자들이 기사를 구상하거나 취재할 때 가장 먼저 하는 일 가운데 하나는 자신이 쓰고자하는 특정 주제와 관련된 기사들을 찾아보는 것이다. 이를 위해 과거에는 기자들이 직접 조사부에 찾아가서 분야별 혹은 주제별로 스크랩된 기사를 일일이 뒤져봐야 하였다. 또 중요한 기사는 복사하거나 관련 스크랩북을 대출해야 하였다. 그러나 요즘은 인터넷 웹 사이트에 구축된 DB를 통해 온라인상에서 자사 기사는 물론 타 언론사 기자들의 기사까지 손쉽게 검색할 수 있게 됐다. 디지털의 저장과 압축 기술을 활용해 텍스트와 사운드, 이미지, 동영상 등 다양한 정보를 무한정 저장할 수 있게 됨에 따라 일선 취재 기자가 작성한 기사는 물론 각종 사진 자료도 본사의 데이터뱅크에 DB화돼 추후 기사 선별과 지면 편집을 위한 자료로 활용되기도 하고 다른 경로를 통해 외부에 유료로 제공되기도 하는 것이다. 디지털 기술을 활용한 이러한 DB 기능과 검색 기능은 빠르고 깊이 있는 심층 보도를 가능케 함으로써 기자들의 취재보도 활동에 많은 도움이 되고 있는데 일반적으로 뉴스 정보 사이트는 대개 다음과 같은 용도로 활용되고 있다(김경희·이재경·임영호(2003), p. 72-73).

1) 뉴스 정보 사이트의 용도

(1) 기사 아이디어를 얻을 수 있다.

남들이 생각할 수 없는 번득이는 아이디어 즉 무엇을 어떻게 취재해서 어떻게 보도할 것인가 하는 기획력은 기자의 가능성을 좌우하는 중요한 자질 가운데 하나다. 기자들이 매일 같이하는 고민 가운데 하나는 오늘은 어디 가서 무엇을 취재해서 어떻게 기사로 쓸 것인가 하는 것이다. 기사 거리를 찾기 위한 이러한 고민을 해결할 수 있는 유용한 수단 가운데 하나가 뉴스 정보 사이트다. 신문이나 방송의 뉴스 사이트나 포털의 뉴스 사이트에 접속해 자신의 취재 영역과 관련된 기사들을 훑어보다 보면 해당 분야에서 다루어야할 주제나 현안이 무엇인지를 쉽게 파악할 수 있고 또 기획 기사로 연결시킬만한 많은 아이디어를 얻을 수 있다.

(2) 취재에 필요한 사전 정보를 얻을 수 있다.

본격적인 취재에 앞서 뉴스 정보 사이트에 대한 검색을 통해 취재하고자 하는 이슈나 사건의 흐름, 원인, 배경, 경과 등을 파악함으로써 치밀한 취재 계획을 수립하게 되면 취재 시간을 보다 단축할 수 있고 훨씬 더 깊이 있는 심층 취재가 가능하다.

(3) 여론을 파악할 수 있다.

뉴스 사이트를 탐지하다 보면 주요 현안에 대한 온라인 여론 조사 결과나 네티즌들이 개별 기사에 대해 올린 의견 등을 통해 여론의 동향을 파악할 수 있다. 온라인 투표나 설문 조사의 경우 과학적인 통계 기준을 만족시켜주지 못한다는 단점이 있기도 하지만 특정 사안과 관련된 대략적인 여론의 흐름을 파악하는데 일정 부분 도움을 얻을 수 있다.

2) 뉴스 정보 사이트의 활용 방법

(1) 국내 뉴스 정보 사이트의 활용 방법

특정 신문이나 방송에 보도된 뉴스가 아니라 해당 주제와 관련된 전반적인 뉴스를 찾아보고자 한다면 주요 언론사의 뉴스를 종합해서 제공해주는 종합 뉴스 정보 사이트를 이용하는 것이 효율적이다. 다음이나 야후, 네이버와 같은 포털 사이트를 이용해도 좋고 한국언론재단(www.kpf.or.kr)이 구축해 서비스하고 있는 뉴스 검색 사이트인 카인즈(Korea Integrated News Database System: KINDS)를 이용해도 좋다. 대체적으로 온라인 취재 과정에서 기자들이 가장 많이 이용하는 뉴스 관련 사이트로는 카인즈(KINDS)와 렉시스넥시스(LexisNexis) 등을 들 수 있는데 이들 사이트의 경우 사전에 사이트의 특성이나 검색 방법 등을 잘 익혀두면 취재에 유용하게 활용할 수 있다.

일반적으로 온라인 정보 검색 방법에는 제3장과 제4장에서 살펴본 것처럼 크게 단어별 검색과 주제별 검색이 있는데 대부분의 뉴스 사이트가 비슷한 검색 방법을 사용하고 있기 때문에 한 사이트의 검색 방법을 잘 숙지해두면 특별한 어려움 없이 다른 사이트도 쉽게 검색할 수 있다. 여기서는 한국언론재단의 카인즈를 중심으로 뉴스 정보 사이트의 활용 방법에 대해 살펴보기로 하겠다.

1991년부터 서비스를 시작한 카인즈는 1990년 이후의 종합 일간지 뉴스를 비롯해 경제지, 영자지, 시사 잡지는 물론 TV 방송 뉴스 등 180여개 매체의 뉴스를 통합 검색할 수 있다. KINDS는 당일 기사 검색은 물론 1990년대 이전 신문과 독립신문, 대한매일신보 등 고신문도 검색할 수 있는 기능을 제공하고 있다. 카인즈는 특히 로그인 없이도 기사 검색과 기사 보기가 가능해 최소한의 클릭으로 원하는 결과를 얻을 수 있다. 단 1990년 이전 신문과 고신문은 이미지 파일로 DB화돼 있기 때문에 파일을 보려면 Adobe Acrobat 프로그램을 다운로드 받아 설치해야 한다.

한국언론재단 사이트에 접속해서 오른쪽 상단의 [KINDS 바로가기]를 클릭해보자. 그러면 다음과 같이 카인즈(www.kinds.or.kr) 초기화면이 뜬다.

이 초기화면의 왼쪽 하단에 있는 [카인즈 수록 매체]와 [검색 도움말]을 클릭하면 다음과 같이 카인즈에서 검색 가능한 뉴스 매체와 수록 기간, 검색 방법 등에 대한 자세한 내용을 확인할 수 있다.

〈한국언론재단 카인즈(KINDS)의 초기화면〉

카인즈 수록 매체

■ **서울 지역 종합 일간지**

–수록 신문 : 경향신문, 국민일보, 내일신문, 동아일보, 문화일보, 서울신문, 세계일보, 조선일보, 한겨레, 한국일보 등 10개지 기사 데이터베이스 통합 검색 제공. 매일 1,500여건의 기사가 추가 수록되며 당일 검색 가능. 주요어 및 기고자, 고정 · 기획 · 연재물명, 면종, 신문명, 발행 일자 등 다양한 검색 항목별 기사 검색 가능.

–수록 기간 : 1990년 1월 1일–현재(문화일보는 1996년 12월 1일 기사부터).

■ **서울 지역 외 종합 일간지**

–수록 신문 : 경기 일보 등 32개지

–수록 기간 : 2004년 1월 1일부터 기사 수록

■경제 일간지

–수록 신문 : 매일경제신문, 서울경제신문, 한국경제신문, 제일경제신문, 머니투데이, 파이낸셜뉴스, 헤럴드경제 등 7개지 기사 데이터베이스 통합 검색 제공.

–수록 기간 : 매일경제, 한국경제는 1995년 1월 1일 기사부터, 서울경제는 1996년 10월 1일, 헤럴드경제는 2000년 1월 1일, 머니투데이는 2001년 11월 1일부터 검색 가능.

■TV 방송 뉴스

–수록 방송 : KBS, MBC의 9시 종합 뉴스 및 SBS의 8시 종합 뉴스에서 보도된 기사 검색.

검색 엔진에 의한 방식으로 결과 열람 시 각 방송사 홈페이지의 해당 기사로 연결됨.

–수록 기간 : 1997년 7월 1일부터 기사 검색 가능.

■인터넷 신문

–수록 신문 : 대덕넷, 데일리팜, 레이버투데이, 메디게이트, 민중의 소리, 브레이크뉴스, 시민의 신문, 아이뉴스24, 오마이뉴스, 이데일리, 이윈컴, 조세일보, 프레시안 등 13개 매체의 기사 검색. 검색 엔진에 의한 방식으로 결과 열람 시 각 매체사 홈페이지의 해당 기사로 연결됨.

–수록 기간 : 매체 창간일(1999년 기사)부터 검색 가능.

■영자지

–수록 신문 : Korea Times, Korea Herald 등 2개지 통합 검색 제공.

–수록 기간 : 1995년 7월 1일 기사부터 수록.

■지역 신문

–수록 신분 : 가평타임즈 등 96개지.

–수록 기간 : 1997년 10월 23일 기사부터 수록.

■시사 잡지(13개 지)

–수록 신문 : 뉴스메이커, 뉴스피플, 시사저널, 씽크머니, 이코노21, 이코노미스트, 주간동아, 주간조선, 주간한국, 한겨레21, 신동아, 월간조선, 월간중앙 등 13개 시사 잡지의 기사 검색. 검색 엔진에 의한 방식으로 결과 열람 시 각 잡지사 홈페이지의 해당기사로 연결됨.

–수록 기간 : 1997년 7월 1일부터 최근호까지의 기사 검색 가능.

■전문지

–수록 신문 : 한국세정신문, 가스산업신문, 데일리메디, 장업신문, 여성신문 등의 전문지 통합 검색 제공.

■1990년 이전 신문 보기

–1960년부터 1989년까지 경향신문, 동아일보, 서울신문, 한국일보의 신문지면 이미지 일자별 제공

■ 고신문 검색

–독립신문(한글판과 영문판), 대한매일신보를 이미지 파일로 수록, 검색어, 발행일, 기사유형별 검색 서비스 제공

카인즈 검색 방법

■ 통합 검색

–찾고자 하는 검색어를 입력한 후 [검색] 버튼을 누르면 181개 전체 매체를 대상으로 통합 검색을 하게 된다. 검색을 원하는 매체, 기고자명, 고정물명, 주제, 면종, 글자 수 등을 지정해 검색 범위를 좁히면 보다 정밀한 검색 결과를 얻을 수 있다.

■ 매체 그룹별 검색

–종합 일간지, 경제 일간지, 시사 잡지 등 매체 그룹별로 상세 검색을 하면 검색의 정확도를 보다 높일 수 있다. 매체 그룹별로 각기 다른 검색 옵션이 제공되기 때문에 보다 정확한 검색이나 특정 매체를 대상으로 한 검색 시 유용하다.

■ 논리 연산자의 활용

–카인즈는 키워드 검색을 하기 때문에 검색 결과가 너무 많고 이용자가 원하는 정보와 무관한 기사가 검색되는 경우도 많다. 이 때 연산자를 이용해 복수의 검색어를 조합해서 검색하면 가장 근접한 정보를 찾을 수 있는데 카인즈에서 이용되는 기본적인 연산자는 다음과 같다.

〈카인즈의 논리 연산자〉

연산자	내용
AND	A와 B라는 두 단어가 동시에 포함된 기사를 검색하고자 할 경우 & 또는 and를 두 단어 사이에 넣거나 두 단어 사이를 공백(space)으로 남겨두면 두 단어가 모두 들어간 기사를 검색해준다. (예: 유비쿼터스 and 홈네트워크)
OR	A와 B라는 단어 중 한 단어라도 포함돼 있는 기사를 검색하고 싶다면 두 단어 사이에 | 또는 or를 넣어주면 된다. (예: 유비쿼터스 or 홈네트워크)
NOT	특정 단어가 들어가 있지 않은 기사를 찾고자 할 경우 검색되지 않았으면 하는 단어 앞에 ! 또는 not을 넣어주면 해당 단어가 들어가지 않은 기사만 찾아준다. 가령 A not B는 A가 포함된 검색 결과 중 B를 제외한 기사만 검색해준다. (예: 유비쿼터스 not 홈네트워크)

출처: www.kinds.or.kr

실습을 위해 카인즈를 이용해 유비쿼터스와 홈네트워크라는 단어가 모두 포함되고 건설이라는 단어는 들어가지 않은 기사를 검색해보자. 이를 위해서는 먼저 카인즈에 접속해서 통합 검색을 선택한 다음 검색어 입력창에 '유비쿼터스 & 홈네트워크 not 건설'이라고 검색어를 입력한 뒤 검색 범위를 '제목+본문'으로, 검색 기간을 '최근 1년간'으로 해서 우측의 [검색] 버튼을 클릭하면 다음과 같이 요구 조건에 맞는 기사를 찾아준다.

〈카인즈(KINDS)의 검색 결과〉

이처럼 종합 일간지와 경제지 등 여러 언론에 게재된 기사를 한꺼번에 찾고자 할 경우에는 카인즈를 이용하는 것이 효과적이지만 특정 언론사의 기사 특히 최신 기사를 찾고자 할 경우에는 해당 언론사 웹 사이트를 지접 방문해서 기사를 찾는 것이 효율적일 수 있다. 이 경우 각각의 언론사 웹 사이트 주소를 찾는 일이 상당히 번거로울 수 있는데 이 때 카인즈 초기화면 왼쪽 하단에 있는 [미디어 링크]를 클릭하면 다음과 같이 신문, 통신, 방송, 잡지 등 국내 주요 언론사 사이트는 물론 북한의 <조선중앙통신>을 비롯해 미국, 일본 등 세계 각국의 주요 언론사 사이트에 곧바로 접속할 수 있는 링크 서비스가 제공되고 있다.

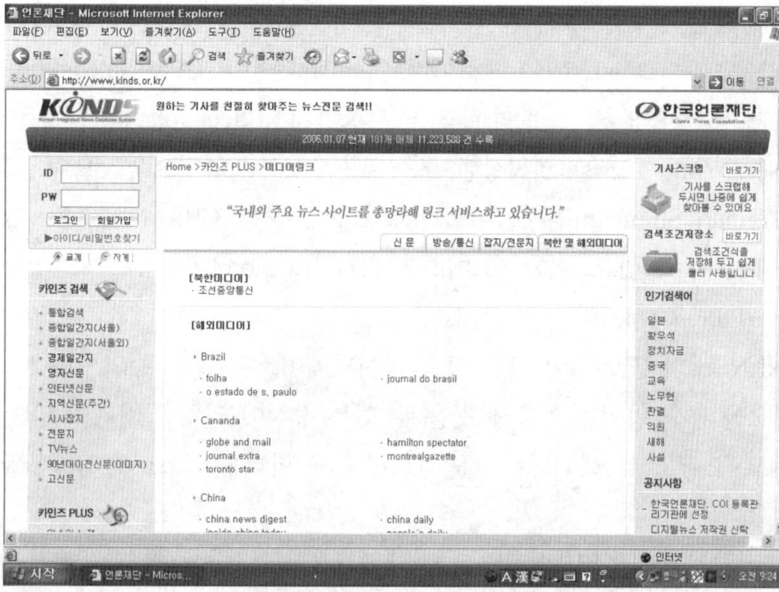

〈카인즈(KINDS)의 미디어 링크〉

(2) 해외 뉴스 정보 사이트의 활용 방법

특정 신문이나 방송 혹은 잡지에 보도된 특정 뉴스가 아니라 찾고자 하는 주제와 관련된 전반적인 해외 뉴스를 검색하고자 한다면 카인즈처럼 <뉴욕 타임스>(New York Times), <워싱턴 포스트>(Washington Post) 등 세계 주요 언론사의 뉴스를 종합해서 제공해주는 LexisNexis(www.lexisnexis.com), Factiva (www.factiva.com)와 같은 사이트를 이용하는 것이 효율적이다. LexisNexis는 한국을 비롯해 세계 각국의 38,000여종 이상의 온라인 정보원(online source)으로부터 기사는 물론 비즈니스, 법률 등 각종 온라인 콘텐츠를 제공하는 온라인 정보 서비스다. LexisNexis가 제공하는 뉴스 서비스는 <월 스트리트 저널>(The Wall Street Journal), <뉴욕 타임스>(New York Times), <워싱턴 포스트> (Washington Post), <로스앤젤레스 타임스>(LA Times) 등의 신문과 <다

우존스>(Dow Jones), <로이터>(Reuters), <블룸버그>(Bloomberg) 등의 통신사를 망라하고 있으며 다국어 뉴스 검색도 가능하다.

Factiva는 전 세계 152개 국가 9,000여 종의 정보원으로부터 뉴스를 비롯한 각종 최신 정보를 22개 언어로 제공한다. Factiva가 제공하는 뉴스 서비스는 <다우존스>(Dow Jones), <로이터>(Reuters), <AP>(Associated Press) 등 120여개 통신사와 <월 스트리트 저널>(The Wall Street Journal), <뉴욕 타임스>(New York Times), <워싱턴 포스트>(Washington Post), <요미우리 신문>(Yomiuri Shimbun)과 같은 일간지, BBC, ABC, CBS, NBC, Fox, CNN 등의 TV 및 라디오, <이코노미스트>(The Economist), <포브스>(Forbes), <포천>(Fortune) 등과 같은 잡지를 망라하고 있다.

LexisNexis나 Factiva와 같은 상용 데이터베이스는 수천 종의 언론사 뉴스를 정교한 검색 방법을 이용해 찾을 수 있는 장점이 있지만 가격이 만만치않기 때문에 무료로 해외 뉴스를 검색하고자 할 때는 Excite News(www.

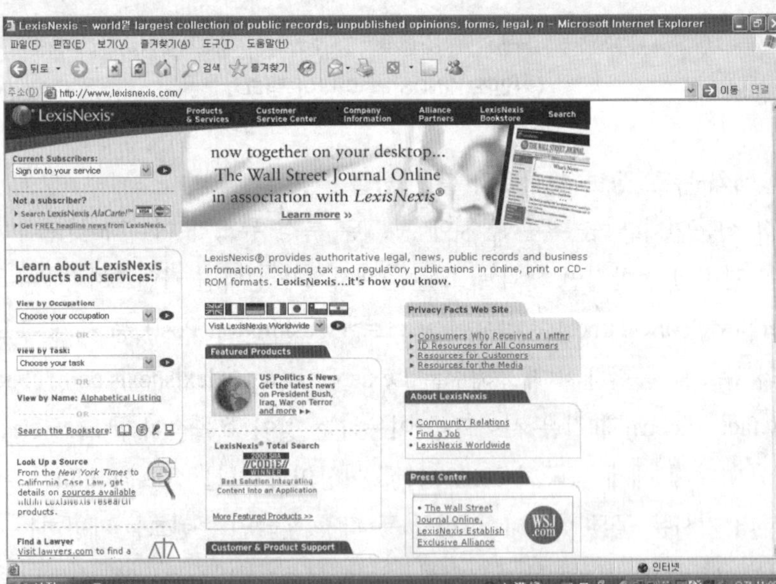

〈LexisNexis의 초기화면〉

출처: www.lexisnexis.com

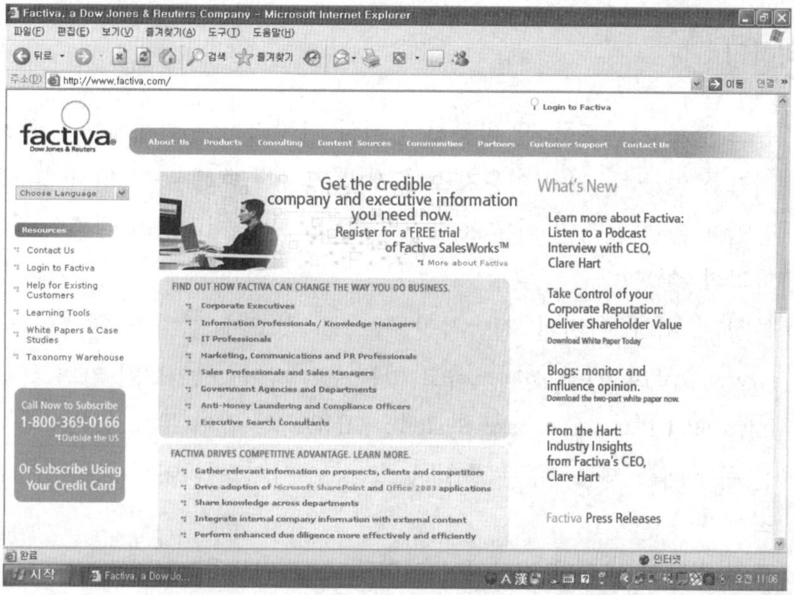

〈Factiva의 초기화면〉

출처: www.factiva.com

excite.com), News Index(www.newsindex.com), TotalNews(www.totalnews.com) 등과 같은 뉴스 검색 사이트를 이용하면 된다(김경희 · 이재경 · 임영호(2003), p. 80). 또 특정 언론사에서 제공하는 뉴스를 찾고자 한다면 카인즈의 미디어 링크를 이용해 세계 각국의 주요 언론사 사이트에 직접 접속해서 기사를 검색하면 된다. 국제부 혹은 외신부 기자들의 경우 CNN이나 BBC, <월 스트리트 저널>(The Wall Street Journal), <뉴욕 타임스>(New York Times), <워싱턴 포스트>(Washington Post) 등과 같은 세계 각국 주요 언론사 사이트에 접속해 직접 정보를 찾거나 확인하는 일이 많기 때문에 자주 이용하는 언론사 사이트는 검색 방법을 숙지해둘 필요가 있다.

정리하기

- 뉴스 정보 사이트를 잘 활용하면 기사 아이디어나 취재에 필요한 사전 정보를 얻을 수 있고 이용자들이 개별 기사에 대해 올린 의견이나 주요 현안에 대한 온라인 여론 조사 결과 등을 통해 대략적인 여론의 흐름을 파악할 수 있다.
- 특정 주제와 관련된 전반적인 뉴스를 찾고자 한다면 한국언론재단(www. kpf.or.kr)이 서비스하고 있는 뉴스 검색 사이트인 카인즈(Korea Integrated News Database System: KINDS)와 같이 주요 언론사의 뉴스를 종합해서 제공해주는 종합 뉴스 정보 사이트를 이용하는 것이 효율적이다.
- 특정 주제와 관련된 전반적인 해외 뉴스를 검색하고자 한다면 <뉴욕 타임스>(New York Times), <워싱턴 포스트>(Washington Post) 등 전 세계 주요 언론사의 뉴스를 종합해서 제공해주는 LexisNexis(www. lexisnexis. com) 나 Factiva(www.factiva.com)와 같은 사이트를 이용하는 것이 효율적이다.

2. 인물 및 통계 정보 사이트의 활용

1) 인물 정보 사이트의 활용

인물 정보는 기자들이 기사를 작성할 때 자주 찾는 정보 가운데 하나다. 가령 정부 기관이나 기업의 인사가 있을 경우 해당 인물에 관한 상세 정보를 필요로 할 때도 있고 정부의 중요 정책이나 사회 현상에 대해 전문가의 견해를 듣기 위해 관련 분야 전문가에 대한 리스트를 필요로 할 때도 있다. 따라서 인물 정보 사이트를 검색하는 방법에 대해서도 숙지해둘 필요가 있다.

(1) 국내 인물 정보 사이트의 활용 방법

국내 인물 정보는 조선일보, 중앙일보, 동아일보 등 국내 언론사에서 구축한 종합 인물 DB가 많이 활용되고 있다. 가령 조선일보가 전국 10여개 신문사와 제휴해 유료로 정보를 제공하고 있는 조선일보 인물 정보 네트워크(www. dbchosun.com)는 정계, 재계, 학계, 법조계, 종교계, 문화 예술계 등 각계 주요 인물 16만 명의 방대한 정보를 수록하고 있다. 또 동아일보 인물 정보 사이트 (www.donga.com/inmul)는 정계, 관계, 학계 등 각계 주요 인물들의 기본 사항 및 학력, 경력, 저서, 가족 사항 등에 관한 정보와 사진을 함께 제공하고 있다. 중앙일보 인물 정보 사이트(http://people.joins.com) 역시 사회 각계각층의 주요 인물 정보를 제공하고 있는 종합 인물 정보 DB다.

특정 분야의 인물 정보를 찾고자 한다면 분야별로 인물 정보를 제공하는 사이트를 찾아보는 것이 도움이 된다. 가령 정계 인물을 찾고자 한다면 해당 정치인이 소속돼 있는 각 정당 사이트나 개인 홈페이지 혹은 '열려라 국회(http:// watch.peoplepower21.org)'와 같은 정치 전문 사이트를 살펴보는 것이 좋다. 경제계 인물을 찾고자 한다면 전국경제인연합회(www.fki.or.kr) 사이트를 찾아보거나 해당 경제인이 소속된 기업이나 기관 혹은 단체의 사이트를 직접 찾아보면 보다 자세한 정보를 얻을 수 있다.

실습을 위해 전국경제인연합회(www.fki.or.kr) 사이트에 접속한 다음 좌측

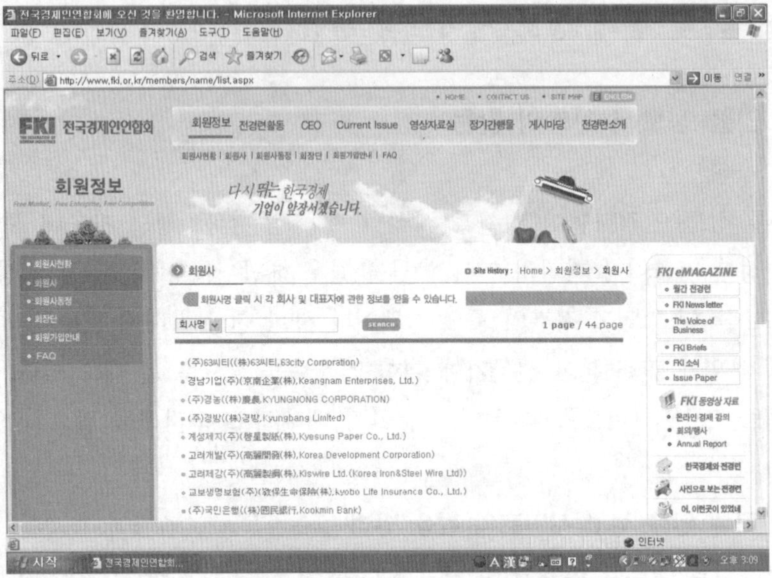

〈전국경제인연합회(FKI) 인물 정보 검색〉

출처: www.fki.or.kr/members/name/list.aspx

상단의 [회원 정보]를 클릭 해보자. 그러면 다음과 같이 대표자나 회사명 혹은 업종별로 재계 주요 인물의 사진과 직위, 경력, 학력, 주소 및 연락처 등 관련 정보를 검색할 수 있는 검색어 입력창이 뜬다.

(2) 해외 인물 정보 사이트 활용 방법

해외 인물 정보 검색은 Marquis Who's Who(www.marquiswhoswho.com)가 유명한데 이 사이트는 정계, 재계, 과학기술계, 예술계, 연예계, 스포츠계 등 각계 주요 인물 100만 명 이상의 인물 정보를 수록하고 있으며 매일 정보를 업데이트 하고 있다. 찾고자 하는 인물 정보는 이름이나 성별, 직업, 지역, 취미, 종교 등으로 검색할 수 있으며 생년월일과 가족 사항, 학력, 경력 등 다양한 정보를 찾아볼 수 있다. Marquis Who's Who는 그러나 상업용 유료 DB인 LexisNexis를 통해 사용해야 한다는 단점이 있다.

Marquis Who's Who와 같은 상용 DB는 정교한 검색 방법을 이용해 수많은 인물의 정보를 검색할 수 있지만 가격이 비싸기 때문에 무료로 해외 인물

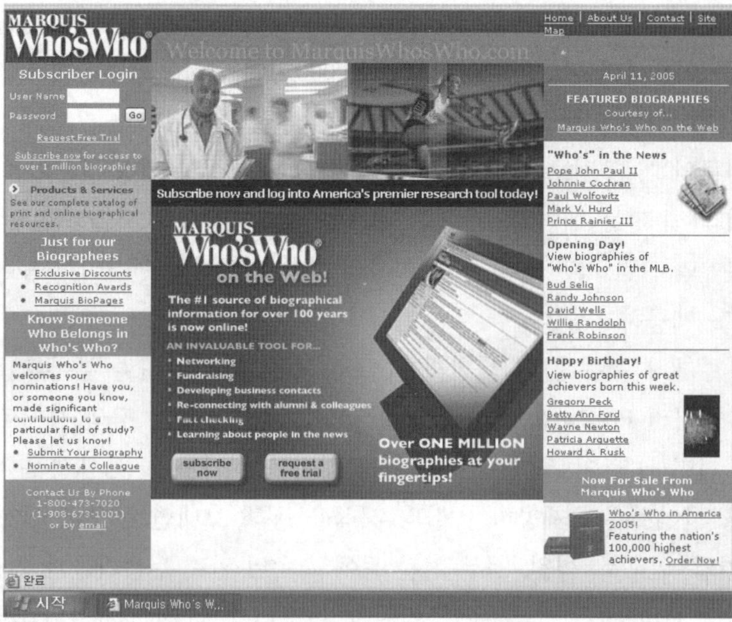

〈Marquis Who's Who 초기화면〉

출처: www.marquiswhoswho.com

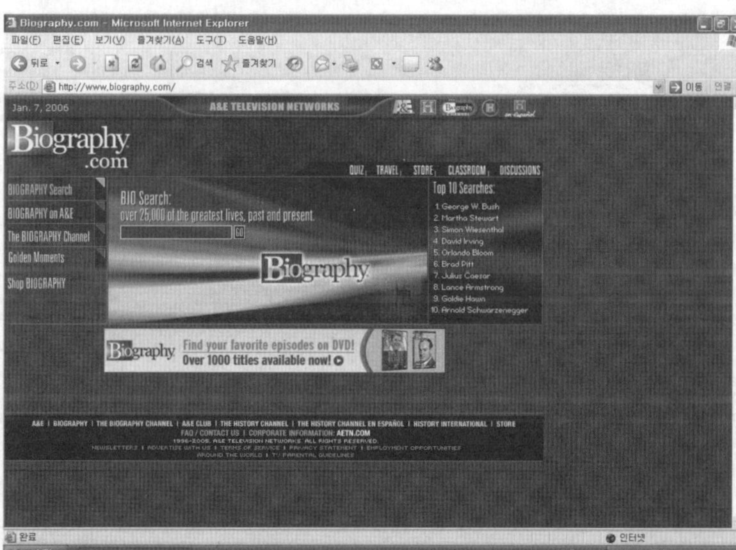

〈바이오그라피 초기화면〉

출처: www.biography.com

정보를 찾고자 한다면 바이오그라피(www.biography.com)와 같은 인물 정보 사이트를 이용하면 된다. 이 사이트는 25,000명에 달하는 정계, 재계, 스포츠계, 연예계, 언론계 등 각계 인사에 대한 방대한 양의 DB가 구축돼 있으며 해당 인물의 기본 정보는 물론 그 사람이 살아온 성장 배경이나 가족 관계, 주요 업적 및 활동 내역 등 자세한 내용을 일대기식으로 서술하고 있다. 또 해당 인물의 관련 기관 혹은 주변 인물의 사이트로 직접 연결이 가능한 링크 서비스도 제공하고 있다.

특정 주제나 이슈에 대한 취재를 위해 세계 각국의 관련 분야 전문가를 찾고자 한다면 ProfNet(www.profnet.com)과 같은 전문가 검색 사이트를 이용하면 편리하다. 이 사이트는 세계 각 분야 전문가를 찾는 내용을 이메일 혹은 웹 사이트에서 제공하는 질의 서식을 통해 보내면 무료로 세계 각국 대학, 기업, 연구소, 병원, 정부 기관 등에 소속된 관련 전문가들과 연결시켜 주고 있다. ProfNet은 미국, 유럽, 아시아, 아프리카 등 전 세계 4,000개 기관, 12,000명의 뉴스 및 정보 관련 전문가들이 활동하고 있다. 또 16,000명에 달

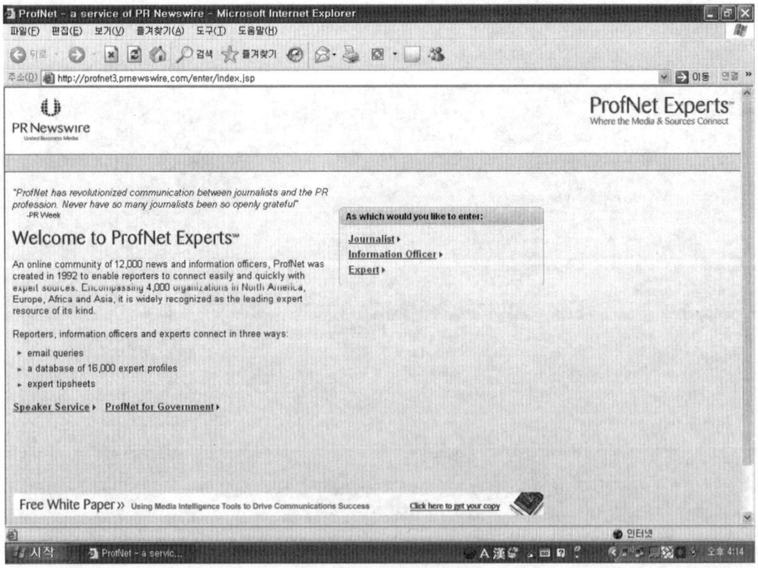

〈ProfNet 초기화면〉

출처: http://profnet3.prnewswire.com/enter/index.jsp

하는 각 분야 전문가들의 프로필과 연락처 등 인물 정보가 담겨 있는 인물 DB를 통해 원하는 분야의 전문가를 검색할 수 있는 기능을 제공하고 있다. ProfNet 서비스를 이용하려면 ProfNet의 웹 사이트에 접속해서 사용자 등록을 한 뒤 요구하는 질의 양식에 따라 구체적인 내용을 기입해서 보내면 된다. 인물 DB 역시 ProfNet에 가입한 뒤 로그인을 해야 검색할 수 있다.

2) 통계 정보 사이트의 활용

통계 정보 사이트를 활용하면 좀더 객관적인 자료나 통계치의 제시를 통해 기사의 신뢰도를 높일 수 있다. 특히 컴퓨터 활용 취재보도(CAR) 기법을 적용해 각종 통계 데이터에 대한 직접적인 분석을 통해 새로운 사실을 찾아내거나 보다 심층적인 내용을 찾아냄으로써 체계적이고 과학적인 보도를 할 수 있다. 또 통계 분석 결과를 원이나 막대그래프와 같이 시각적으로 일목요연하게 정리해서 표현할 경우 복잡한 경제 현상이나 사회 현상을 보다 쉽게 전달할 수 있다.

온라인 취재보도를 위해 유용하게 활용할 수 있는 통계 정보 사이트로는 정부 통계 정보 사이트인 통계청(www.nso.go.kr)의 한국 통계 정보 시스템(Korean Statistical Information System: KOSIS)과 통계 바다(STAT-KOREA) 등을 들 수 있다. KOSIS(http://kosis.nso.go.kr)는 국내 주요 통계는 물론 국제 통계 자료 등 주요 통계 정보를 수록한 통계 DB로 국내외 어느 곳에서라도 온라인으로 검색, 분석해서 이용할 수 있다. 찾고자 하는 주제나 통계 작성 기관에 따른 자료 유형별 검색, 월간 혹은 연간 자료를 과거 시계열부터 출력해서 볼 수 있는 장기시계열 검색 등 다양한 검색 방법에 의해 통계 자료를 찾아볼 수 있고 또 엑셀 등 다양한 형식으로 자료를 다운받을 수 있어 효율적으로 통계 정보를 활용할 수 있다.

그러면 실습을 위해 먼저 통계청 사이트에 접속한 뒤 화면 중앙에 있는 [KOSIS]를 클릭 해보자. 그러면 다음과 같이 KOSIS 초기화면이 뜬다.

KOSIS 화면이 뜨면 검색어 입력창에 '출산율'이라고 입력한 뒤 [검색] 버

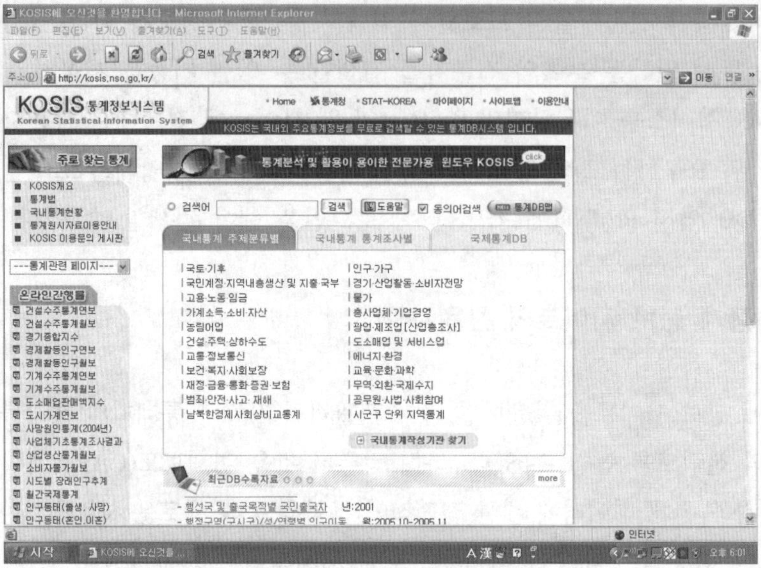

〈통계청의 KOSIS 초기화면〉

튼을 클릭 해보자. 이때 [검색] 버튼 오른쪽에 있는 [동의어 검색]이 기본적으로 체크돼 있는 것을 볼 수 있는데 이는 입력한 검색어의 동의어까지 확장해서 검색하고자 할 경우 활용하는 기능이다. [검색] 버튼을 클릭한 뒤 검색결과 페이지에 첫 번째로 출력된 '인구 동태 건수 및 동태율'이라는 제목의 인구 동태 조사 통계를 클릭 해보자. 그러면 다음과 같이 출생률에 관한 통계 자료가 나타나는 것을 확인할 수 있다. 이 때 좌측 상단의 [자료 분석] 버튼을 클릭해 증감률, 구성비 등 분석 종류를 선택하면 원하는 유형별로 다양하게 통계 정보를 분석해 볼 수도 있다. 또 [자료 받기] 버튼을 클릭하면 엑셀 혹은 텍스트 형태로 해당 데이터를 다운로드받을 수 있다.

통계 바다 즉 STAT-KOREA(www.stat.go.kr)는 국내 통계 작성 기관에서 작성하고 있는 모든 공식 통계를 인터넷을 통해 원 스톱으로 서비스하는 통계 정보 포털 사이트로 130여개의 서로 다른 기관에서 작성하는 400여종의 통계 정보를 한 곳에서 쉽게 찾아볼 수 있다. 찾고자 하는 검색 대상 통계 기관을선택해서 검색할 수 있도록 하고 있는 STAT-KOREA는 통계청 DB를 비롯해 각 통계 작성 기관의 홈페이지에 수록돼 있는 각종 통계 정보 서비스를 제공하고 있다.

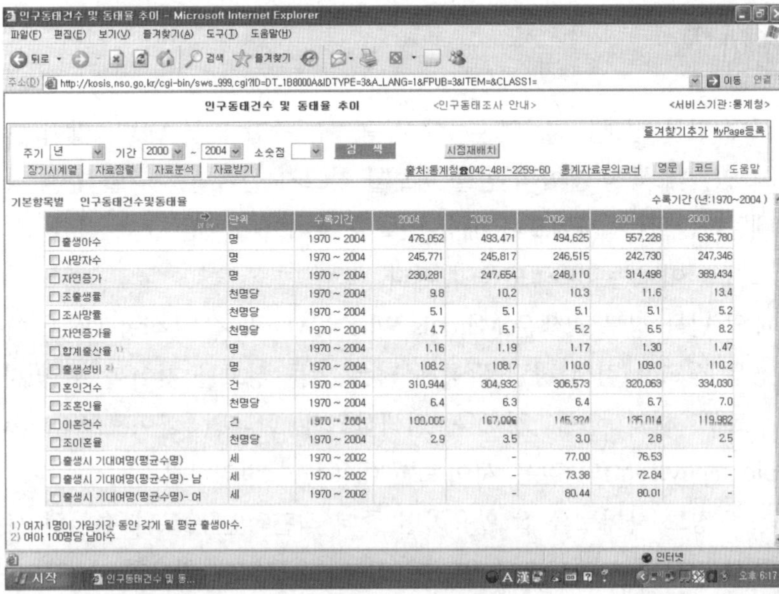

기본항목별	단위	수록기간	2004	2003	2002	2001	2000
출생아수	명	1970 ~ 2004	476,052	493,471	494,625	557,228	636,780
사망자수	명	1970 ~ 2004	245,771	245,817	246,515	242,730	247,346
자연증가	명	1970 ~ 2004	230,281	247,654	248,110	314,498	389,434
조출생률	천명당	1970 ~ 2004	9.8	10.2	10.3	11.6	13.4
조사망률	천명당	1970 ~ 2004	5.1	5.1	5.1	5.1	5.2
자연증가율	천명당	1970 ~ 2004	4.7	5.1	5.2	6.5	8.2
합계출산율 1)	명	1970 ~ 2004	1.16	1.19	1.17	1.30	1.47
출생성비 2)	명	1970 ~ 2004	108.2	108.7	110.0	109.0	110.2
혼인건수	건	1970 ~ 2004	310,944	304,932	306,573	320,063	334,030
조혼인율	천명당	1970 ~ 2004	6.4	6.3	6.4	6.7	7.0
이혼건수	건	1970 ~ 2004	100,005	167,096	145,324	135,014	119,982
조이혼율	천명당	1970 ~ 2004	2.9	3.5	3.0	2.8	2.5
출생시 기대여명(평균수명)	세	1970 ~ 2002		-	77.00	76.53	-
출생시 기대여명(평균수명)- 남	세	1970 ~ 2002		-	73.38	72.84	-
출생시 기대여명(평균수명)- 여	세	1970 ~ 2002		-	80.44	80.01	-

1) 여자 1명이 가임기간 동안 갖게 될 평균 출생아수.
2) 여아 100명당 남아수

〈KOSIS의 검색 결과〉

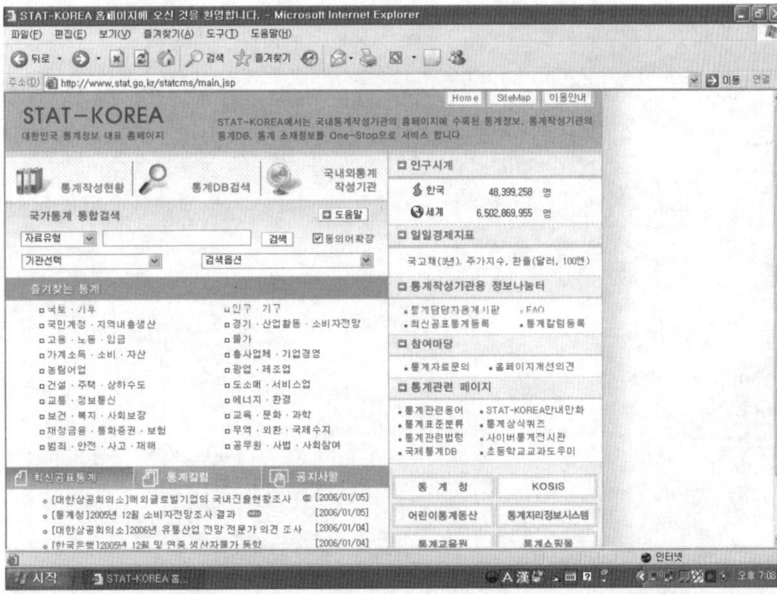

〈STAT-KOREA 초기화면〉

출처: http://www.stat.go.kr/statcms/main.jsp

정리하기

- ❏ 국내 인물 정보는 각 언론사에서 구축한 종합 인물 DB가 많이 활용되고 있는데 특정 분야의 인물 정보를 찾고자 한다면 분야별 인물 정보를 제공하는 전문 사이트나 해당 인물의 홈페이지 혹은 소속 기관 웹 사이트를 찾아보는 것도 도움이 된다.
- ❏ 해외 인물 정보 검색은 Marquis Who's Who와 같은 상용 DB를 이용할 경우 정교한 검색 방법을 통해 많은 인물 정보를 찾아볼 수 있다. 또 무료로 해외 인물 정보를 검색하고자 한다면 바이오그라피(www.biography.com)와 같은 사이트를 이용하면 편리하다.
- ❏ 통계 정보 사이트를 잘 활용하면 좀더 객관적인 자료나 수치의 제시를 통해 기사의 신뢰도를 높일 수 있는데 유용하게 활용할 수 있는 통계 정보 사이트로는 통계청의 한국 통계 정보 시스템(Korean Statistical Information System: KOSIS)과 통계 바다(STAT-KOREA) 등을 들 수 있다.

제7장 온라인 취재보도를 위한 기본 정보 수집 II

1. 이메일과 메일링 리스트의 활용

1) 이메일의 활용

(1) 취재 도구로서의 이메일

사람과 직접 접촉하기 위한 수단으로 이메일의 활용이 늘어나면서 기자들도 출근하면 곧바로 컴퓨터를 켜고 이메일을 확인하는 것이 일과의 시작이 됐을 정도로 중요한 취재 도구가 됐다. 이메일이 전화에 버금가는 커뮤니케이션 도구로 자리 잡으면서 이제 이메일만 있으면 시간과 장소에 관계없이 전 세계 어느 누구와도 빠르고 정확하게 메시지를 주고받을 수 있게 됐다. 특히 요즘은 대부분의 인터넷 포털 업체가 무료로 이메일 계정을 제공하고 있기 때문에 간단한 신상 정보만 입력하면 이용자 ID를 얻을 수 있어 누구나 쉽게 이메일 서비스를 이용할 수게 됐다. 따라서 이메일을 잘 활용하면 오프라인 취재로는 얻을 수 없는 값진 정보를 얻을 수 있는 훌륭한 취재 도구가 될 수 있는데 온라인 취재보도와 관련해 이메일의 용도와 장점을 살펴보면 다음과 같다(Callahan (2003), p.81-83).

✪ 일상적인 취재

이메일은 심층 인터뷰가 아니더라도 일상적인 취재를 위한 간단한 사실의 확인을 위한 도구로 유용하게 활용될 수 있다. 또 이메일은 종종 전화보다 더 빠르고 확실하게 회신을 받을 수 있어 취재 시간을 절약할 수 있다.

✪ 만나기 어려운 취재원과의 접촉

이메일은 시간과 장소에 관계없이 접촉이 가능하기 때문에 출장중이거나 해외여행 중인 취재원 등 만나기 어렵거나 만나기를 꺼려하는 취재원과의 접촉을 위한 수단으로 활용될 수 있다. 이메일은 기존의 우편이나 전화와는 달리 대개 비서나 PR 담당자 등 다른 사람을 거치지 않고 바로 본인에게 전달되기 때문에 직접적인 접촉을 위한 수단으로 활용될 수 있다.

✪ 웹 마스터와의 접촉

웹 페이지에서 찾을 수 없는 정보는 웹 사이트를 운영하고 있는 웹 마스터와 이메일 접촉을 취함으로써 웹 페이지에는 없지만 웹 사이트를 소유하고 있는 기관의 어딘가에 있을 수도 있는 정보를 입수할 수 있다.

✪ 많은 취재원과의 동시 접촉

이메일은 같은 주제에 대해 많은 취재원과 접촉할 수 있는 아주 빠르고 효율적인 수단이다. 각각의 취재원을 한명씩 개별적으로 전화 접촉을 할 경우에는 며칠씩 걸릴 일도 이메일을 이용하면 간단하게 해결할 수 있다.

✪ 취재원 및 독자로부터의 피드백

이메일은 취재원이나 독자로부터 기사에 관한 의견이나 추가 자료를 받을 수 있는 통로의 역할을 한다.

✪ 보도 자료 및 기사 제보

이메일을 통해 보도 자료나 각종 정보 혹은 뉴스 통지(alert)를 받을 수 있다. 이메일은 또 새로운 취재원으로부터 기사 제보를 받을 수 있는 창구 역할을 하기도 한다. 그러나 이러한 이메일 기사 제보의 경우 제보자의 신원 확인은 물론 다른 정보원을 통해 제보의 신빙성이나 사실 여부를 거듭 확인하는 것이 중요하다.

✪ 심층 인터뷰

이메일은 심층 인터뷰를 위한 도구로도 활용될 수 있다.

(2) 이메일 주소 해독

이메일은 온라인 취재를 위한 매우 효율적인 도구로 정착되고 있지만 보다 중요한 것은 이메일을 통해 입수한 정보가 과연 믿을만한 것인지 신뢰성 여부를 확인하는 일이다. 이메일 정보의 신뢰도를 평가하기 위한 방법은 여러 가지가 있을 수 있겠지만 가장 간단한 방법 가운데 하나는 웹 주소처럼 이메일 주소를 해독(decoding)하는 것이다.

이메일 주소는 @ 부호로 나누어지는 두 부분으로 구성돼 있다. @ 앞에 오는 첫 번째 부분은 이용자 ID(user ID)로 대개 성과 이름의 약자를 따서 붙이지만 취향에 따라서 자유롭게 붙이기도 한다. @ 뒤에 오는 두 번째 부분은 이메일 사용자가 속해 있는 호스트 컴퓨터의 주소로 대개 해당 기관의 홈페이지 주소와 유사하다. 따라서 제5장에서 언급한 온라인 정보 평가 방법에 따라 이메일 주소를 해독하면 이메일을 통해 제보한 사람이 소속돼 있는 해당 기관의 성격이나 소속 국가 등 대략적인 정보를 알 수 있다. 가령 bckim@hufs.ac.kr이라는 이메일 주소를 보면 @ 뒤에 오는 부분은 이메일 사용자가 속해 있는 호스트 컴퓨터의 주소로 한국외국어대학교(Hankuk University of Foreign Studies)의 홈페이지 주소와 똑같다. hufs는 한국외국어대학교의 영문 명칭 약자를 딴 것이고 ac는 웹 사이트 운영 주체가 교육 기관임을 의미하는 차상위 도메인(SLD)이다. kr은 한국을 의미하는 국가 코드 최상위 도메인(ccTLD)이다. @앞에 오는 bckim은 사용자의 성과 이름의 약자를 따서 붙인 이용자 ID다. 이처럼 이메일 주소를 해독하면 이메일로 정보를 제공한 사람이 어떤 조직에 속해 있는 사람인지를 파악할 수 있으며 이를 통해 관련 정보의 신뢰성 여부를 판단하는데 도움이 되는 단서를 얻을 수 있다. 그러나 이메일의 경우 보내는 사람의 이름이나 이메일 주소를 허위로 위장할 수도 있다는 점을 주의해야 한다.

(3) 이메일 주소 찾기

취재를 위해 특정인을 만나야 하지만 전화번호도 모르고 이메일 주소도 모르는 경우가 종종 있다. 이 때 해당 기관의 대표 번호로 전화를 걸어서 취재원의 사무실 전화번호나 휴대 전화번호를 확인할 수도 있지만 경우에 따라서는 연락처를 알려주지 않거나 우여곡절 끝에 연락처를 알았더라도 통화가 되지 않는 일이 있을 수 있다. 이럴 경우에는 해당 기관의 홈페이지에 접속해 이메일 주소를 찾아보거나 이메일 검색 기능을 제공하고 있는 검색 엔진에 접속해 제3장에서 얘기한 검색 엔진 사용 방법에 따라 이메일 주소를 검색하면 의외로 쉽게 실마리를 찾을 수 있다. 이메일 주소를 검색할 수 있

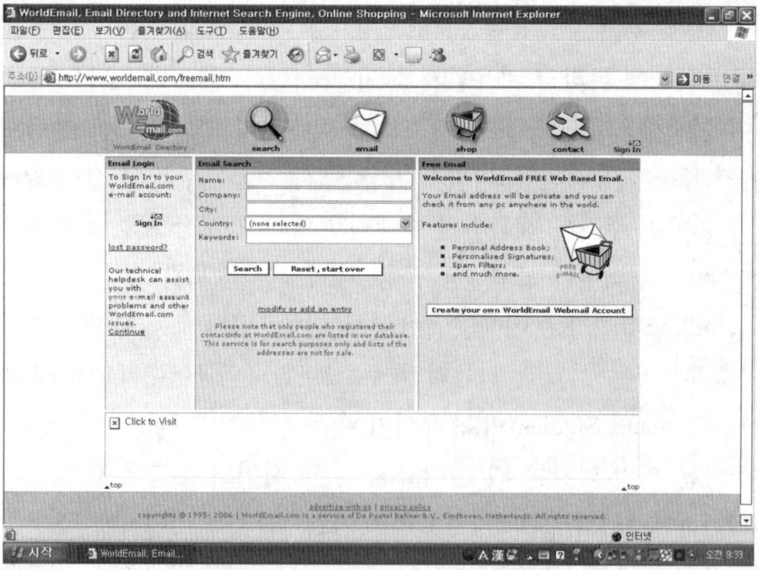

〈WorldEmail의 이메일 주소 검색〉

출처: http://www.worldemail.com/freemail.htm

는 사이트로는 세계 각국의 이메일 주소를 검색하는데 유용하게 활용되는 WorldEmail Directory(www. worldemail.com), Yahoo! People Search(http://people.yahoo.com), WhoWhere? (www.whowhere.lycos.com), Internet Address Finder(www.iaf.net), InfoSpace (www.infospace.com), 411 Locate(www.411locate.com), Bigfoot(www.bigfoot. com) 등이 있다.

(4) 이메일 인터뷰

인터뷰는 형식에 따라 기자와 취재원이 직접 만나서하는 대면 인터뷰, 전화를 이용한 전화 인터뷰, 서면에 의한 서면 인터뷰 등으로 구분할 수 있다. 과거에는 대면 인터뷰나 전화 인터뷰가 대부분이었으나 지금은 신속성과 저비용 등의 효율성으로 인해 이메일 인터뷰나 이메일 대담과 같은 새로운 방식이 활용되고 있다.

이메일 인터뷰는 시간에 쫓기거나 대면 인터뷰 혹은 전화 인터뷰가 불가능할 경우 효과적으로 사용할 수 있는 인터뷰 방법이다. 그러나 이메일 인터뷰는 취재원이 보내온 답변이 취재원 본인이 직접 작성한 것인지 아니면 다른 사람이 작성한 것인지를 확인하기 어렵다는 단점이 있기도 하다. 이메일 인터뷰의 이러한 단점은 정보의 신뢰성에 대한 문제로 연결될 수 있다는 점에서 사려 깊은 접근이 필요하다고 하겠다. 또 대면 인터뷰나 전화 인터뷰는 상황을 봐가면서 인터뷰 도중 추가 질문을 하거나 보충 질문을 하는 등 유연하게 대처할 수 있지만 이메일 인터뷰는 취재원과의 감정적 교감이나 현장감이 없는 간접적인 인터뷰라는 점에서 일정한 한계를 갖고 있다. 따라서 가능하다면 이메일 인터뷰와 대면 인터뷰 혹은 전화 인터뷰를 혼합한 방식을 이용하는 것이 바람직하다고 하겠다.

(5) 이메일 보도 자료

과거에는 주로 인편이나 팩스로 보도 자료를 받았으나 요즘은 이메일을 통해 보도 자료나 뉴스 통지를 받는 경우가 많다. 특히 사진의 경우 전송이 신속하고 용이해 이메일을 이용한 사진 자료의 전송이 늘고 있다.

이메일 보도 자료는 팩스 보도 자료에 비해 몇 가지 탁월한 장점을 갖고 있는데 첫째, 매우 빠르게 전송할 수 있고, 둘째, 비용이 싸고, 셋째, 담당자에게 직접 전달되기 때문에 믿을 수 있다는 점이다(Callahan(2003), p.90). 이메일 보도 자료는 또 발송 기관의 홈페이지에도 게시되기 때문에 보도 자료를 책상 위에 쌓아 놓을 필요도 없고 필요할 때는 언제든지 해당 기관의 홈페이지에 접속하거나 별도로 저장해 놓은 DB를 통해 편리하게 찾아볼 수 있다.

2) 메일링 리스트의 활용

(1) 메일링 리스트란?

메일링 리스트(mailing list)는 많은 사람들이 공통의 특정 관심사에 대해 동시에 이메일을 주고받으면서 의견을 교환하는 이메일 토론 그룹을 말한다. 메일링 리스트가 다루는 주제는 매우 다양하고 광범위한데 이용자가 특정의 메일링 리스트에 가입한 뒤 이메일 메시지를 보내면 자동적으로 해당 메일 리스트의 모든 가입자에게 동시에 메시지가 배포된다. 또 그에 대한 답변 메시지 역시 메일링 리스트에 가입한 모든 회원들에게 동시에 배포된다.

메일링 리스트는 누구든지 자유롭게 가입할 수 있는 개방된 리스트도 있고 특정 자격을 갖춘 사람들에게만 허용되는 폐쇄된 리스트도 있는데 거의 대부분의 리스트가 무료로 자유롭게 가입할 수 있도록 하고 있다. 또 대부분의 리스트는 관리자(moderator)가 없이 메일 리스트 소프트웨어가 가입자들이 올린 메시지를 자동적으로 모두 그대로 발송하지만 관리자가 있는 일부 메일링 리스트의 경우에는 관리자가 메시지를 검토해 필터링하기도 한다.

(2) 메일링 리스트의 용도

메일링 리스트는 특정 주제와 관련해 전문적인 식견과 경험을 가진 사람들로부터 중요한 정보나 자문을 받을 수도 있고 다양한 분야의 사람들과의 접촉을 통해 해당 분야의 동향을 파악하거나 기사 아이디어를 얻을 수 있는 등 유용하게 활용될 수 있다. 일반적으로 온라인 취재보도와 관련해 메일링 리스트를 통해 얻을 수 있는 이점을 살펴보면 다음과 같다(Callahan(2003), p.91-92).

✪ 전문가와의 접촉

메일링 리스트는 환경에서부터 교육, 범죄, 정치에 이르기까지 거의 모든 주제를 망라하고 있다. 따라서 메일링 리스트에 가입하면 특정 주제와 관련된 해당 분야 전문가를 추천받거나 자문을 구할 수 있다.

✪ 일반 취재원과의 접촉

메일링 리스트는 피처 기사(feature story)나 기획 기사(enterprise story)를 작성할 때 일반인들의 반응을 인용함으로써 보다 생동감 있는 기사를 쓸 수 있다.

✪ 관련 분야 동향 청취

기자는 특정 분야의 메일링 리스트에 가입해 가입자들끼리 주고받는 이메일 메시지에 대한 관찰을 통해 대화 내용을 청취함으로써 해당 분야의 동향을 파악하거나 기사 아이디어를 얻을 수 있다.

✪ 직무 개발

메일링 리스트에는 컴퓨터 활용 취재보도(computer-assisted reporting: CAR)에서부터 언론 윤리에 이르기까지 수많은 언론 관련 리스트들이 있다. 이러한 이메일 토론 그룹에 가입해 새로운 취재보도 기법이나 최근의 윤리적 딜레마 등에 대한 의견 교환 등을 통해 실무에 도움이 될 수 있는 전문적인 지식과 정보를 공유함으로써 기자로서의 자기 발전을 도모할 수 있다.

(3) 메일링 리스트 찾기

가령 환경이나 범죄 등 특정 주제에 관한 메일링 리스트를 찾고자 한다면 L-Soft(http://www.lsoft.com/lists/listref.html), Tile.net(http://tile.net/lists), TOPICA (http://lists.topica.com) 등과 같은 메일링 리스트 검색 사이트를 이용하면 된다.

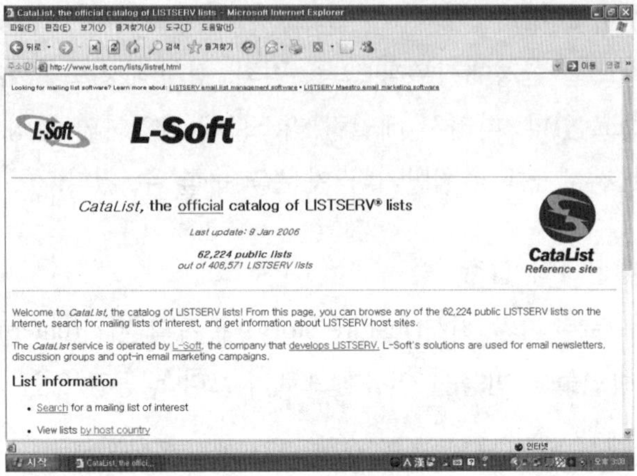

〈L-Soft 초기화면〉

출처: http://www.lsoft.com/lists/listref.html

메일링 리스트를 검색하는 방법은 찾고자 하는 해당 분야의 주제와 관련된 키워드를 입력해서 검색하는 방법과 주제별로 분류된 색인을 이용해 찾는 방법이 있다. 실습을 위해 L-Soft에 접속해서 'View lists by host country'를 클릭한 다음 'Republic of Korea'를 클릭 해보자. 그러면 다음과 같이 한국에 호스팅돼 있는 메일링 리스트 목록이 뜨는 것을 확인할 수 있다.

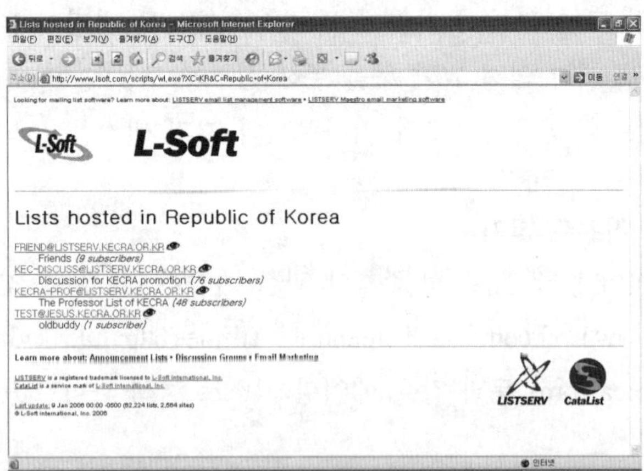

〈L-Soft의 국가별 메일링 리스트 검색〉

출처: http://www.lsoft.com/lists/list_c.html

(4) 메일링 리스트 이용 방법

메일링 리스트를 이용하기 위해선 메일링 리스트에 가입해야 하는데 특정 메일링 리스트에 가입하고자 한다면 해당 메일 리스트의 관리 주소(administrative address)로 가입 신청 이메일을 보내면 된다.

L-Soft에 접속해서 [Search for a mailing list of interest]를 클릭한 다음 검색어 입력창에 'computer-assisted reporting'이라고 입력한 뒤 [Start the search!] 버튼을 클릭 해보자. 그러면 다음과 같이 컴퓨터 활용 취재보도와 관련된 메일링 리스트가 뜨는 것을 확인할 수 있다.

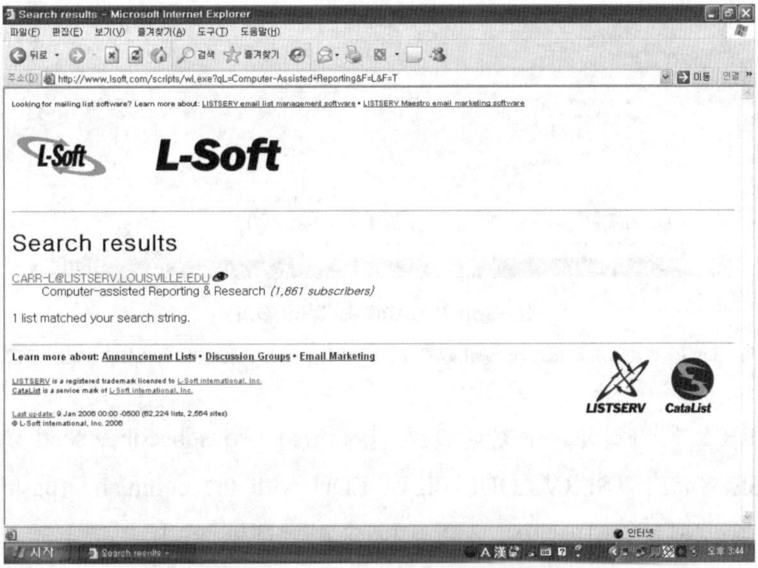

〈L-Soft의 메일링 리스트 검색 결과〉

출처: http://www.lsoft.com/scripts/wl.exe?qL=Computer- Assisted+Reporting&F=L&F=T

L-Soft의 검색 결과 페이지에 있는 [CARR-L@LISTSERV.LOUISVILLE.EDU]라고 돼있는 하이퍼링크를 클릭 해보자. 그러면 메일링 리스트의 이름(list name)은 CARR-L(Computer Assisted Reporting & Research)이고 메일링 리스트가 위치하고 있는 호스트 컴퓨터(host name)는 listserv.louisville.edu라는 것을 보여주는 기본적인 정보를 확인할 수 있다. CARR-L에 관한

보다 자세한 정보를 알고 싶을 때는 화면 하단에 링크돼 있는 관리자 이메일(CARR-L-request@LISTSERV.LOUISVILLE.EDU)로 메일을 보내 문의하는 것이 좋다.

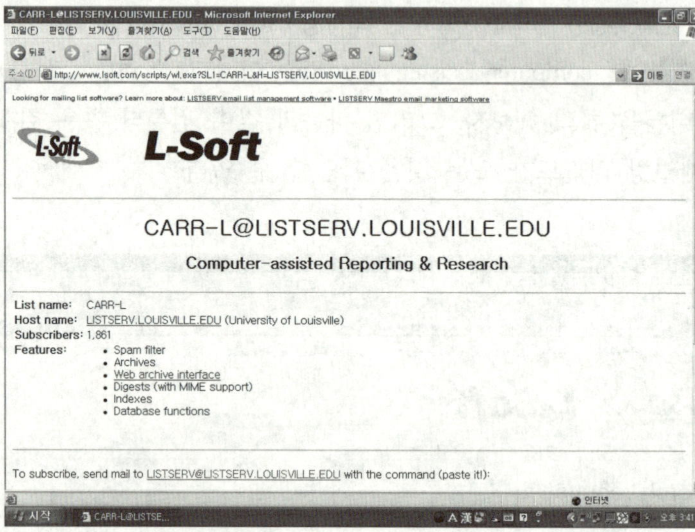

〈L-Soft의 CARR-L 검색 결과〉

출처: http://www.lsoft.com/scripts/wl.exe?SL1=CARR-L&H= LISTSERV.LOUISVILLE.EDU

CARR-L에 가입하고자 한다면 하단에 있는 [To subscribe, send mail to LISTSERV@LISTSERV.LOUISVILLE.EDU with the command (paste it!):]라는 링크를 클릭해서 가입 신청 이메일을 보내면 된다.

가입 신청 링크를 클릭하면 다음과 같이 받는 사람 즉 수신 주소가 LISTSERV@LISTSERV.LOUISVILLE.EDU로 자동적으로 입력돼 있는 편지 쓰기 메뉴가 뜨는 것을 볼 수 있는데 본문에 'SUBSCRIBE CARR-L Byoung-Cheol Kim'과 같이 적어 작성한 뒤 이메일을 발송하면 된다. 즉 subscribe라는 명령어를 사용해 subscribe 다음에 메일링 리스트 이름과 가입 신청자 이름을 적은 뒤 이메일을 보내면 된다. 이 때 제목이나 참조와 같은 다른 곳은 모두 빈칸으로 남겨두면 된다.

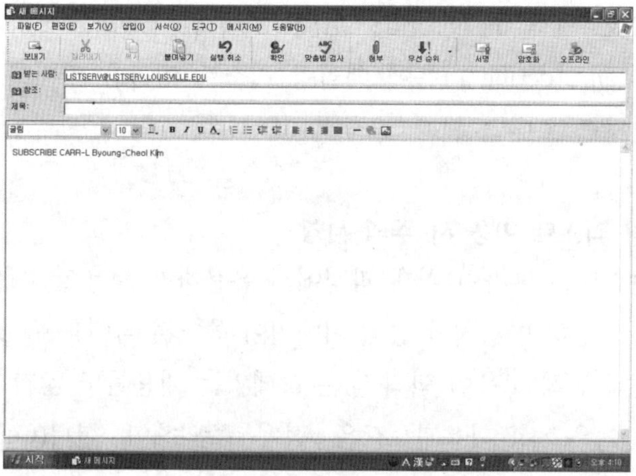

〈메일링 리스트 가입 신청 예〉

메일링 리스트에 가입하고 나면 해당 메일링 리스트에 관한 이용 안내서가 곧바로 발송되고 다른 가입자들이 올린 글들이 들어오기 시작한다. 메일링 리스트에 글을 올리고 싶다면 가입할 때 사용했던 관리 주소가 아닌 글을 올릴 때 사용하는 포스팅 주소(posting address)로 이메일을 보내야 한다. 가령 CARR-L에 메시지를 전송하고 싶다면 L-Soft를 이용해 검색한 CARR-L의 검색 결과 페이지에 있는 CARR-L@LISTSERV.LOUISVILLE.EDU를 수신 주소로 해서 메일을 발송해야 한다. 다른 사람이 올린 메시지에 대해 답변을 하고 싶다면 편지 쓰기 메뉴에서 답장하기 기능을 이용하면 된다. 이 때 주의할 것은 다른 사람이 올린 메시지에 대해 답글을 보내면 해당 메시지를 올렸던 사람뿐만 아니라 메일링 리스트에 가입한 모든 회원들에게 동시에 답글이 발송된다는 점이다. 따라서 맨 처음 메시지를 보낸 사람에게만 답글을 보내고 싶다면 원래의 이메일에 나타나 있는 발신자 주소를 확인해서 새로운 이메일 주소를 입력해 넣어야 한다.

가입했던 메일링 리스트로부터 탈퇴하고 싶다면 처음 가입 신청을 할 때 사용했던 관리 주소로 다시 이메일을 보내면 된다. 가령 CARR-L로부터 탈퇴하고 싶다면 LISTSERV@LISTSERV.LOUISVILLE.EDU라는 관리 주소를 수신 주소로 해서 'unsubscribe CARR-L'과 같이 unsubscribe라는 명령어를 사용해서 unsubscribe 다음에 메일링 리스트 이름을 적어서 탈퇴한다는 이메일 메시지를 보내면 된다.

(5) 메일링 리스트 이용 시 주의 사항

메일링 리스트는 온라인 취재 과정에서 유용하게 활용할 수 있지만 메일링 리스트에 가입하면 엄청난 양의 이메일이 쏟아져 들어올 수 있고 또 기사를 작성하는데 전혀 도움이 되지 않는 쓸데없는 내용들도 많기 때문에 메일링 리스트 이용 시 다음과 같은 점에 주의해야 한다(Callahan(2003), p.92-96).

✪ 쓰레기 정보를 제거하라.

메일링 리스트에서 찾는 대부분의 정보는 저널리즘 관점에서 볼 때 쓸모없는 것들이 많다. 그러나 소수이지만 종종 예외적인 것들도 있는데 이는 메일링 리스트에서 소비한 시간과 노력이 아깝지 않은 매우 귀중한 것들이 될 수 있다.

✪ 한번에 하나의 메일링 리스트만 가입하라.

한번에 여러 개의 메일링 리스트에 가입하면 매일 쏟아져 들어오는 엄청난 양의 이메일로 골머리를 앓을 수 있다. 감당할 수 있을 정도로 한번에 하나의 메일링 리스트만 가입하는 것이 바람직하다.

✪ 메일링 리스트를 위한 메일을 따로 관리하라.

이메일 계정에 별도의 폴더를 만들어 메일링 리스트로부터 들어오는 이메일을 필터링해 따로 관리하는 것이 좋다. 만약 두개 이상의 이메일 계정을 갖고 있다면 하나는 메일링 리스트 전용 이메일로 사용하는 것도 하나의 방법이다.

✪ 마감 시간을 다투는 기사에는 사용하지 마라.

메일링 리스트로부터 제때에 정확한 답변을 받을 수 있을 것이라고 기대하기는 어렵다. 메일링 리스트는 마감 시간을 다투는 일상적인 취재보다는 시간을 갖고 취재에 임하는 기획 기사에 활용하는 것이 현명하다.

✪ 정보원의 신원을 확인하라.

메일링 리스트에 메시지를 올리는 사람이 실제로 자신이 얘기하는 그러한 사람인지 장담할 수 있다. 메일링 리스트로부터 확보한 잠재적 정보원을 본격 취재하고자 한다면 먼저 정확한 신원부터 확인해야 한다.

정리하기

- ❑ 이메일은 ① 일상적인 취재, ② 만나기 어려운 취재원과의 접촉, ③ 웹 마스터와의 접촉, ④ 많은 취재원과의 동시 접촉, ⑤ 취재원 및 독자로부터의 피드백, ⑥ 보도 자료 및 기사 제보, ⑦ 심층 인터뷰 등 다양한 용도로 활용될 수 있다. 이메일 인터뷰는 시간에 쫓기거나 대면 인터뷰 혹은 전화 인터뷰가 불가능할 경우에 효과적으로 사용할 수 있는 인터뷰 방법이다.
- ❑ 이메일을 통해 얻은 정보의 신뢰도를 평가하기 위한 방법은 여러 가지가 있겠지만 가장 간단한 방법 가운데 하나는 웹 주소처럼 이메일 주소를 해독(decoding)하는 것이다. 이메일 주소를 해독하면 이메일로 정보를 제공한 사람이 어떤 조직에 속해 있는 사람인지를 파악할 수 있으며 이를 통해 관련 정보의 신뢰성 여부를 판단하는데 도움이 되는 단서를 얻을 수 있다.
- ❑ 메일링 리스트(mailing list)는 많은 사람들이 공통의 특정 관심사에 대

해 동시에 이메일을 주고받으면서 의견을 교환하는 이메일 토론 그룹으로 ① 전문가와의 접촉, ② 일반 취재원과의 접촉, ③ 관련 분야 동향 청취, ④ 직무 개발 등의 용도로 활용될 수 있다. 이용자가 특정의 메일링 리스트에 가입한 후 이메일 메시지를 보내면 자동적으로 여기에 가입한 모든 회원에게 동시에 메시지가 배포되며 이에 대한 답변 역시 모든 가입자에게 동시에 배포된다.

2. 뉴스 그룹의 활용

1) 뉴스 그룹이란?

뉴스 그룹이란 특정 주제에 대해 관심 있는 사람들이 정보와 의견을 교환하는 게시판을 말한다. 뉴스 그룹이 존재하는 네트워크를 유즈넷(Usenet)이라고 하는데 유즈넷은 이용자 네트워크(users' network)라는 뜻으로 매우 다양한 이슈들 예를 들면 정치에서부터 컴퓨터나 성에 이르기까지 광범위한 주제에 관한 메시지를 전 세계 모든 사람들이 올리고 의견을 교환할 수 있는 공간을 제공하고 있다. 인터넷의 중요한 특징 가운데 하나인 정보의 교환과 공유가 바로 이와 같은 유즈넷 뉴스 그룹에 의해 이루어지고 있는 것이다.

뉴스 그룹은 메일링 리스트와 유사한 측면이 있지만 메일링 리스트가 이메일을 기반으로 하고 있다면 뉴스 그룹은 대개 웹을 기반으로 하고 있다는 점에서 운영 방식이 조금 다르다. 메일링 리스트는 메시지가 이메일을 통해 자동적으로 모든 리스트 가입자들에게 배포된다. 즉 메시지가 이용자를 찾아간다. 반면 뉴스 그룹은 그룹에 게시된 새 메시지를 이메일로 수신하도록 선택할 수도 있지만 대개 이용자들이 웹 사이트에 접속해서 웹상에서 직접 게시물을 읽게 된다. 다시 말해 뉴스 그룹은 이용자가 메시지를 찾아간다(Associated Press (2001), p. 27).

2) 뉴스 그룹의 용도

뉴스 그룹이 다루는 주제는 매우 다양하고 광범위한데 누구든지 자유롭게 글을 읽고 콘텐츠를 검색할 수 있는 개방된 뉴스 그룹도 있고 특정 자격을 갖춘 사람들만이 글을 읽고 토론에 참여할 수 있는 폐쇄된 그룹도 있다. 따라서 뉴스 그룹은 메일링 리스트처럼 다양한 분야의 주제에 대해 전문적인 식견과 경험을 갖춘 전문가들로부터 각종 정보를 얻을 수 있고 각계각층의 사람들과의 접촉을 통해 현장의 생생한 목소리를 듣거나 기사 아이디어를 발굴할 수 있는 등 온라인 취재보도를 위한 유용한 도구로 활용될 수 있다. 그러나 뉴스 그룹 역시 메일링 리스트와 마찬가지로 반드시 취재원의 신원과 내용의 진위 여부를 파악한 뒤 신중하게 기사화해야 한다.

3) 뉴스 그룹의 구조

뉴스 그룹의 명칭은 범주(category), 주제(topic), 소주제(sub-topic) 등으로 분기되는 계층 구조로 돼있다. 가령 sci.environment.waste의 경우 sci는 science 즉 과학을 다루는 큰 범주(category)를, environment는 과학이라는 범주 중에서도 좀더 작은 단위인 환경이라는 주제(topic)를, 그리고 waste는 환경이라는 주제 중에서도 훨씬 더 작은 단위인 폐기물이라는 소주제(sub-topic)를 다루는 뉴스 그룹을 의미한다. 이처럼 유즈넷 뉴스 그룹은 상위의 큰 범주로부터 하위의 보다 작은 단위로 갈라져 나가면서 마치 강의 지류처럼 특정 항목으로 세분화되어 나가는 계층 구조로 돼 있는데 다음은 뉴스 그룹에서 많이 사용되는 계층 표시로 뉴스 그룹의 성격을 파악하는데 도움을 얻을 수 있다.

alt. = 일반적인 논쟁이 가능한 주제
comp. = 컴퓨터 및 컴퓨터 과학
rec. = 취미 및 레크리에이션
sci. = 과학
humanities = 인문과학
soc. = 사회 문제
biz. = 비즈니스
talk. = 논쟁적 이슈에 대한 대화
news. = 유즈넷 및 인터넷
misc. = 특정 분야로 분류하기 어려운 기타 주제
han. = 한글 뉴스 그룹

예를 들면 han.arts.music.movie라는 이름의 뉴스 그룹의 경우 한글 뉴스 그룹 가운데 예술 그 중에서도 특히 영화에 나오는 영화 음악을 주제로 다루는 뉴스 그룹이라는 것을 알 수 있다.

4) 뉴스 그룹 찾기

뉴스 그룹을 검색하는 방법은 메일링 리스트와 마찬가지로 찾고자 하는 해당 분야의 주제와 관련된 키워드를 입력해서 찾는 방법과 주제별로 분류된 색인을 이용해 찾는 방법이 있는데 Newsgroups.com(www.newsgroups.com)이나 Tile. nethttp://tile.net/news) 혹은 Google(http://groups.google.co.kr)과 같은 검색 엔진을 이용하면 쉽게 찾을 수 있다. 구글의 경우 전 세계 뉴스 그룹을 총망라하고 있고 검색이 편리해 빠르고 쉽게 뉴스 그룹을 찾을 수 있는데 구글에 접속해 다음과 같이 [그룹스] 메뉴를 선택하면 뉴스 그룹을 검색할 수 있는 화면이 뜬다. 찾고자 하는 뉴스 그룹을 검색하려면 검색어 입력창에 관심 분야의 주제와 관련된 키워드를 입력한 뒤 [그룹스 검색] 버튼을 클릭하면 검색 결과 페이지에 검색어와 일치하는 그룹 및 게시물이 모두 표시된다.

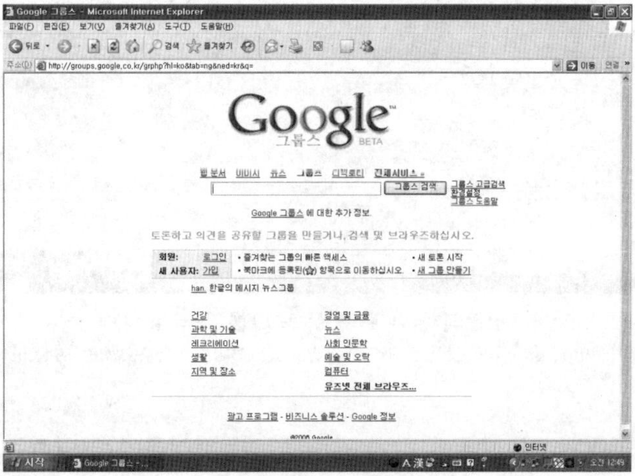

〈구글의 뉴스 그룹 검색〉

출처: http://groups.google.co.kr

이름을 알고 있는 특정 유즈넷 뉴스 그룹을 찾고자 한다면 검색어 입력창에 'han.arts.music.movie'와 같이 직접 해당 뉴스 그룹의 이름을 입력하면 된다. 구글의 뉴스 그룹 검색은 건강, 과학 및 기술, 레크리에이션 등 주제별로 분류된 색인을 통해서도 검색할 수 있는데 제3장에서 언급한 주제별 검색 엔진 사용 방법처럼 해당 카테고리를 클릭 해나가면서 관심 분야의 뉴스 그룹을 검색하면 된다.

만약 영화와 관련된 주제를 다루는 뉴스 그룹을 취재해 기사를 작성하고 싶다면 구글의 뉴스 그룹 검색어 입력창에 '영화'라고 입력한 뒤 [그룹스 검색] 버튼을 클릭 해보자. 그러면 다음과 같이 영화와 관련된 뉴스 그룹의 검색 결과가 출력된다.

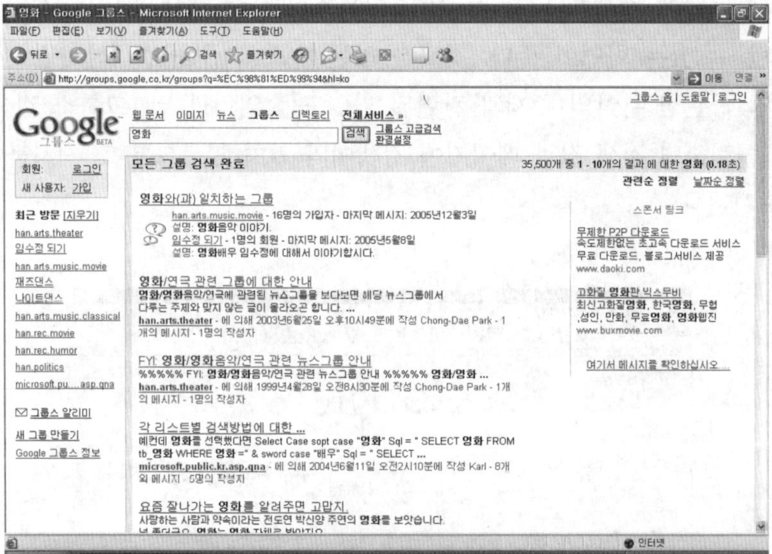

〈구글의 영화 관련 뉴스 그룹 검색 결과〉

출처: http://groups.google.co.kr/groups?q=%EC%98%81%ED%99%94&hl=ko

이제 검색 결과 페이지 맨 위에 표시돼 있는 [영화와 일치하는 그룹] 가운데 han.arts.music.movie라는 이름의 뉴스 그룹을 클릭 해보자. 그러면 다음과 같이 이 뉴스 그룹에 포스팅 돼있는 메시지의 제목과 내용이 출력된다.

상단 우측에 있는 [그룹 정보] 링크를 클릭하면 회원수 및 활동 상태, 공개 혹은 비공개 여부 등 해당 뉴스 그룹에 대한 기본적인 정보를 알 수 있다. 만약 이 뉴스 그룹에 참여하기를 원한다면 상단 좌측에 있는 [이 그룹에 가입] 링크를 클릭한 다음 회원으로 가입하면 된다. 일부 뉴스 그룹의 경우에는 그룹 운영자의 승인이 있어야 회원으로 가입할 수 있는 폐쇄된 그룹도 있는데 이 경우에는 그룹 운영자에게 이메일을 보내 가입 의뢰를 해야 한다.

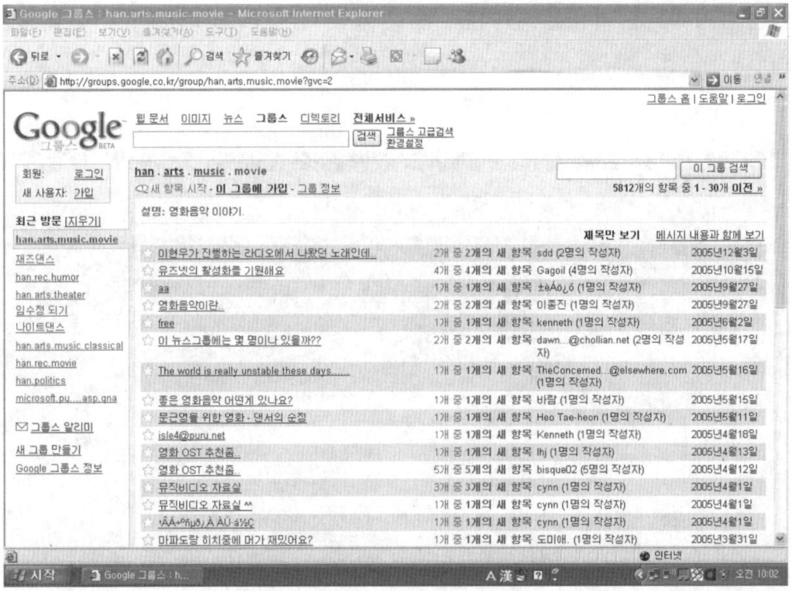

〈뉴스 그룹 han.arts.music.movie의 게시물〉

출처: http://groups.google.co.kr/group/han.arts.music.movie?gvc=2

한편 코넷(Kornet)의 뉴스 그룹 서비스는 한글 뉴스 그룹과 주제별 뉴스 그룹으로 카테고리를 분류해서 제공하기 때문에 쉽게 뉴스 그룹을 파악할 수 있다. 뉴스 그룹에 포스팅된 메시지도 일반적인 게시판 형태로 돼있어 쉽게 읽을 수 있고 [글쓰기]와 [답변하기] 기능을 이용하면 게시판처럼 곧바로 글을 올릴 수 있어 사용하기가 편리하다. 또 [그룹 검색] 기능을 통해 뉴스 그룹의 이름을 검색해볼 수 있도록 하고 있다.

실습을 위해 코넷(http://news.kornet.net)에 접속해서 초기화면에서 [한글 뉴스 그룹] 카테고리 가운데 [토론]을 선택한 뒤 han.talk.hangul이라는 뉴스 그룹을 클릭 해보자. 그러면 다음과 같이 이 뉴스 그룹에 포스팅돼 있는 게시물의 목록을 볼 수 있다. 만약 이 뉴스 그룹에 글을 올리고 싶다면 일반 게시판처럼 화면 하단의 [글쓰기] 버튼을 클릭해 순서에 따라 해당 내용을 입력한 뒤 [등록]버튼을 누르면 바로 글이 게재된다. 또 게시물 목록 중 하나를 클릭해서 다 읽고난 뒤 답변을 하고 싶다면 하단의 [답변하기] 버튼을 클릭해 순서에 따라 내용을 입력한 뒤 똑같은 방식으로 [등록] 버튼을 클릭하면 된다.

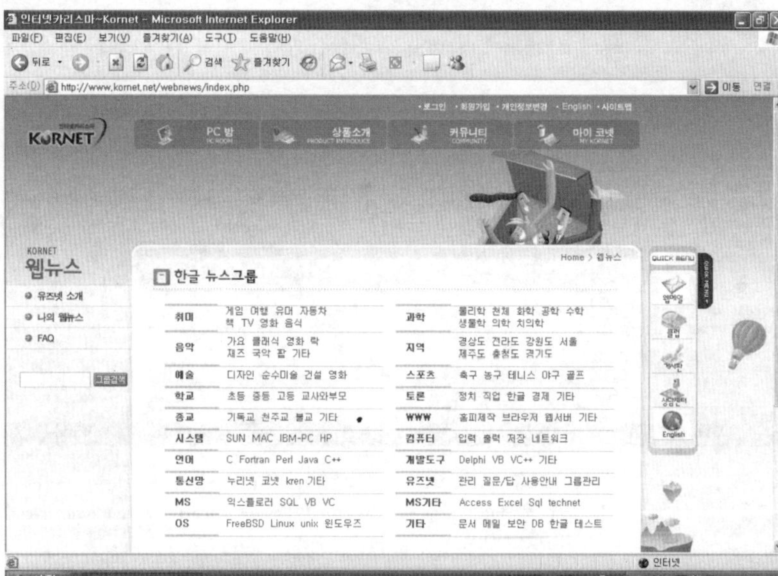

〈코넷의 유즈넷 서비스 초기화면〉

출처: http://www.kornet.net/webnews/index.php

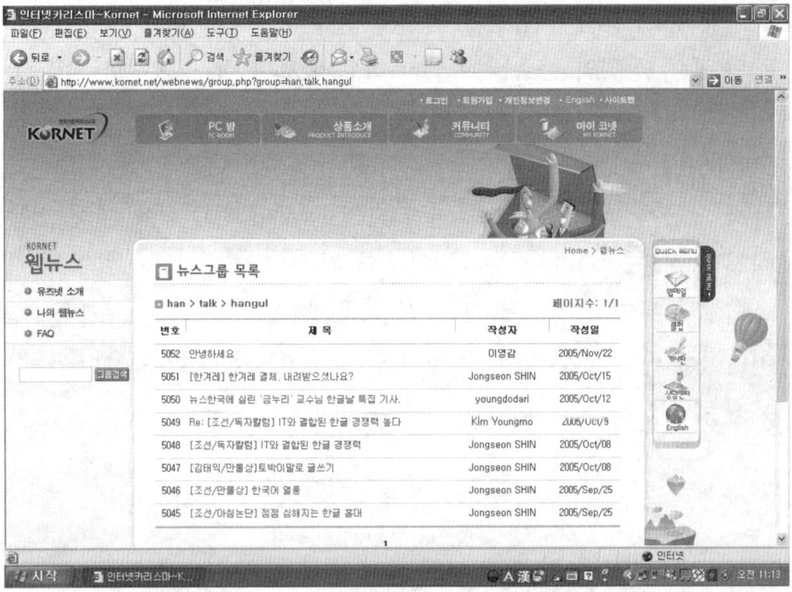

〈코넷 뉴스 그룹 서비스의 han.talk.hangul 게시물〉

출처: http://www.kornet.net/webnews/group.php?group=han.talk.hangul

정리하기

❑ 뉴스 그룹이란 특정 주제에 대해 관심 있는 사람들이 정보와 의견을 교환하는 게시판을 말한다. 뉴스 그룹은 메일링 리스트와 유사한 측면이 있지만 메일링 리스트가 이메일을 기반으로 하고 있다면 뉴스 그룹은 대개 웹을 기반으로 하고 있다는 점에서 운영 방식이 조금 다르다.

❑ 뉴스 그룹이 존재하는 네트워크를 유즈넷이라고 하는데 이는 이용자 네트워크(users' network)라는 뜻으로 매우 다양한 이슈들 예를 들면 정치에서부터 컴퓨터나 성에 이르기까지 광범위한 주제에 관한 메시지를 전 세계 모든 사람들이 올리고 의견을 교환할 수 있는 공간을 제공하고 있다.

- ❑ 유즈넷 뉴스 그룹의 명칭은 범주(category), 주제(topic), 소주제(sub-topic)와 같이 상위의 큰 단위로부터 하위의 보다 작은 단위로 갈라져 나가면서 마치 강의 지류처럼 특정 항목으로 세분화되어 나가는 계층 구조로 돼있다.
- ❑ 뉴스 그룹은 메일링 리스트처럼 다양한 분야의 주제에 대해 전문적인 식견과 경험을 갖춘 전문가들로부터 각종 정보를 얻을 수 있고 각계각층의 사람들과의 접촉을 통해 현장의 생생한 목소리를 듣거나 기사 아이디어를 발굴할 수 있는 등 온라인 취재보도를 위한 유용한 도구로 활용될 수 있다.

제2부

컴퓨터 활용 취재보도

제8장 컴퓨터 활용 취재보도(CAR)의 이해

1. CAR란 무엇인가?

1) CAR의 개념

제1장에서 얘기한 것처럼 넓은 의미에서 컴퓨터 활용 취재보도(computer-assisted reporting: CAR)는 기사의 취재, 작성, 편집 등 전반적인 취재보도 활동에 컴퓨터를 이용하는 것을 의미한다고 할 수 있다. 좁은 의미로는 스프레드시트(spreadsheet)나 데이터베이스(database) 관리 프로그램과 같은 전문적인 데이터 분석용 컴퓨터 소프트웨어를 활용해 온라인 혹은 오프라인 작업을 통해 획득한 기초 데이터를 정밀 분석해 의미 있는 기사를 발굴, 보도하는 것이라고 정의할 수 있다.

CAR는 1980년대부터 미국을 중심으로 탐사 보도 전통과 밀접한 관계를 맺고 언론계에 본격화되기 시작하였다고 할 수 있는데 취재 과정에 컴퓨터를 사용한 것은 CAR라는 용어가 등장하기 훨씬 이전부터라고 할 수 있다. 미국에서 언론의 취재 활동에 컴퓨터가 사용된 시기는 크게 4단계로 구분해 볼 수 있는데 첫 번째 단계는 발아기로 소수의 전문가들만이 컴퓨터를 다룰 줄 알았던 1960년대 후반부터 시작된다. 가령 미국의 지역 신문인 <마이애미 헤럴드>(The Miami Herald)지의 클레어런스 존스(Clarence Jones) 기자는

1968년 마이애미 대학 법대생들을 고용해 소송 사건과 관련된 682명의 데이터를 컴퓨터에 입력해 코볼(COBOL) 프로그램으로 분석해서 범죄 판결의 편향성을 찾아내 기사로 작성한 바 있는데 존스는 문헌상으로 컴퓨터를 보도에 사용한 최초의 기자 가운데 하나다.

두 번째 시기는 1970년대 후반부터 1980년대 중반까지의 기간으로 컴퓨터 활용 취재보도의 보급 단계라고 할 수 있다. 이 시기에는 컴퓨터의 데이터 입력 방식이 급속하게 변하기 시작했으며 SPSS와 같은 전문적인 통계 분석 프로그램이 등장하기도 하였다.

세 번째 시기는 1980년대 중반 이후로 컴퓨터 활용 취재보도의 대중화 기간이라고 할 수 있다. 이 시기에는 데스크 톱 컴퓨터의 보급과 함께 엑셀(Excel)이나 로터스(Lotus)와 같은 스프레드시트 프로그램과 액세스(Access) 혹은 폭스프로(FoxPro)와 같은 데이터베이스 관리 프로그램 등 전문 소프트웨어가 발전하면서 개별 언론사들이 자체 데이터베이스를 구축해 보도에 사용하는 사례들이 늘기 시작하였다. 가령 <시애틀 타임스>(The Seattle Times)의 카튼 스미스(Carton Smith)와 토머스 길렌(Thomas Guillen) 기자는 2년 이상에 걸친 자료 수집을 토대로 자체 데이터베이스를 구축해 1986년 시애틀에서 발생한 여성 연쇄 살인 사건에 관한 탐사 보도를 하기도 하였다.

네 번째 단계는 1990년대 중반 이후의 시기로 인터넷의 대중화로 온라인 정보의 활용이 일상화되면서 기존의 방식과 더불어 온라인상의 상용 데이터베이스나 인터넷 웹 사이트 검색 등 온라인 정보를 활용할 수 있게 됨으로써 컴퓨터 활용 취재보도의 영역이 보다 확대됐다고 할 수 있다. 즉 인터넷의 등장으로 컴퓨터와 인터넷이 기자들의 일상적인 취재 도구가 되면서 컴퓨터 활용 취재보도의 개념이 기존의 데이터베이스 저널리즘에서 네트워크 저널리즘으로 확대됨으로써 기자들이 더욱더 생산적으로 뉴스 보도 활동에 임할 수 있게 됐다(황용석 · 권혜진(2002), p.16-19).

오늘날 유엔이나 세계무역기구(WTO) 등 각종 국제기구와 정부 기관 웹 사이트에는 디지털화된 온라인 정보가 많고 우리나라도 정보의 디지털화가 급진전되고 있어 엑셀이나 액세스와 같은 데이터 분석 프로그램을 활용해 심층 보도를 할 수 있는 기회가 많기 때문에 CAR는 디지털 시대에 기자의 경쟁력을 높일 수 있는 취재 기법으로 많은 잠재력을 갖고 있다고 하겠다. 이와 관련해 CAR 연구 및 지원을 위한 대표적인 기관인 미국 미주리 대학의 CAR 연구소(The National Institute for Computer-Assisted Reporting: NICAR)의 경우 미국 및 세계 각국 언론사와 기자들을 대상으로 CAR 전문 교육을 하는 등 많은 관련 기관 및 단체들이 CAR를 위한 지원 활동을 펴고 있다.

〈NICAR의 한국 기자들을 대상으로 한 CAR 교육〉

2) CAR의 도구

CAR는 기사의 취재, 작성, 편집 등 각 단계마다 다양한 도구들이 활용될 수 있는데 CAR를 위한 도구로는 크게 자료 수집을 위한 도구와 자료 분석을 위한 도구 등 두 가지로 나누어 생각해 볼 수 있다.

우선 자료 수집을 위한 도구로는 제6장과 제7장에서 얘기한 인터넷, 이메일, 메일링 리스트, 뉴스 그룹 등을 들 수 있다. 자료 분석을 위한 도구로는 스프레드시트(spreadsheet), 데이터베이스(database), 통계(statistics), 지리 정보 시스템(geographic information system: GIS), 사회 관계망 분석(social network analysis: SNA), 데이터 마이닝(data mining) 프로그램 등 다양한 소프트웨어 프로그램이 사용될 수 있다. 여기서는 온라인 혹은 오프라인 작업을 통해 수집한 데이터를 정밀 분석하기 위한 도구를 중심으로 CAR의 구체적인 도구에 대해 살펴보기로 하겠다.

(1) 스프레드시트(spreadsheet)

수치 혹은 표 계산을 위해 사용되는 도구인 스프레드시트 프로그램으로는 엑셀(Excel), 로터스(Lotus) 등이 있는데 마이크로소프트(MS)사의 엑셀이 널리 활용되고 있다. MS 엑셀은 윈도우 환경에서 각종 데이터를 아주 빠르고 정확하게 계산하고 정렬하고 비교 분석할 수 있을 뿐만 아니라 분석 결과를 막대나 원과 같은 차트 혹은 그래프로 표현할 수 있는 기능을 제공하고 있어 CAR를 위한 도구로 많이 활용되고 있다. 컴퓨터가 일상화되기 전에는 일상적인 데이터 분석이나 설문 조사 분석 시 직접 손으로 바를 정(正)자를 그어 가며 자료를 만든 뒤 계산기를 두드려 가며 통계 분석을 하곤 했는데 엑셀을 이용할 경우 순위 분석은 물론 다양한 함수를 사용해 복잡한 계산을 매우

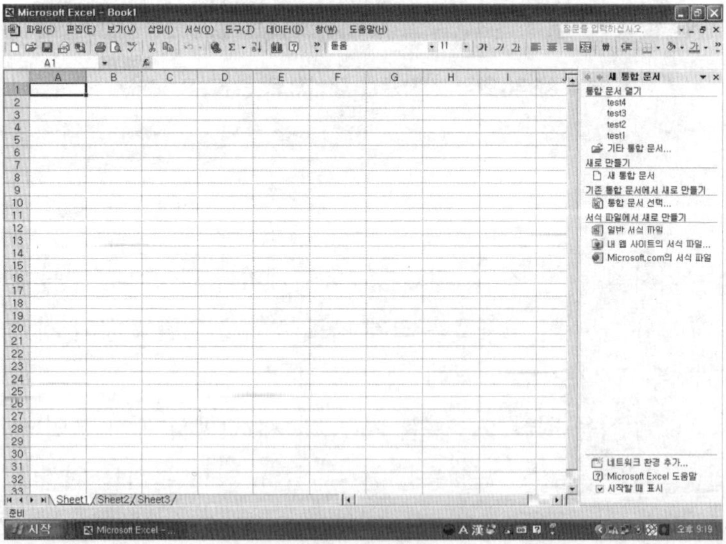

〈엑셀 초기화면〉

쉽게 처리할 수 있다. 엑셀은 또 각기 다른 파일에 저장되어있는 유사한 데이터들을 서로 연결시켜 합계, 평균, 표준 편차, 분산 등 사용자가 원하는 계산 결과를 얻어낼 수 있는 데이터 통합 기능도 있어 데이터의 스토리가 어디로 어떻게 흘러가고 있는지 쉽게 알아볼 수 있다.

(2) 데이터베이스(database)

데이터베이스 구축 및 관리를 위해 사용되는 데이터베이스 프로그램으로는 액세스(Access), 폭스프로(FoxPro) 등이 있는데 역시 마이크로소프트사의 액세스가 많이 사용되고 있다. 액세스는 엑셀과는 달리 수치뿐만 아니라 문자 데이터도 분석할 수 있고 각종 데이터를 원하는 방식으로 조직화해 데이테베이스를 만든 다음 쿼리(query) 방식에 의해 데이터를 다양한 각도에서 정밀하게 분석할 수 있는 장점을 갖고 있다. 즉 액세스는 간단한 명령어 몇 가지만 입력해서 데이터에 질문을 하고 거기에 대한 대답을 얻어 각종 데이터를 분석하고 필요한 정보를 얻어내는 질의 방식에 의한 분석 방법 등 편리한 기능이 있어서 CAR를 위한 도구로 유용하게 활용되고 있다. 또 2개 혹은 그

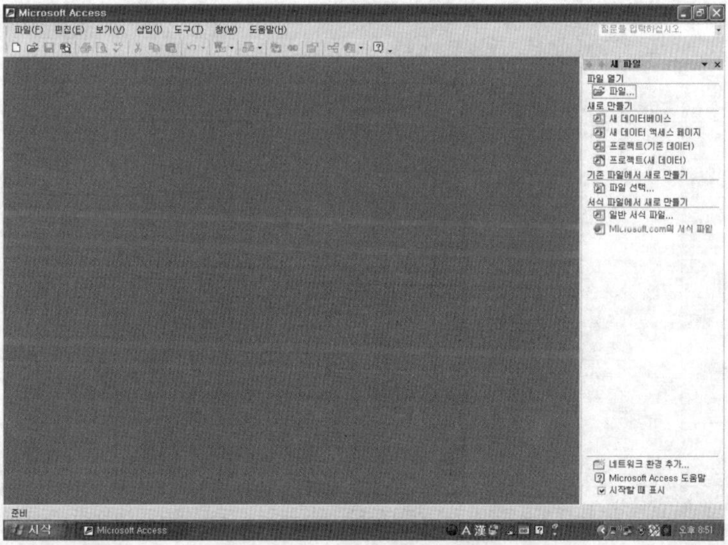

〈액세스 초기화면〉

이상의 서로 다른 데이터 테이블을 결합해 전혀 새로운 정보를 얻어내는 매치메이킹(matchmaking) 기능 즉 비교 분석 기능도 있어 종종 데이터 속에 숨겨져 있는 팩트(fact)를 발굴해 특종을 낚는 도구로 활용되고 있다. 가령 미국 <세인트루이스 포스트 디스패치>지는 1993년 3월 일리노이주 민주당 예비 선거 당시 투표자 명단 데이터와 사망자 명단 데이터를 결합해 사망자가 투표자로 등록된 사실을 특종 보도해 퓰리처상을 받은 바 있다.

(3) 통계(statistics)

CAR는 대개 엑셀과 같은 스프레드시트 프로그램이나 액세스와 같은 데이터베이스 관리 프로그램을 사용해 데이터를 분석하는 것이 일반적이지만 통계 처리 전문 소프트웨어인 SPSS(Statistical Package for the Social Science)나 SAS (Statistical Analysis System) 등을 사용하기도 한다. 사회과학 분야에서 널리 사용되고 있는 통계 소프트웨어 가운데 하나인 SPSS의 경우 초기에는 SPSS/PC+로 알려진 DOS용 프로그램을 사용했기 때문에 사용자가 직접 프로그래밍을 해야 했으나 1993년 이후 윈도우용이 보급되면서 엑셀처럼 쉽

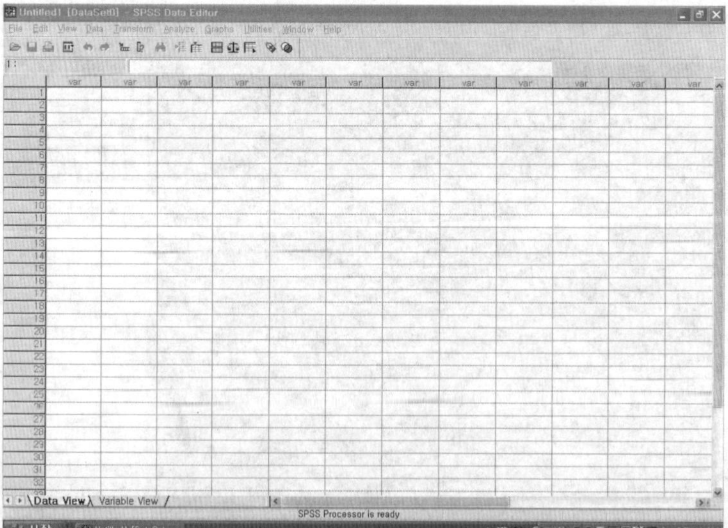

〈SPSS 평가판 초기화면〉

게 자료를 분석할 수 있게 돼 많은 사용자를 확보하고 있다. SPSS는 SPSS사 홈페이지(www.spss.co.kr)에서 평가판을 무료로 다운받을 수 있으며 각 언론사나 대학에서도 쉽게 구할 수 있다.

(4) 지리 정보 시스템(geographic information system: GIS)

1980년대에 토목, 건축, 교통 등에 활용되기 시작한 GIS는 지리 정보와 일반 데이터를 결합함으로써 각종 사회 혹은 자연 현상의 특징을 디지털 지도로 표현해주는 시스템을 말한다. GIS는 지진이나 태풍, 홍수 등 자연 재해로 인한 피해나 교통 상황, 도시 계획 및 관리 등 다양한 분야에 활용돼왔는데 1990년대 초반부터 미국을 중심으로 CAR의 한 방법으로 언론 분야에서도 본격적으로 활용되기 시작하였다. GIS를 활용하면 기존 취재 방식으로는 파악하기 어려운 의미 있는 경향이나 추세를 규명해 이를 기사화할 수 있고 또 이미 알려진 현상을 보다 알기 쉽게 독자나 시청자에게 전달할 수 있기 때문에 국내 언론계에서도 GIS를 활용한 보도가 늘고 있다. GIS 프로그램으로는 미국에 본사를 둔 다국적 기업인 ESRI(Environmental Systems Research

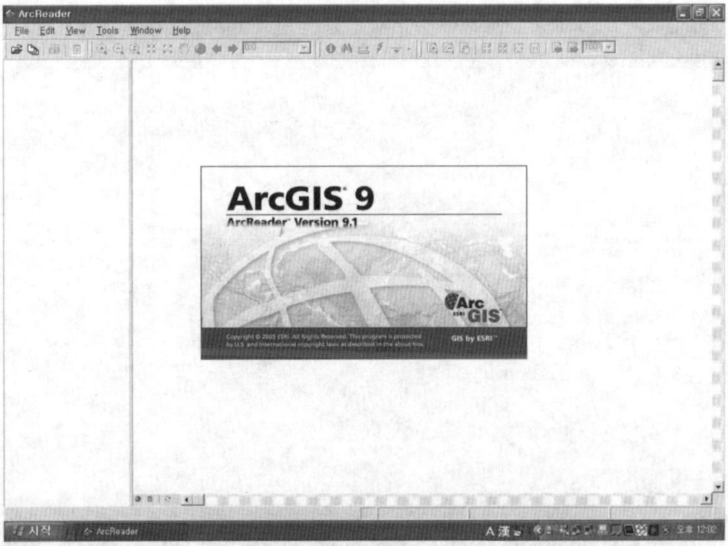

〈ArcReader 초기화면〉

Institute: www.esri.com)가 개발한 ArcGIS 데스크톱(ArcView, ArcEditor, ArcInfo)이 많이 활용되고 있다. ArcGIS 데스크톱은 ESRI사 홈페이지에서 평가판 CD를 신청하거나 무료 뷰어인 ArcReader를 다운로드 받아 설치하면 다양한 유형의 ArcGIS 데이터와 지도를 검색할 수 있다.

(5) 사회 연결망 분석(social network analysis: SNA)

사람들 간의 관계는 일정한 패턴 혹은 원칙을 갖고 있으며 이러한 관계는 우리가 하는 일상적인 일이나 의사 결정에 영향을 미치게 된다. SNA는 컴퓨터를 이용해 이러한 사회적 관계 즉 연결망을 분석함으로써 사회 혹은 조직이 어떻게 연결돼 있고 이 관계망 속에서 개인 혹은 단체 간에 어떠한 방식으로 커뮤니케이션이 이루어지고 있으며 이들의 역학 관계가 어떻게 형성돼 있는지를 분석하는 방법이다. SNA는 기본적으로 데이터 자체의 특성보다는 데이터간의 관계 즉 이들이 어떻게 연관돼 있는지에 주목하게 된다. 개인의 행위나 정체성은 사회적 맥락에서 가장 잘 이해될 수 있다는 전제에서 출발하고 있는 SNA는 사회학 등 다양한 학문 분야에서 활용돼왔으며 컴퓨터와

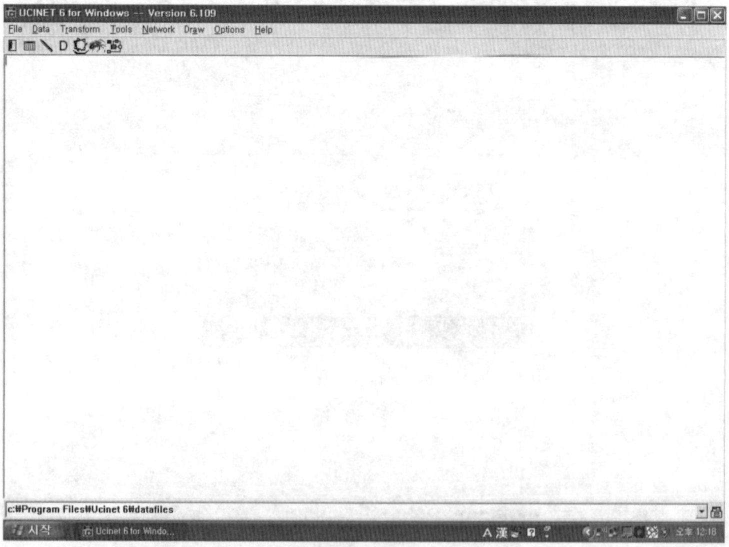

〈UCINET 평가판 초기화면〉

인터넷 등 정보 통신 기술의 발전으로 언론 분야에서도 SNA를 활용한 보도가 활성화되는 등 주목을 끌고 있다. SNA를 위한 프로그램으로는 미국 애널리틱 테크놀로지스(Analytic Technologies)사의 UCINET과 국내 회사인 사이람(Cyram)이 개발한 NetMiner 등이 많이 활용되고 있는데 NetMiner의 경우 한글 처리가 완벽하다는 장점을 갖고 있다. UCINET의 경우 애널리틱 테크놀로지스(www.analytictec.com) 홈페이지에 접속해 30일짜리 평가판을 무료로 다운받아 사용할 수 있으며 NetMiner도 평가판을 제공하고 있다.

정리하기

- ❑ 넓은 의미에서 컴퓨터 활용 취재보도(CAR)는 기사의 취재, 작성, 편집 등 전반적인 취재보도 활동에 컴퓨터를 이용하는 것을 의미한다고 할 수 있다. 좁은 의미로는 스프레드시트(spreadsheet)나 데이터베이스(database) 관리 프로그램과 같은 전문적인 데이터 분석용 컴퓨터 소프트웨어를 활용해 온라인 혹은 오프라인 작업을 통해 획득한 기초 데이터를 정밀 분석해 의미 있는 기사를 발굴, 보도하는 것이라고 정의할 수 있다.
- ❑ CAR를 위한 도구로는 크게 자료 수집을 위한 도구와 자료 분석을 위한 도구 등 두 가지로 나누어 생각해 볼 수 있는데 자료 수집을 위한 도구로는 인터넷, 이메일, 메일링 리스트, 뉴스 그룹 등을 들 수 있다. 자료 분석을 위한 도구로는 스프레드시트(spreadsheet), 데이터베이스(database), 통계(statistics), 지리 정보 시스템(geographic information system: GIS), 사회 연결망 분석(social network analysis: SNA), 데이터 마이닝(data mining) 프로그램 등을 들 수 있다.
- ❑ 수치 혹은 표 계산을 위해 사용되는 MS 엑셀과 같은 스프레드시트 프로그램은 각종 데이터를 아주 빠르고 정확하게 계산하고 정렬하고 비교 분석할 수 있을 뿐만 아니라 분석 결과를 막대나 원과 같은 차트 혹은 그래프로 표현할 수 있는 다양한 기능을 제공하고 있어 CAR를 위한

도구로 많이 활용되고 있다.

- ❑ 데이터베이스 구축 및 관리를 위해 사용되는 프로그램인 액세스는 수치뿐만 아니라 문자 데이터도 분석할 수 있고 각종 데이터를 원하는 방식으로 조직화해 데이터베이스를 구축한 다음 쿼리(query) 방식에 의해 데이터를 다양한 각도에서 보다 정밀하게 분석할 수 있다는 장점을 갖고 있다.
- ❑ 지리 정보 시스템(GIS)은 지리 정보와 일반 데이터를 결합함으로써 각종 사회 혹은 자연 현상의 특징을 디지털 지도로 표현해주는 시스템으로 기존 취재 방식으로는 파악하기 어려운 의미 있는 경향이나 추세를 규명해 이를 기사화할 수 있고 또 이미 알려진 현상을 보다 알기 쉽게 독자나 시청자에게 전달할 수 있어 언론계에서도 GIS를 활용한 보도가 늘고 있다.
- ❑ 사회 연결망 분석(SNA)은 컴퓨터를 이용해 사회적 관계 즉 연결망을 분석함으로써 사회 혹은 조직이 어떻게 연결돼 있고 이 관계망 속에서 개인 혹은 단체 간에 어떠한 방식으로 커뮤니케이션이 이루어지고 있으며 이들의 역학 관계가 어떻게 형성돼 있는지를 분석하는 기법이다.

2. CAR 사례

1) 국내 사례

정보 통신 기술의 발달로 뉴스 취재 및 보도 과정에서 컴퓨터와 인터넷의 역할이 중요해지면서 국내 언론도 취재보도 활동에 CAR 기법을 활용하는 사례가 늘고 있다. 특히 1990년대 초반부터 몇몇 신문사를 중심으로 CAR를 언론 현장에 적용하기 위한 다양한 노력을 기울여왔는데 국내에서 누가 처음으로 CAR를 취재보도에 활용했는지는 확실하지기 않다. 학자들의 논문이나 저술에서 언급된 사례 중 비교적 오래된 것이 <제민일보>의 '4·3은 말한다'라는 보도인데 이 기사는 방대한 관련 인물 및 자료를 분석하기 위해 자체 DB를 구축해 취재에 활용함으로써 CAR의 위력을 실감케 하였다. 이 기사는 1990년부터 시작된 장기 기획 시리즈를 통해 4.3 사건의 의미를 재조명함으로써 지역 사회와 학계에 큰 반향을 불러일으켜 1993년 한국기자협회가 주는 제25회 한국기자상을 수상한 바 있다.

1999년 3월 4일에는 <조선일보>가 스프레드시트 프로그램인 엑셀을 활용해 정치인들의 후원금 내역을 정밀 분석함으로써 정권의 변화에 따라 정치자금이 변화하는 실태를 객관적으로 보여줬다. 이 기사는 1996년부터 1998년까지 3년간 국회의원들의 정치 자금 내역을 입수한 뒤 엑셀을 사용해 의원 1인당 후원금, 정당별 합계, 의원별 전체 순위, 정당별 증가 추이, 의원별 증가 추이 등 다양한 각도에서 분석함으로써 정권 교체에 따른 정치 후원금 변화 추이를 상세히 보도하였다. 이 기사에 따르면 당시 여당인 국민회의는 과거 야당 시절에 비해 정치 후원금이 3배 이상 증가한 반면 야당이 된 한나라당은 절반으로 줄어든 것으로 분석됐다.

2000년 12월 15일에는 동아일보 법조팀이 CAR 기법을 적용해 '政權 따라 검찰 요직 춤췄다'라는 제목으로 검찰 인맥과 관련된 심층 분석 기사를 1면으로 보도했는데 당시 이 기사는 본격적인 CAR 기법의 적용이었다는 점에서 국내 언론계의 주목을 끌었다. 이 기사는 데이터베이스 관리 프로그램인 액세스를 활용해 1992년 이후 9년간에 걸친 전국 검사들의 보직 추이와 신상 정보를 출신 지역, 학력, 경력별로 3개월간에 걸쳐 정밀 분석함으로써 대표적 권력 기관인 검찰의 인사가 각 정권에 따라 지역 편중이 심하였다는 것을 과학적이고 객관적으로 증명함으로써 CAR의 위력을 유감없이 보여줬다.

<중앙일보>는 2004년 8월 9일자 1면과 5면에 CAR의 한 기법으로 GIS를 활용해 서울 지역 열대야 분석 기사를 선보임으로써 GIS가 국내 언론 보도에 적용될 수 있는 잠재력을 유감없이 보여줬다. 이 기사는 기상청으로부터 입수한 지역별 기온 데이터와 측정 지점의 위치, 건축물이 땅을 덮고 있는 비율 등의 지리 정보를 결합해 개발이나 환경오염이 만들어낸 온실 효과가 실제 서울에서 발생하고 있음을 규명해 많은 관심을 끌었다. 기사에 따르면 아파트와 도로, 건물 등이 많지 않은 도봉, 노원, 김포공항, 구로, 과천, 강동 등 외곽 지역 6곳은 열대야가 발생하지 않은 반면 건축물이 전체의 절반 이상을 차지하고 있는 영등포, 중랑 등 도심 쪽에 있는 18곳에서는 열대야가 나타나는 것으로 분석됐다.

<조선일보>는 2004년 8월 28일과 9월 20일자에 SNA 기법을 이용한 17대 의원 네트워크 분석 기사를 게재함으로써 정치권과 학계로부터 많은 반향을 불러일으켰나. <중앙일보>도 2005년 1월 24일 SNA 기법을 활용한 17대 의원 투표 성향 분석 기사를 통해 기존의 방법으로는 찾아낼 수 없었던 새로운 사실을 밝혀낼 수 있는 SNA의 잠재력을 보여줬다. <중앙일보>는 또 2005년 5월 9-11일 '대한민국 온라인 사회 대해부'라는 주제 하에 다음 커뮤니케이션과 공동으로 SNA를 활용해 사람들이 온라인 공간에서 맺는 사회적 관계의 양상과 온라인 여론 형성 과정 등 온라인 사회의 모습을 체계적으로 분석, 보도하였다. 이 기사는 1,200만 명에 달하는 네티즌들의 직접적인 관계 분석을 통해 온라인상에서 상대방의 나이나 성별을 모르는 상태에서 친구 관계를 맺는 데에도 일정한 경향성이 있음을 밝히는 등 방대하고 복잡한 온라인 세계의 지형도를 알기 쉽게 보여줌으로써 관심을 끌었다.

엑셀이나 액세스와 같은 전문 소프트웨어 프로그램이 아니더라도 인터넷

과 이메일만으로도 얼마든지 CAR 기법을 이용한 기사를 쓸 수 있는데 가령 <문화일보>는 1998년 10월 12일 '美 슈퍼니코틴 담배 한국 상륙 파문'이라는 제목으로 유전자 조작을 통해 니코틴의 중독성을 배가시킨 양담배가 국내에 유통돼 국민 건강을 위협하고 있다는 보도를 해 한국기자협회가 시상하는 제98회 이달의 기자상을 수상하였다. 이 기사는 인터넷 검색 도중 AP통신 기사에서 미국의 브리티시 아메리칸 타바코(BAT)가 자회사인 브라운 & 윌리엄슨(B&W)사의 담배 제품에 유전자 조작을 통해 니코틴의 체내 흡수도를 높여 중독성을 70% 이상 증폭시킨 슈퍼니코틴 잎담배 Y-1을 사용해 왔다는 정보를 입수한 뒤 이메일로 미국과 캐나다의 환경 단체, 그리고 이스라엘, 호주, 유럽 지역의 시민 단체와 정보를 교환하는 등 CAR 기법을 적극 활용하였다. 그 결과 1면 특종 기사로 켄트, 팔멀, 피네스 등 국내에서 판매되는 수입 담배 8종을 비롯해 미국 B&W사의 유명 담배 18종이 유전자 조작을 통해 니코틴의 중독성을 증폭시킨 슈퍼니코틴 잎담배로 제조된 것임을 밝혀 양담배의 무분별한 수입과 유통에 경각심을 불러일으켰다.

2) 해외 사례

미국의 <마이애미 헤럴드>(The Miami Herald)는 1997년 11월에 치러진 마이애미 시장 선거에서 조직적인 매표 행위가 있었다는 사실을 1998년 1월 11일 이후 7차례에 걸쳐 보도함으로써 1999년도 탐사보도 부문 퓰리처상을 수상하였다. 당시 선거에서 하비에르 수아레즈(Xavier Suarez) 후보가 현역 시장인 조 카롤로(Joe Carollo) 후보를 물리치고 시장에 취임했으나 마이애미 헤럴드는 부재자 투표에서 수아레즈 후보가 2:1의 비율로 무더기 표를 얻은 것에 의문을 품고 15명의 특별 취재팀을 구성해 취재에 착수하였다. 투표자 명단을 입수해 컴퓨터로 정밀 분석 작업을 벌인 결과 취재팀은 4년 전에 죽은 사람이 부재자 투표를 했는가 하면 마이애미가 아닌 다른 도시에 거주하는 사람들까지 투표를 하였다는 사실을 밝혀냈다.

취재팀은 의심이 가는 300여명의 명단을 토대로 현장 취재를 한 결과 수

아레즈 후보의 선거 운동원들이 투표 전날 수십 명의 노숙자와 빈민들을 세인트 존 침례교회에 모아놓고 10달러를 주는 조건으로 수아레즈 후보에게 부재자 투표를 하도록 하는 등 조직적으로 매표 행위를 하였다는 사실을 확인하였다. 마이애미 헤럴드의 보도가 나간 이후 법원은 수아레즈 후보의 당선을 취소시키고 카롤로를 시장에 임명하는 한편 매표에 연루된 사람들을 체포하였다.

미국의 중소규모 신문인 <블레이드>(The Blade)는 타이거 포스(Tiger Force) 소대가 1967년 베트남 전에서 저지른 민간인 학살 사건을 다룬 11건의 기사를 2003년 10월 19일부터 22일까지 4일간에 걸쳐 보도함으로써 미국 탐사보도협회(Investigative Reporters and Editors: IRE)가 주는 2003년 IRE 대상과 2004년 탐사보도(investigative reporting) 부문 퓰리처상을 수상하였다. '파묻혔던 비밀, 잔인한 진실(Buried Secrets, Brutal Truths)'이라는 기사로 시작된 이 시리즈 기사는 30년 넘게 은폐돼왔던 타이거 포스의 잔학상이 열거된 22 페이지짜리 군 기밀문서를 입수한 뒤 8개월간에 걸쳐 타이거 포스와 관련된 각종 자료 분석 및 관계자 인터뷰, 베트남 현지 취재 등을 통해 미군이 부녀자와 아이들을 포함해 많은 민간인을 학살하였다는 사실을 밝혀냈다. <블레이드>지는 이 과정에서 베트남 전에 참전했던 퇴역 군인들이 운영하는 사이트 등 각종 인터넷 웹 사이트를 검색하는 한편 민간인 학살 관련자의 이름과 학살 내용을 엑셀에 입력해 분석하는 등 CAR 기법을 활용하였다.

CAR는 이처럼 기존의 전통적인 기사 발굴 방법에 의해서는 찾기 어려운 특종 기사나 기획 기사를 생산해낼 수 있는 많은 잠재력을 갖고 있지만 한국 언론계에서는 아직 미국의 경우처럼 일상화돼 있지 못한 감이 있다. 이는 CAR에 대한 인식 부족으로 CAR에 대한 전문적인 교육이 제대로 이루어지지 않고 있는데다 디지털화된 공공 정보 혹은 DB를 얻기가 쉽지 않은 측면이 있기 때문이다. 그럼에도 불구하고 앞서 얘기한 것처럼 CAR는 방대한 양의 데이터에 대한 직접적인 분석을 통해 좀더 과학적이고 객관적인 보도를 함으로써 저널리즘의 새로운 지평을 열어가고 있다는 점에서 CAR의 적극적인 도입과 활용이 요구된다고 하겠다. 물론 CAR가 기존의 취재 관행을 완전히 바꾸거나 대체하는 것은 아니지만 CAR는 21세기 유비쿼터스 미디어 시대에 저널리스트로서 살아가기 위한 필수 요건 가운데 하나라고 할 수 있다. 스프레드시트나 데이터베이스 관리 프로그램을 잘 활용할줄 아는 기자는 정보를 보다 빨리 입수하고 분석할 수 있을 뿐만 아니라 기사에 대한 보다 깊이 있는 분석과 해석을 통해 보다 나은 저널리즘의 역할을 수행할 수 있기 때문이다(Houston(1999), p.4).

정리하기

- ❑ 스프레드시트나 데이터베이스 관리 프로그램을 잘 활용할 경우 기존의 전통적인 기사 발굴 방법에 의해서는 찾기 어려운 특종 기사나 기획 기사를 발굴할 수 있다. 또 엑셀이나 액세스와 같은 전문 소프트웨어 프로그램이 아니더라도 인터넷과 이메일만으로도 얼마든지 CAR 기법을 적용한 기사를 쓸 수 있다.
- ❑ SNA를 활용한 국내 언론의 '대한민국 온라인 사회 대해부'라는 기사는 사람들이 온라인 공간에서 맺는 사회적 관계의 양상과 온라인 여론 형성 과정 등 온라인 사회의 모습을 체계적으로 분석, 보도해 관심을 끌었다.
- ❑ GIS를 활용한 서울 지역 열대야 분석 기사는 기상청으로부터 입수한 지역별 기온 데이터와 측정 지점의 위치, 건축물이 땅을 덮고 있는 비율 등의 지리 정보를 결합해 개발이나 환경오염이 만들어낸 온실 효과가 실제 서울에서 발생하고 있음을 규명해 많은 관심을 끌었다.
- ❑ 미국의 <마이매이 헤럴드>(The Miami Herald)지는 CAR 기법으로 1997년 11월에 치러진 마이애미 시장 선거에서 조직적인 매표 행위가 있었다는 사실을 1998년 1월 11일 이후 7차례에 걸쳐 보도함으로써 1999년도 탐사보도 부문 퓰리처상을 수상하였다.

제9장 스프레드시트를 활용한 기사 작성 I

1. 온라인 데이터 가져오기

스프레드시트(spreadsheet) 프로그램은 윈도우 환경에서 각종 데이터를 아주 빠르고 정확하게 계산하고 비교 분석할 수 있을 뿐만 아니라 분석 결과를 막대나 원과 같은 차트 혹은 그래프로 표현할 수 있어 컴퓨터 활용 취재보도(CAR)에 널리 활용되고 있다. 여기서는 대표적인 스프레드시트 프로그램 가운데 하나인 마이크로소프트(MS)사의 엑셀(Excel)을 중심으로 온라인상에서 디지털 데이터를 다운받아 이를 분석하는 과정 그리고 이를 토대로 기사를 작성하는 과정에 대해 살펴보고자 한다. 물론 엑셀의 사용법을 다 익힌 후 엑셀의 기능을 최대한 활용하는 것이 바람직하겠지만 여기서는 기사 작성 과정에 초점을 맞춰 CAR를 위해 알아둬야 할 몇 가지 기본적인 기능을 중심으로 엑셀의 사용 방법에 대해 설명하고자 한다.

1) 엑셀 데이터 가져오기

제6장에서 학습한 통계청(www.nso.go.kr)의 KOSIS(http://kosis.nso.go.kr)에 접속해서 검색어 입력창에 '자동차 사고'라고 입력한 뒤 검색 결과 페이지에서 다음과 같이 '시도별 자동차 사고 발생 건수, 사망자수, 부상자 수'라

는 제목의 링크를 클릭해서 열어보자.

시점:2004	발생건수	사망자수	10만명당사망자수	차1만대당사망자수	부상자수	10만명당부상자수	차1만대당부상자수
	건	명	명	명	명	명	명
전국	220,755	6,563	13.6	3.9	346,987	719.9	208.2
서울특별시	38,714	468	4.7	1.5	56,861	568.4	180.0
부산광역시	11,615	265	7.2	2.5	16,775	457.2	156.3
대구광역시	11,275	224	8.8	2.4	15,959	625.3	169.7
인천광역시	11,940	183	6.9	2.2	18,654	705.9	222.8
광주광역시	8,223	137	9.5	3.0	12,361	857.0	271.3
대전광역시	5,694	98	6.6	1.9	8,970	604.6	172.5
울산광역시	4,510	95	8.8	2.3	6,547	608.9	160.3
경기도	43,820	1,166	11.6	3.2	71,393	708.5	197.1
강원도	9,630	335	22.0	5.9	16,174	1,061.8	285.7
충청북도	7,760	296	19.4	5.2	12,577	824.0	221.7
충청남도	8,960	537	28.0	7.2	14,422	753.2	192.5
전라북도	9,550	395	20.7	5.9	15,882	832.6	238.9
전라남도	10,923	579	29.2	8.7	17,967	906.6	268.5
경상북도	16,804	698	25.2	6.5	25,411	916.6	237.6

파일이 열리면 맨 오른쪽의 [자료받기] 버튼을 클릭해서 대화 상자가 뜨면 파일 형식을 'Excel'로 선택한 뒤 [받기 시작] 버튼을 클릭해 해당 파일을 다운로드 받아 열어보자.

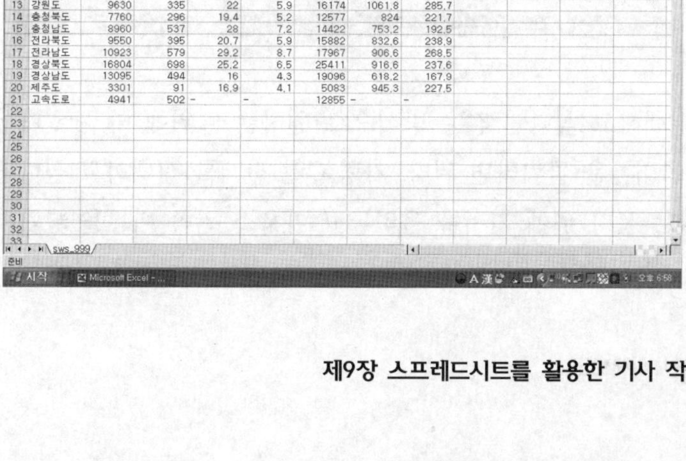

	A	B	C	D	E	F	G	H
1	통계자료:시도별 자동차사고 발생건수,사망자수,부상자수							
2	시점 :2004	발생건수	사망자수	10만명당사	차1만대당사	부상자수	10만명당부	차1만대당부상자수
3		건	명	명	명	명	명	명
4	전국	220755	6563	13.6	3.9	346987	719.9	208.2
5	서울특별시	38714	468	4.7	1.5	56861	568.4	180
6	부산광역시	11615	265	7.2	2.5	16775	457.2	156.3
7	대구광역시	11275	224	8.8	2.4	15959	625.3	169.7
8	인천광역시	11940	183	6.9	2.2	18654	705.9	222.8
9	광주광역시	8223	137	9.5	3	12361	857	271.3
10	대전광역시	5694	98	6.6	1.9	8970	604.6	172.5
11	울산광역시	4510	95	8.8	2.3	6547	608.9	160.3
12	경기도	43820	1166	11.6	3.2	71393	708.5	197.1
13	강원도	9630	335	22	5.9	16174	1061.8	285.7
14	충청북도	7760	296	19.4	5.2	12577	824	221.7
15	충청남도	8960	537	28	7.2	14422	753.2	192.5
16	전라북도	9550	395	20.7	5.9	15882	832.6	238.9
17	전라남도	10923	579	29.2	8.7	17967	906.6	268.5
18	경상북도	16804	698	25.2	6.5	25411	916.6	237.6
19	경상남도	13095	494	16	4.3	19096	618.2	167.9
20	제주도	3301	91	16.9	4.1	5083	945.3	227.5
21	고속도로	4941	502	-	-	12855	-	-

2) 데이터 선택하기

엑셀 파일과 관련해 가장 먼저 알아둬야 할 것은 엑셀은 행(row)과 열(column)로 구성돼 있다는 것이다. 행은 1, 2, 3과 같이 숫자로 지정되고 열은 A, B, C와 같이 문자로 지정된다. 또 행과 열이 교차하는 부분을 셀(cell)이라고 부른다. 즉 가로와 세로가 만나는 조그만 사각형 공간 하나 하나가 엑셀에서 사용하는 가장 기본적인 단위인 셀이 된다.

열과 행을 선택하는 방법을 아는 것은 매우 중요한데 가령 행을 선택하고 싶다면 원하는 행의 숫자 위에 마우스 커서를 올려놓고 왼쪽 버튼을 클릭하면 된다. 예를 들어 5행 전체를 선택하고 싶다면 5라는 숫자 위에 마우스 커서를 올려놓은 다음 왼쪽 버튼을 클릭하면 다음과 같이 선택된 5행이 반전되어 표시된다.

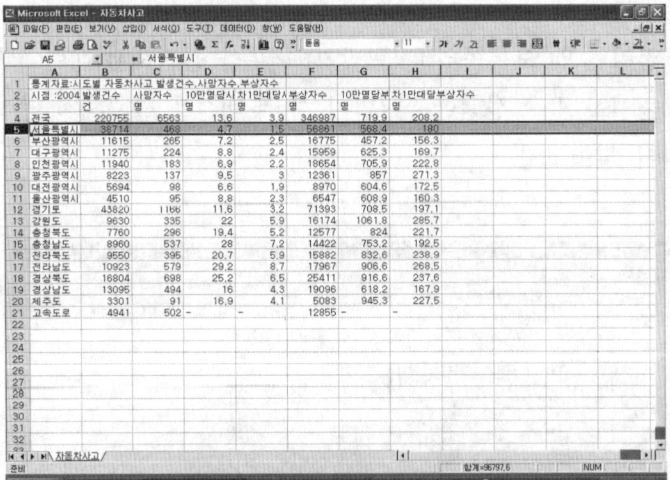

열을 선택하고 싶다면 같은 방식으로 원하는 열위에 마우스 커서를 올려놓고 왼쪽 버튼을 클릭하면 된다. 가령 C열 전체를 선택하고 싶다면 다음과 같이 C라는 문자 위에 커서를 올려놓고 마우스 왼쪽 버튼을 클릭하면 선택된 C열이 반전되어 표시된다.

특정 셀을 선택하고 싶다면 해당 셀 위에 마우스 커서를 올려놓고 왼쪽 버튼을 클릭하면 된다. 셀은 행 번호와 열 번호를 이용해 고유의 주소를 부여하게 되는데 가령 C4 셀을 선택하고 싶다면 C열과 4행이 교차하는 곳의 해당 셀 위에 커서를 올려놓고 왼쪽 버튼을 클릭하면 된다. 이 때 검은 사각형 상자가 생기는데 이를 셀 포인터라고 부른다. 셀 포인터가 위치한 선택된 셀은 화면에서 보이는 것처럼 A열 바로 위에 있는 '이름 상자'라고 부르는 창에 주소가 표시되는 것을 확인할 수 있다.

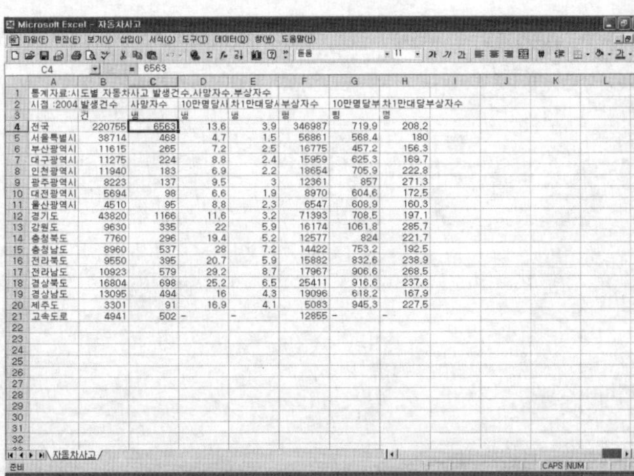

특정 셀을 한 셀씩 선택하지 않고 인접한 여러 셀을 한꺼번에 선택하고자 할 때는 마우스로 원하는 셀 만큼 드래그하면 된다. 가령 서울특별시와 6대 광역시 데이터를 선택하고자 할 경우 마우스로 원하는 셀만큼 드래그하면 다음과 같이 드래그한 영역만큼 한꺼번에 범위가 설정된다.

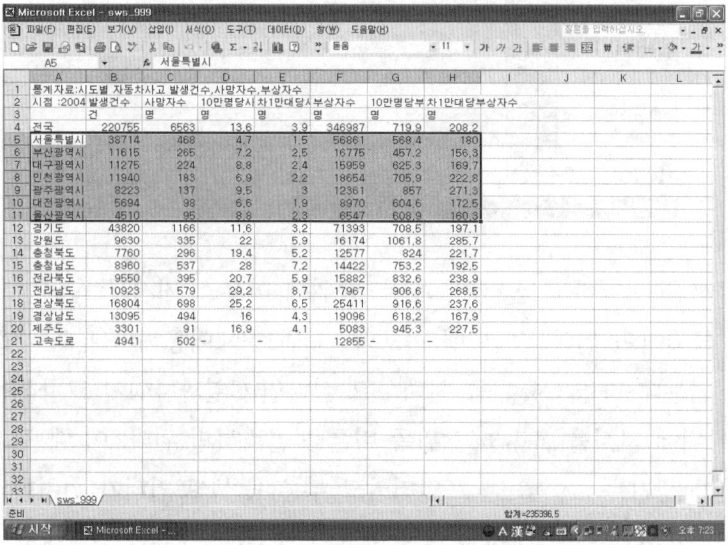

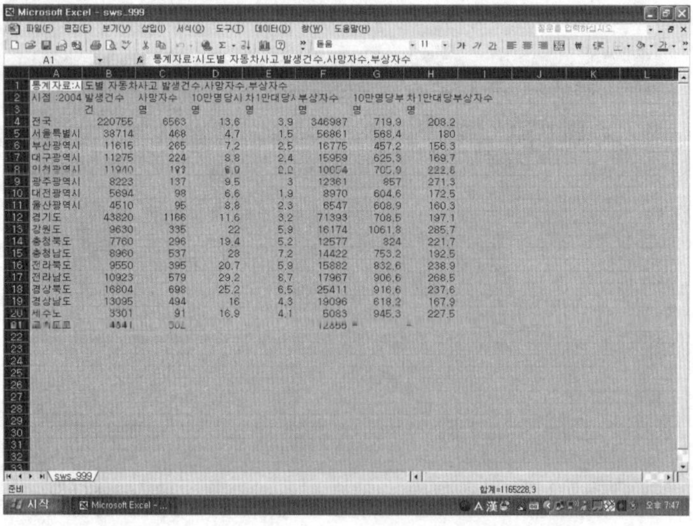

각각의 셀들이 모인 셀들의 집합체를 워크시트(worksheet)라고 하는데 워크시트는 작업 영역 하단에 표시된 Sheet1, Sheet2, Sheet3 등의 이름으로 표시된다. 하나의 파일에는 이와 같은 워크시트가 여러 개 존재할 수 있다. 만약 워크시트 전체를 선택하고 싶을 경우에는 맨 왼쪽 상단의 사각형을 선택하면 다음과 같이 작업 중인 워크시트 전체가 한꺼번에 선택된다.

3) 데이터 입력하기

엑셀은 문자, 숫자, 날짜 및 시간 등 다양한 데이터를 입력할 수 있는데 특정 셀에 특정 데이터를 입력하고자 한다면 해당 셀을 마우스로 클릭해서 선택한 뒤 타이핑하면 된다. 가령 A22 셀에 '일반국도'라고 입력하고 싶다면 A22 셀을 선택한 다음 '일반국도'라고 타이핑하면 된다. 이때 C열 바로 위에 있는 수식 입력 줄이라고 부르는 창에 '일반국도'라고 타이핑한 글자가 표시되는 것을 확인할 수 있다. 입력하고자 하는 셀을 선택한 다음 수식 입력 줄에 '일반국도'라고 타이핑해도 종전과 동일하게 해당 셀에 데이터가 입력되는 것을 알 수 있다. 이처럼 수식 입력 줄은 셀 포인터가 위치한 곳에 입력된 실제 데이터를 확인할 수 있고 또 입력된 데이터를 수정하거나 편집할 수 있다.

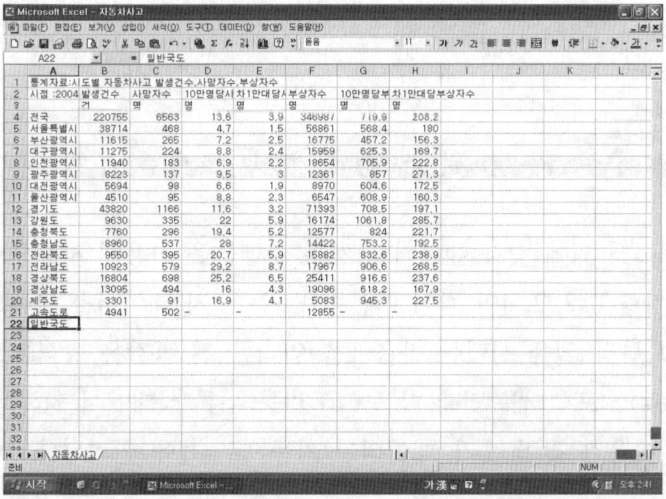

셀에 데이터를 입력하다 보면 1월, 2월, 3월과 같이 반복적으로 자주 사용되는 연속 데이터를 입력해야 할 때가 있다. 이 때 채우기 핸들을 사용해 반복되는 데이터를 자동으로 채우면 훨씬 편리하게 데이터를 입력할 수 있다. 가령 원하는 셀을 선택한 후 '1월'이라고 입력한 뒤 해당 셀을 선택하면 셀 오른쪽 아래에 네모난 점이 있는 것을 확인할 수 있는데 이를 채우기 핸들이라고 부른다. 이 채우기 핸들에 마우스 포인터를 갖다 대면 마우스 포인터가 얇은 십자가 모양으로 바뀌는데 이 때 마우스 왼쪽 버튼을 누른 상태에서 채우고 싶은 데이터만큼 아래쪽으로 드래그하면 다음과 같이 연속적인 반복 데이터가 자동으로 채워지는 것을 알 수 있다.

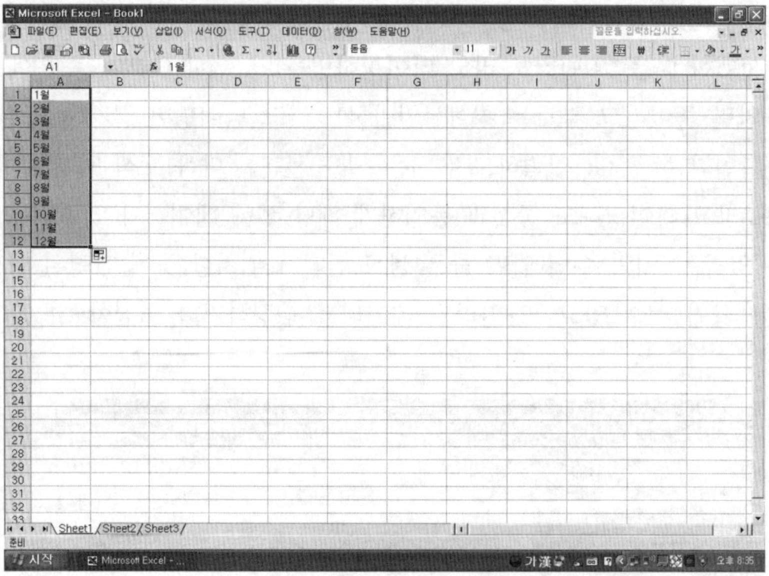

문자 데이터 외에 숫자 데이터도 채우기 핸들을 사용해 자동으로 입력할 수 있다. 가령 1, 2, 3, 4와 같이 1씩 증가하는 숫자 데이터를 자동으로 채우고 싶다면 특정 셀을 선택한 다음 1을 입력한 뒤 똑같은 방식으로 채우기 핸들에 마우스 포인터를 맞춘 다음 Ctrl 키를 누른 상태에서 원하는 만큼 드래그하면 다음과 같이 숫자 데이터가 자동으로 셀에 입력된다.

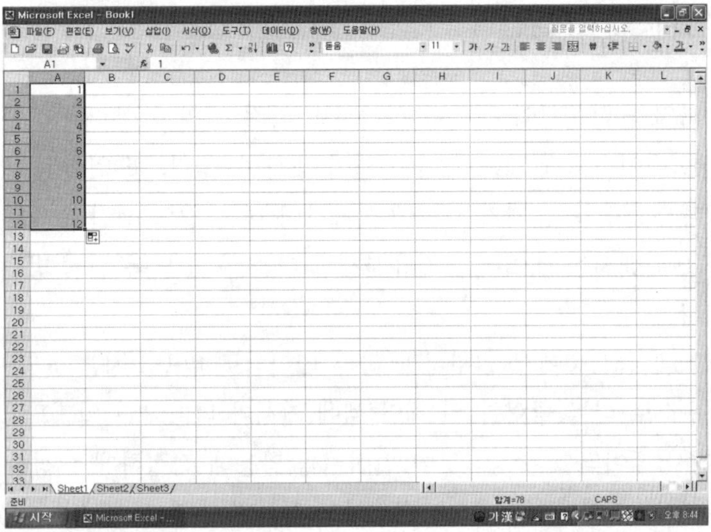

정리하기

❑ 엑셀은 행(row)과 열(column)로 구성돼 있는데 행은 1, 2, 3과 같이 숫자로 지정되고 열은 A, B, C와 같이 문자로 지정된다. 또 행과 열이 교차하는 부분을 셀(cell)이라고 부른다. 즉 가로와 세로가 만나는 조그만 사각형 공간 하나 하나가 엑셀에서 사용하는 가장 기본적인 단위인 셀이 된다.

❑ 열과 행을 선택하는 방법을 아는 것은 중요한데 가령 행을 선택하고 싶다면 원하는 행의 숫자 위에 마우스 커서를 올려놓고 왼쪽 버튼을 클릭하면 된다. 열을 선택하고 싶다면 같은 방식으로 원하는 열위에 마우스 커서를 올려놓고 왼쪽 버튼을 클릭하면 된다.

❑ 엑셀은 문자, 숫자, 날짜 및 시간 등 다양한 데이터를 입력할 수 있는데 특정 셀에 특정 데이터를 입력하고자 한다면 해당 셀을 마우스로 클릭해서 선택한 뒤 타이핑하면 된다. 1월, 2월, 3월과 같이 반복적으로 자주 사용되는 연속 데이터를 입력해야 할 경우에는 채우기 핸들을 사용해 반복되는 데이터를 아주 편리하게 자동으로 입력할 수 있다.

2. 데이터 편집하기

엑셀 파일을 다운받아 작업을 하다보면 특정 셀의 특정 데이터를 수정하거나 다른 데이터로 교체해야 하는 일이 생길 수 있다. 또 입력된 데이터 중 일부를 다른 곳으로 옮기거나 아예 삭제해야 하는 일도 생길 수 있다. 이 같은 작업을 위해서는 데이터를 자유자재로 다룰 수 있도록 편집 방법을 익혀둬야 한다.

입력한 데이터 중에서 일부분만 다른 데이터로 바꾸고자 할 때는 수정할 셀을 마우스로 더블 클릭한 뒤 해당 셀에 커서가 나타나면 워드프로세서 프로그램에서 데이터를 수정하듯이 편집키를 활용해 적절하게 수정하면 된다. 가령 '고속도로'를 '고속국도'로 수정하고 싶다면 수정할 데이터가 있는 A21 셀을 더블 클릭한 다음 해당 셀에 커서가 나타나면 백스페이스(back space) 키를 두 번 눌러 '도로'를 삭제한 뒤 '국도'를 입력하고 나서 엔터(enter) 키를 눌러 수정하면 된다.

	A	B	C	D	E	F	G	H
1	통계자료:시도별 자동차사고 발생건수,사망자수,부상자수							
2	시점 :2004	발생건수	사망자수	10만명당사	차1만대당사	부상자수	10만명당부	차1만대당부상자수
3		건	명	명	명	명	명	명
4	전국	220755	6563	13,6	3,9	346987	719,9	208,2
5	서울특별시	38714	468	4,7	1,5	56861	568,4	180
6	부산광역시	11615	265	7,2	2,5	16775	457,2	156,3
7	대구광역시	11275	224	8,8	2,4	15959	625,3	169,7
8	인천광역시	11940	183	6,9	2,2	18654	705,9	222,8
9	광주광역시	8223	137	9,5	3	12361	857	271,3
10	대전광역시	5694	98	6,6	1,9	8970	604,6	172,5
11	울산광역시	4510	95	8,8	2,3	6547	608,9	160,3
12	경기도	43820	1166	11,6	3,2	71393	708,5	197,1
13	강원도	9630	335	22	5,9	16174	1061,8	285,7
14	충청북도	7760	296	19,4	5,2	12577	824	221,7
15	충청남도	8960	537	28	7,2	14422	753,2	192,5
16	전라북도	9550	395	20,7	5,9	[illegible]	[illegible]	208,9
17	전라남도	10923	579	29,2	8,7	17967	906,6	268,5
18	경상북도	16804	698	25,2	6,5	25411	916,6	237,6
19	경상남도	13095	494	16	4,3	19096	618,2	167,9
20	제주도	3301	91	16,9	4,1	5083	945,3	227,5
21	고속국도	4941	502	-	-	12855	-	-

특정 셀에 입력된 특정 데이터를 수정하고자 할 경우 수식 입력 줄을 이용해도 된다. 가령 A21 셀을 선택하면 수식 입력 줄에 커서가 나타나는 것을 확인할 수 있는데 이 때 수식 입력 줄에서 앞서 사용한 동일한 편집키를 사용해 데이터를 수정한 뒤 엔터 키를 눌러도 종전과 똑같이 해당 셀에 '고속국도'라는 데이터가 입력된 것을 알 수 있다. 또 A21에 입력된 '고속도로'라는 데이터 전체를 다 지워버리고 '하이웨이'라는 새로운 데이터를 입력하고 싶다면 A21 셀을 선택한 다음 '하이웨이'를 입력한 뒤 엔터 키를 누르면 된다. 그러면 '고속도로'라는 이전 데이터가 완전히 지워지고 '하이웨이'라는 새로운 데이터로 대체된다.

하나의 셀이 아니라 여러 개의 셀에 입력된 데이터가 잘못돼 이를 삭제하고 다시 입력해야 할 경우도 있다. 가령 자동차 사고 발생 건수 데이터가 모두 잘못됐다고 가정했을 경우 잘못된 부분인 B4 셀부터 B21 셀까지를 드래그해서 범위를 설정한 뒤 딜리트(delete) 키를 누르면 다음과 같이 선택된 영역의 데이터가 모두 삭제되는 것을 확인할 수 있다.

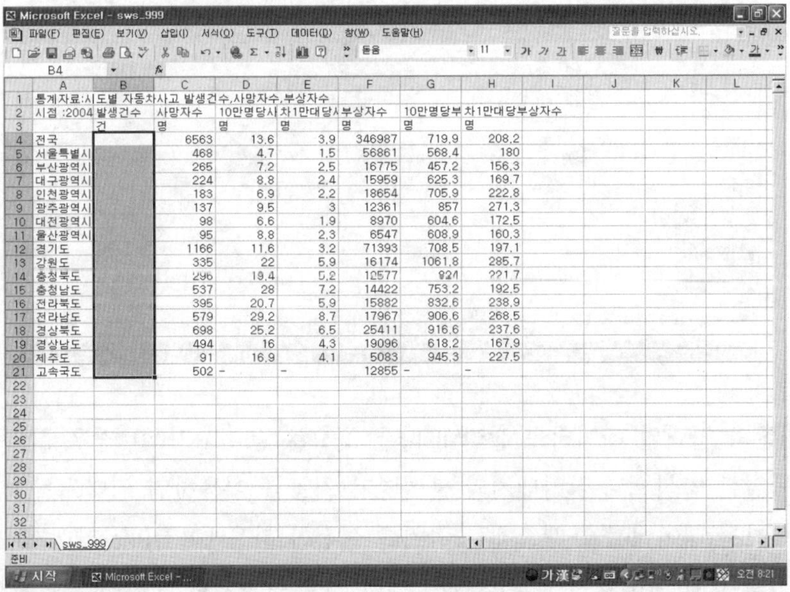

	A	B	C	D	E	F	G	H
1	통계자료:시도별 자동차사고 발생건수,사망자수,부상자수							
2	시점 :2004	발생건수	사망자수	10만명당사	차1만대당사	부상자수	10만명당부	차1만대당부상자수
3		건	명	명	명	명	명	명
4	전국		6563	13,6	3,9	346987	719,9	208,2
5	서울특별시		468	4,7	1,5	56861	568,4	180
6	부산광역시		265	7,2	2,5	16775	457,2	156,3
7	대구광역시		224	8,8	2,4	15959	625,3	169,7
8	인천광역시		183	6,9	2,2	18654	705,9	222,8
9	광주광역시		137	9,5	3	12361	857	271,3
10	대전광역시		98	6,6	1,9	8970	604,6	172,5
11	울산광역시		95	8,8	2,3	6547	608,9	160,3
12	경기도		1166	11,6	3,2	71393	708,5	197,1
13	강원도		335	22	5,9	16174	1061,8	285,7
14	충청북도		296	19,4	5,2	12577	824	221,7
15	충청남도		537	28	7,2	14422	753,2	192,5
16	전라북도		395	20,7	5,9	15882	832,6	238,9
17	전라남도		579	29,2	8,7	17967	906,6	268,5
18	경상북도		698	25,2	6,5	25411	916,6	237,6
19	경상남도		494	16	4,3	19096	618,2	167,9
20	제주도		91	16,9	4,1	5083	945,3	227,5
21	고속국도		502	-	-	12855	-	-

기존의 입력된 데이터와 동일한 내용의 데이터를 다른 곳에도 입력해야 할 필요가 있을 경우에는 복사와 붙여넣기 기능을 이용하면 된다. 가령 A5 셀부터 A11 셀까지의 데이터를 다른 곳에도 입력할 필요가 있다면 A5 셀부터 A11 셀까지 드래그해서 범위를 설정한 다음 [편집]-[복사] 메뉴를 선택하면 범위를 설정한 부분이 검은 외곽선으로 선택돼 나타나는 것을 알 수 있다. 만약 복사된 데이터를 A25 셀부터 붙여 넣고자 싶다면 A25 셀을 선택한 후 엔터 키를 누르거나 [편집]-[붙여넣기] 메뉴를 선택하면 다음과 같이 복사했던 데이터가 그대로 입력되는 것을 확인할 수 있다. 복사와 붙여넣기 기능은 자주 사용하는 기능이기 때문에 메뉴 방식보다는 단축키인 Ctrl + C와 Ctrl + V 키를 사용하는 것이 보다 편리하다.

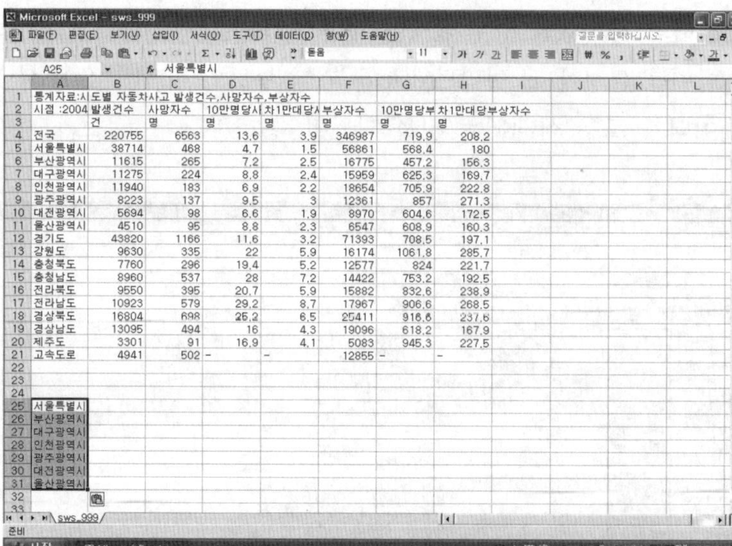

기존의 입력된 데이터를 잘라내 다른 곳으로 옮기고자 할 경우에는 종전과 동일한 방식으로 잘라내기와 붙여넣기 기능을 이용하면 된다. 즉 잘라내고자 하는 데이터를 드래그해서 범위를 설정한 다음 [편집]-[잘라내기] 메뉴를 선택한 뒤 이동할 곳을 지정해서 엔터 키를 누르거나 [편집]-[붙여넣기]를 실행하면 된다. 이때 선택한 원본 데이터가 해당 셀에서 사라지고 잘라내기를 했던 데이터가 그 자리를 대체한 것을 확인할 수 있다. 잘라내기와 붙여넣기 기능 역시 단축키인 Ctrl + X와 Ctrl + V를 사용하면 편리하다.

데이터를 편집하는 도중 실수로 데이터를 잘못 편집해서 이전 상태로 되돌려야 할 필요가 있을 경우에는 실행 취소 기능을 이용해 원래 상태대로 복원할 수 있다. 가령 앞서 실행했던 [편집]-[붙여넣기] 작업을 취소하고 싶다면 [편집]-[붙여넣기 취소] 메뉴를 선택해 다음과 같이 원래의 데이터로 되돌릴 수 있다. 이때 표준 도구 모음의 실행 취소 아이콘을 사용하면 편리하게 동일한 결과를 얻을 수 있다.

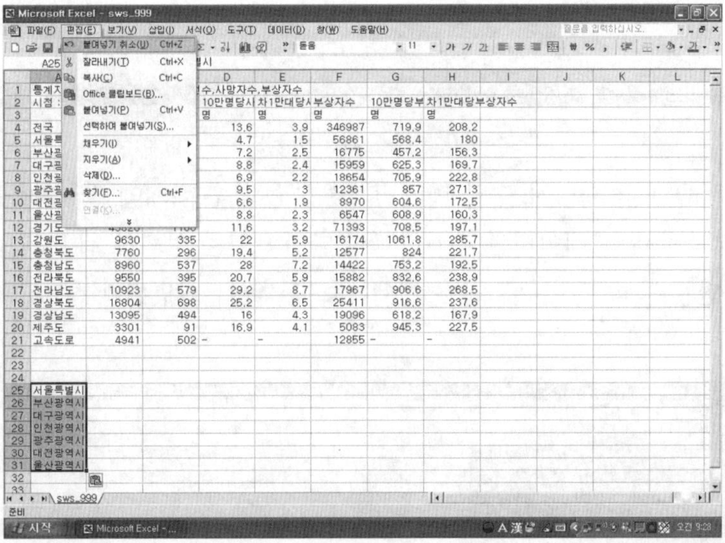

2) 셀 편집하기

셀에 데이터를 입력한 후 특정 행 혹은 특정 열의 데이터 사이에 새로운 데이터를 끼워 넣거나 기존의 행 혹은 열 전체를 삭제해야 할 때가 있다. 가령 서울특별시와 부산광역시 사이에 6대 광역시라는 새로운 항목을 추가할 필요가 있을 경우 6행을 선택한 뒤 [삽입]-[행]을 선택하면 다음과 같이 두 행 사이에 새로운 행이 삽입된 것을 확인할 수 있다.

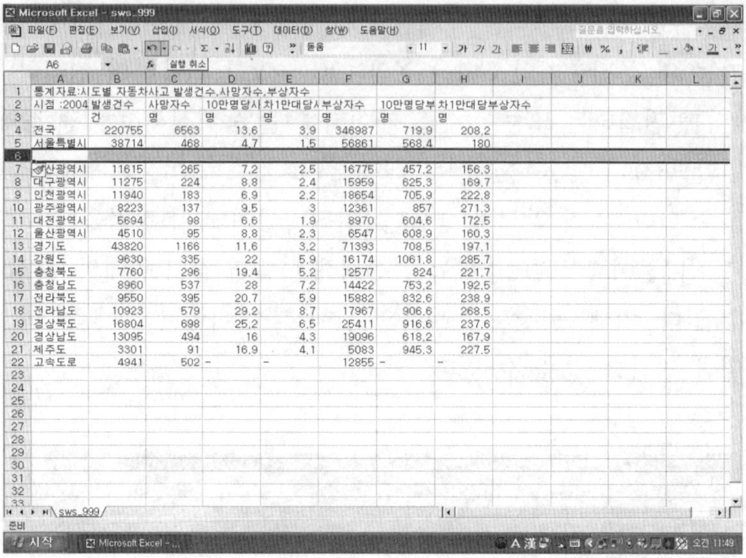

C열과 D열 즉 사망자 수와 10만 명 당 사망자 수 사이에 자동차 사고 1건 당 사망자 수라는 데이터를 추가하고 싶다면 D열을 선택한 뒤 [삽입]-[열]을 선택하면 다음과 같이 두 열 사이에 새로운 열이 삽입된다.

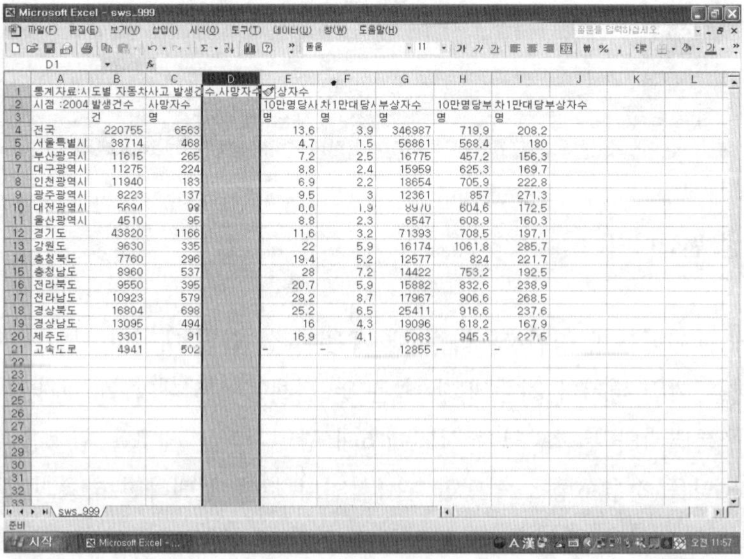

입력한 데이터 중에서 특정 행 전체를 삭제하고 싶다면 해당 행을 선택한 뒤 [편집]-[삭제]를 선택하면 된다. 만약 여러 행을 삭제하고 싶다면 원하는 만큼 범위를 설정해서 삭제하면 된다. 가령 서울특별시와 부산, 대구, 인천 등 6대 광역시를 모두 삭제하고 싶다면 5행부터 11행까지 드래그해서 범위를 설정한 뒤 [편집]-[삭제]를 선택하면 다음과 같이 5-11행이 모두 삭제되고 아래쪽에 있던 데이터가 기존의 영역을 대신 채운 것을 확인할 수 있다.

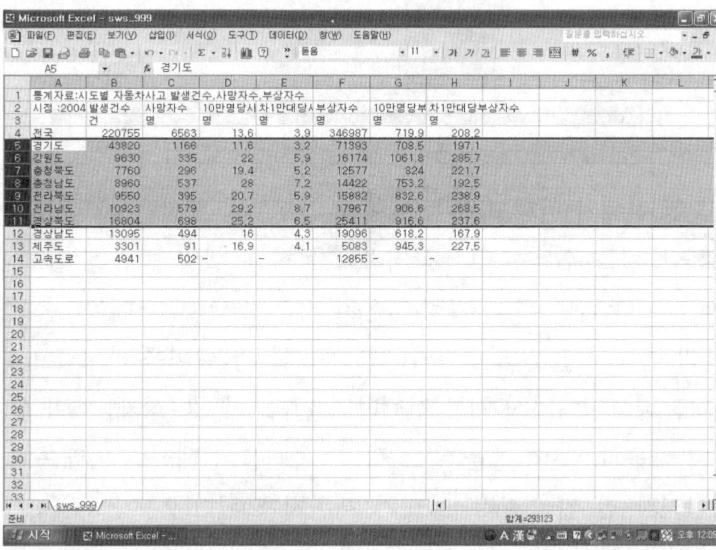

입력한 데이터 중 특정 열 혹은 여러 열을 삭제하고자 한다면 앞서 설명한 행 삭제 방법과 동일하게 삭제하고자 하는 열을 선택한 뒤 [편집]-[삭제]를 선택하면 된다. 가령 10만 명 당 사망자 수와 차 1만대 당 사망자 수를 삭제하고 싶다면 D열과 E열을 드래그해서 선택한 뒤 [편집]-[삭제]를 선택하면 다음과 같이 D열과 E열이 삭제되고 오른쪽에 있던 데이터가 그 영역으로 옮겨온 것을 확인할 수 있다.

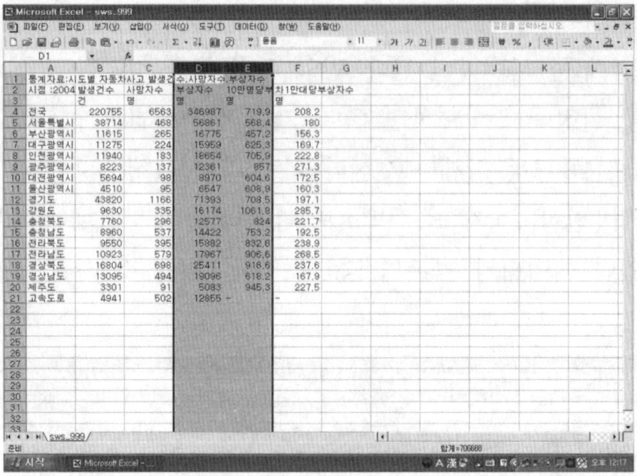

행이나 열 전체가 아니고 특정 셀이나 일부분의 셀만을 삭제하고자 할 경우에는 해당 셀을 선택하거나 삭제하고자 하는 셀의 범위를 설정해서 [편집]-[삭제]를 선택하면 된다. 가령 자동차 사고 발생 건수 데이터를 경기도부터 한 칸씩 밀려서 잘못 입력하였다고 가정할 경우 이를 바로잡으려면 B12 셀을 선택한 뒤 [편집]-[삭제]를 선택하면 된다. 이 때 [삭제] 대화 상자가 뜨게 되는데 다음과 같이 '셀을 위로 밀기' 옵션을 선택하면 아래쪽에 위치한 셀의 데이터가 한 칸씩 위로 올라가 채워지게 된다.

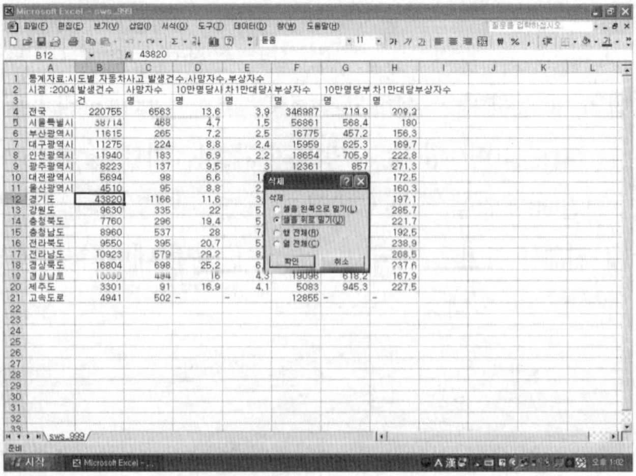

이번에는 스프레드시트의 아무 곳에나 커서를 위치시켜 놓고 마우스 오른쪽 버튼을 클릭 해보자. 그러면 다음과 같이 단축 메뉴가 뜨는 것을 확인할 수 있다. 화면에 보이는 단축 메뉴에서 볼 수 있는 것처럼 마우스 오른쪽 버튼을 이용하면 잘라내기, 복사, 붙여넣기, 삽입, 삭제 등 다양한 기능을 아주 편리하게 수행할 수 있다.

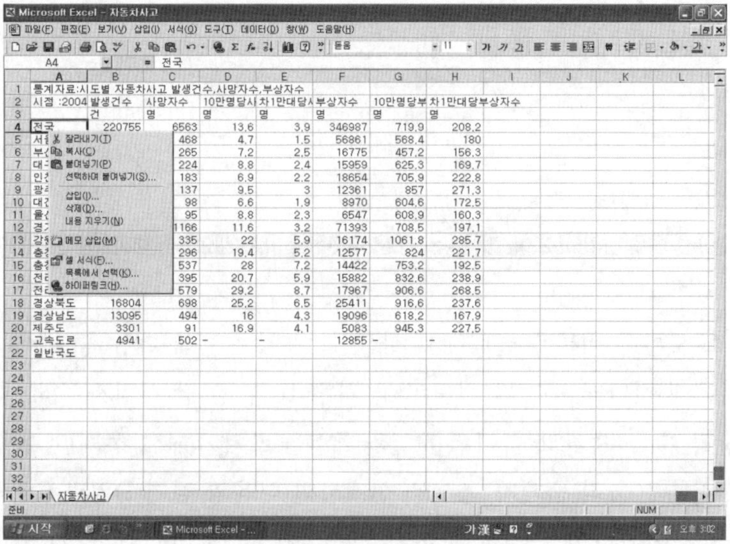

만약 울산광역시와 경기도 사이에 또 다른 한 행을 추가하고 싶다면 12행을 선택한 다음 마우스 오른쪽 버튼을 눌러서 '삽입'을 선택하면 다음과 같이 원래의 자리에 새로운 행이 추가되는 것을 확인할 수 있다. 바찬 가지 방식으로 마우스 오른쪽 버튼을 이용해 열과 열 사이에 새로운 열을 추가할 수도 있고 기존의 열을 삭제할 수도 있다. 또 셀을 삽입하거나 삭제하는 작업도 마우스 오른쪽 버튼을 이용하면 보다 편리하게 수행할 수 있다.

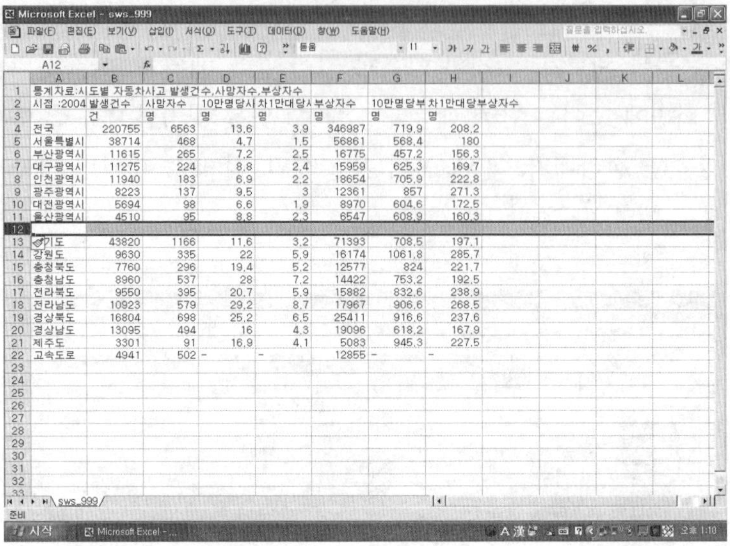

	A	B	C	D	E	F	G	H
1	통계자료:시도별 자동차사고 발생건수,사망자수,부상자수							
2	시점 :2004	발생건수	사망자수	10만명당사	차1만대당사	부상자수	10만명당부	차1만대당부상자수
3		건	명	명	명	명	명	명
4	전국	220755	6563	13,6	3,9	346987	719,9	208,2
5	서울특별시	38714	468	4,7	1,5	56861	568,4	180
6	부산광역시	11615	265	7,2	2,5	16775	457,2	156,3
7	대구광역시	11275	224	8,8	2,4	15959	625,3	169,7
8	인천광역시	11940	183	6,9	2,2	18654	705,9	222,8
9	광주광역시	8223	137	9,5	3	12361	857	271,3
10	대전광역시	5694	98	6,6	1,9	8970	604,6	172,5
11	울산광역시	4510	95	8,8	2,3	6547	608,9	160,3
12								
13	기도	43820	1166	11,6	3,2	71393	708,5	197,1
14	강원도	9630	335	22	5,9	16174	1061,8	285,7
15	충청북도	7760	296	19,4	5,2	12577	824	221,7
16	충청남도	8960	537	28	7,2	14422	753,2	192,5
17	전라북도	9550	395	20,7	5,9	15882	832,6	238,9
18	전라남도	10923	579	29,2	8,7	17967	906,6	268,5
19	경상북도	16804	698	25,2	6,5	25411	916,6	237,6
20	경상남도	13095	494	16	4,3	19096	618,2	167,9
21	제주도	3301	91	16,9	4,1	5083	945,3	227,5
22	고속도로	4941	502	-	-	12855	-	-

마우스 오른쪽 버튼을 클릭해서 사용할 수 있는 단축 메뉴 중 매우 유용한 기능 가운데 하나가 숨기기 기능이다. 가령 10만 명 당 사망자 수와 차1만대당 사망자 수를 숨기고 싶다면 D열과 E열을 드래그해서 선택한 뒤 마우스 오른쪽 버튼을 눌러 숨기기 옵션을 선택하면 다음과 같이 D열과 E열의 데이터가 굵은 줄만 남고 숨겨져 보이지 않게 된다. [서식]-[열]-[숨기기] 메뉴를 이용해도 동일한 결과를 얻을 수 있다. 반대로 [서식]-[열]-[숨기기 취소]를 선택하면 D열과 E열의 데이터가 다시 보이게 된다.

데이터를 입력하다 보면 입력하는 데이터에 비해 셀의 크기가 너무 작거나 반대로 너무 큰 경우가 있다. 가령 D2 셀에 입력된 '10만 명 당 사망자 수'는 셀 너비가 좁아서 일부분만 화면에 표시된 것을 확인할 수 있다. 이와 같은 경우에는 D열과 E열의 열 머리글 사이의 경계선에 마우스를 가져가면 마우스 포인터가 좌우 화살표로 변하게 되는데 이 때 오른쪽으로 적당하게 드래그해서 폭을 조절하면 다음과 같이 입력된 데이터 전체가 화면에 표시된다. 마찬가지 방식으로 행의 높이도 적절하게 조절할 수 있다.

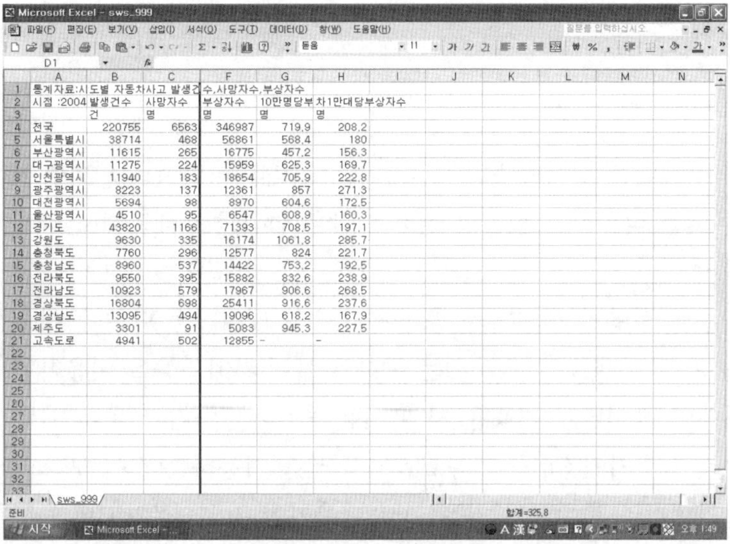

	A	B	C	F	G	H
1	통계자료:시도별 자동차사고 발생건수,사망자수,부상자수					
2	시점 :2004	발생건수	사망자수	부상자수	10만명당부	차1만대당부상자수
3		건	명	명	명	명
4	전국	220755	6563	346987	719,9	208,2
5	서울특별시	38714	468	56861	568,4	180
6	부산광역시	11615	265	16775	457,2	156,3
7	대구광역시	11275	224	15959	625,3	169,7
8	인천광역시	11940	183	18654	705,9	222,8
9	광주광역시	8223	137	12361	857	271,3
10	대전광역시	5694	98	8970	604,6	172,5
11	울산광역시	4510	95	6547	608,9	160,3
12	경기도	43820	1166	71393	708,5	197,1
13	강원도	9630	335	16174	1061,8	285,7
14	충청북도	7760	296	12577	824	221,7
15	충청남도	8960	537	14422	753,2	192,5
16	전라북도	9550	395	15882	832,6	238,9
17	전라남도	10923	579	17967	906,6	268,5
18	경상북도	16804	698	25411	916,6	237,6
19	경상남도	13095	494	19096	618,2	167,9
20	제주도	3301	91	5083	945,3	227,5
21	고속도로	4941	502	12855	-	-

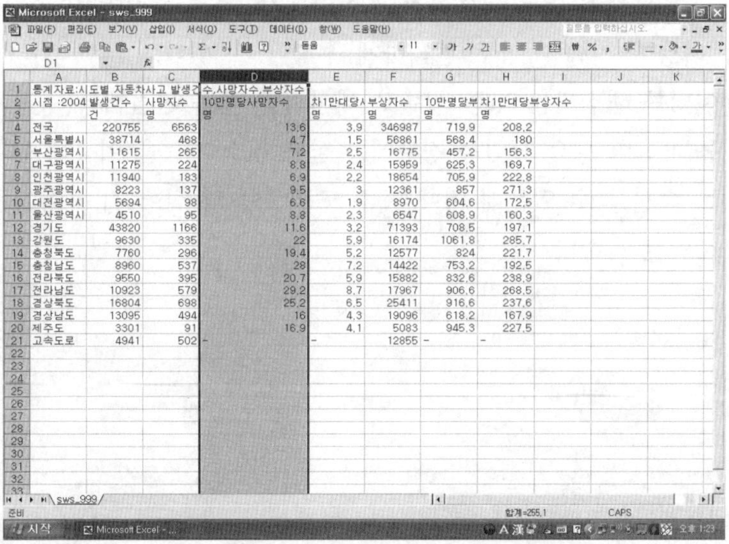

	A	B	C	D	E	F	G	H
1	통계자료:시도별 자동차사고 발생건수,사망자수,부상자수							
2	시점 :2004	발생건수	사망자수	10만명당사망자수	차1만대당사	부상자수	10만명당부	차1만대당부상자수
3		건	명	명	명	명	명	명
4	전국	220755	6563	13,6	3,9	346987	719,9	208,2
5	서울특별시	38714	468	4,7	1,5	56861	568,4	180
6	부산광역시	11615	265	7,2	2,5	16775	457,2	156,3
7	대구광역시	11275	224	8,8	2,4	15959	625,3	169,7
8	인천광역시	11940	183	6,9	2,2	18654	705,9	222,8
9	광주광역시	8223	137	9,5	3	12361	857	271,3
10	대전광역시	5694	98	6,6	1,9	8970	604,6	172,5
11	울산광역시	4510	95	8,8	2,3	6547	608,9	160,3
12	경기도	43820	1166	11,6	3,2	71393	708,5	197,1
13	강원도	9630	335	22	5,9	16174	1061,8	285,7
14	충청북도	7760	296	19,4	5,2	12577	824	221,7
15	충청남도	8960	537	28	7,2	14422	753,2	192,5
16	전라북도	9550	395	20,7	5,9	15882	832,6	238,9
17	전라남도	10923	579	29,2	8,7	17967	906,6	268,5
18	경상북도	16804	698	25,2	6,5	25411	916,6	237,6
19	경상남도	13095	494	16	4,3	19096	618,2	167,9
20	제주도	3301	91	16,9	4,1	5083	945,3	227,5
21	고속도로	4941	502	-	-	12855	-	-

정리하기

❑ 엑셀에서 입력한 데이터 중 특정 행 혹은 열을 삭제하고 싶다면 해당 행이나 열을 선택한 뒤 [편집]-[삭제]를 선택하면 된다. 만약 여러 행이나 열을 삭제하고 싶다면 원하는 만큼 범위를 드래그해서 삭제하면 된다.

❑ 기존의 입력된 데이터와 동일한 내용의 데이터를 다른 곳에도 입력해야 할 필요가 있을 경우에는 복사와 붙여넣기 기능을 이용하면 되는데 복사와 붙여넣기 기능은 자주 사용하는 기능이기 때문에 메뉴 방식보다는 단축키인 Ctrl + C와 Ctrl + V 키를 사용하는 것이 보다 편리하다. 잘라내기와 붙여넣기 기능 역시 단축키인 Ctrl + X와 Ctrl + V를 사용하면 편리하다.

❑ 마우스 오른쪽 버튼을 이용하면 잘라내기, 복사, 붙여넣기, 삽입, 삭제 등 다양한 기능을 아주 편리하게 수행할 수 있다.

❑ 데이터를 편집하는 도중 실수로 데이터를 잘못 편집해서 이전 상태로 되돌려야 할 필요가 있을 경우에는 실행 취소 기능을 이용해 원래 상태대로 복원할 수 있는데 이때 표준 도구 모음의 실행 취소 아이콘을 사용하면 편리하다.

제10장 스프레드시트를 활용한 기사 작성 II

1. 정렬 및 필터 기능을 이용해 데이터 분석하기

엑셀의 사용 방법에 대해서는 이제 어느 정도 익숙해졌기 때문에 엑셀의 다양한 기능을 활용해 온라인상에서 다운받은 데이터를 계산하고 분석해 기사를 작성하는 과정에 대해 알아보기로 하자.

1) 데이터 정렬하기

우리가 지금까지 실습했던 시도별 자동차 사고 관련 통계와 관련해 우선적으로 관심을 가질 수 있는 것 가운데 하나는 어느 시 혹은 어느 도에서 가장 많이 자동차 사고가 일어나고 그리고 얼마나 많은 사람들이 사망하는지에 관한 내용일 것이다. 이 경우 엑셀 파일로 저장된 디지털 데이터가 아니라 종이 위에 인쇄된 아날로그 데이터를 입수하였다면 5행부터 11행까지 자동차 사고 발생 건수와 사망자 수를 면밀히 살펴보면서 순위를 분석해야 할 것이다. 물론 이 경우에는 데이터의 양이 아주 적기 때문에 손쉽게 순위를 파악할 수 있지만 만약 전국 모든 도시의 통계를 일일이 다 분석해야 한다면 상당히 많은 시간이 소요될 것이다. 그러나 엑셀의 정렬 기능을 이용하면 방대한 양의 데이터도 단 몇 초 만에 손쉽게 순위를 분석할 수 있다.

실습의 편의를 위해 1행과 3행, 4행을 삭제한 뒤 [파일]-[다른 이름으로 저장]을 선택해 바탕 화면에 '교통사고'라는 새로운 이름으로 파일을 저장한 뒤 작업 중인 데이터 중에서 한 셀을 선택해 [데이터]-[정렬]을 클릭하면 다음과 같이 범위가 설정되면서 [정렬] 대화 상자가 뜨는 것을 확인할 수 있다.

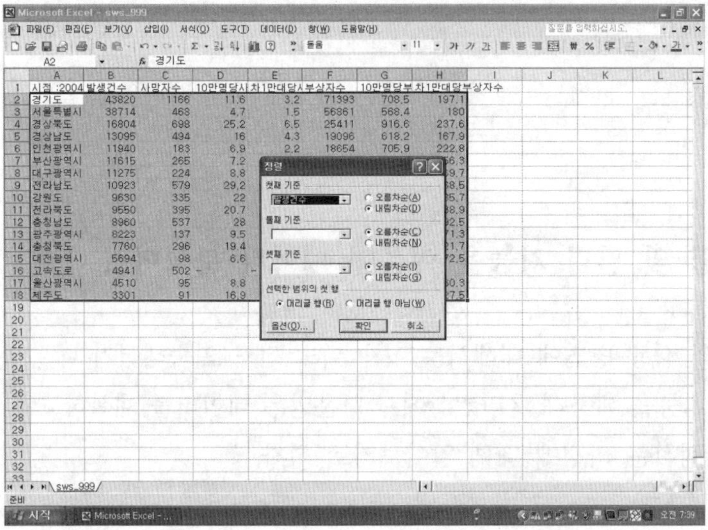

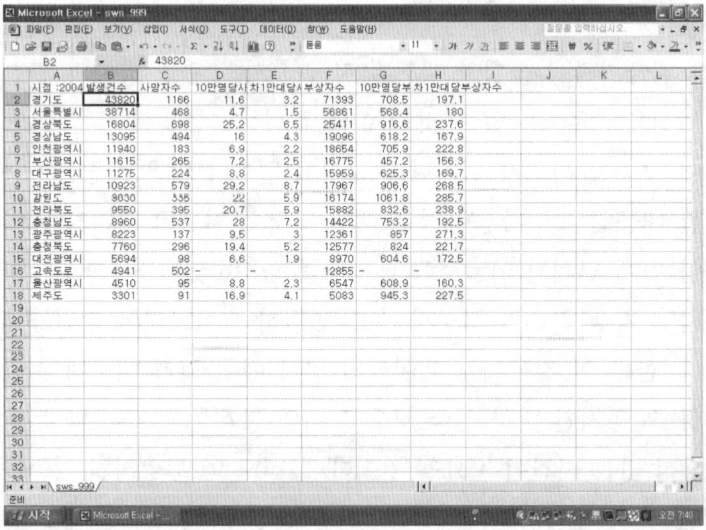

[정렬] 대화 상자가 뜨면 [첫째 기준]의 목록 단추(▼)를 눌러 정렬할 기준으로 '발생 건수'를 선택한 다음 오른쪽의 정렬 방식에서 '내림차순'을 선택한 후 '확인'을 클릭하면 다음과 같이 자동차 사고 발생 건수가 가장 많은 지역부터 내림차순으로 데이터가 정렬되어 나타난다. 정렬 방식을 '오름차순'으로 선택하면 내림차순과 반대 순서로 데이터가 정렬된다. 사망자 수 역시 같은 방식으로 데이터 정렬 기능을 사용해 어느 지역에서 가장 많은 사망자가 발생했는지를 쉽게 분석할 수 있다.

2) 데이터 추출하기

기사를 작성하다 보면 많은 양의 데이터 중 기사 작성에 꼭 필요한 데이터만 따로 뽑아야 할 때가 있다. 이럴 경우에는 엑셀의 필터 기능을 사용하면 매우 편리하다. 필터 기능은 사용자가 원하는 특정 조건을 만족시키는 데이터만을 검색하거나 다른 영역에 따로 데이터를 추출하는 기능으로 자동 필터와 고급 필터 두 가지가 있다.

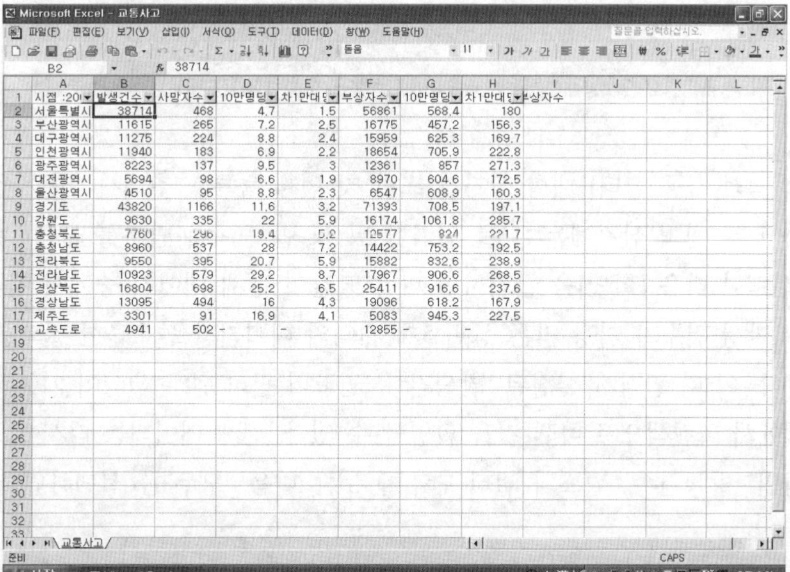

	A	B	C	D	E	F	G	H	I
1	시점 :20	발생건수	사망자수	10만명당	차1만대당	부상자수	10만명당	차1만대당	부상자수
2	서울특별시	38714	468	4.7	1.5	56861	568.4	180	
3	부산광역시	11615	265	7.2	2.5	16775	457.2	156.3	
4	대구광역시	11275	224	8.8	2.4	15959	625.3	169.7	
5	인천광역시	11940	183	6.9	2.2	18654	705.9	222.8	
6	광주광역시	8223	137	9.5	3	12361	857	271.3	
7	대전광역시	5694	98	6.6	1.9	8970	604.6	172.5	
8	울산광역시	4510	95	8.8	2.3	6547	608.9	160.3	
9	경기도	43820	1166	11.6	3.2	71393	708.5	197.1	
10	강원도	9630	335	22	5.9	16174	1061.8	285.7	
11	충청북도	7760	296	19.4	5.2	12577	824	221.7	
12	충청남도	8960	537	28	7.2	14422	753.2	192.5	
13	전라북도	9550	395	20.7	5.9	15882	832.6	238.9	
14	전라남도	10923	579	29.2	8.7	17967	906.6	268.5	
15	경상북도	16804	698	25.2	6.5	25411	916.6	237.6	
16	경상남도	13095	494	16	4.3	19096	618.2	167.9	
17	제주도	3301	91	16.9	4.1	5083	945.3	227.5	
18	고속도로	4941	502	-	-	12855	-	-	

예를 들어 자동차 사고 발생 건수가 가장 많은 상위 5개 지역 데이터만 따로 뽑을 필요가 있을 경우 작업 중인 데이터 중에서 아무 셀이나 선택한 후 [데이터]-[필터]-[자동필터]를 선택하면 상단부의 각 필드에 다음과 같이 검은색 역삼각형(▼) 모양의 필터 단추가 표시되는 것을 확인할 수 있다.

필터 단추가 표시되면 '발생건수' 필드의 필터 단추를 눌러 'Top 10'을 선택하면 다음과 같이 [선택적 자동 필터] 대화 상자가 나타난다.

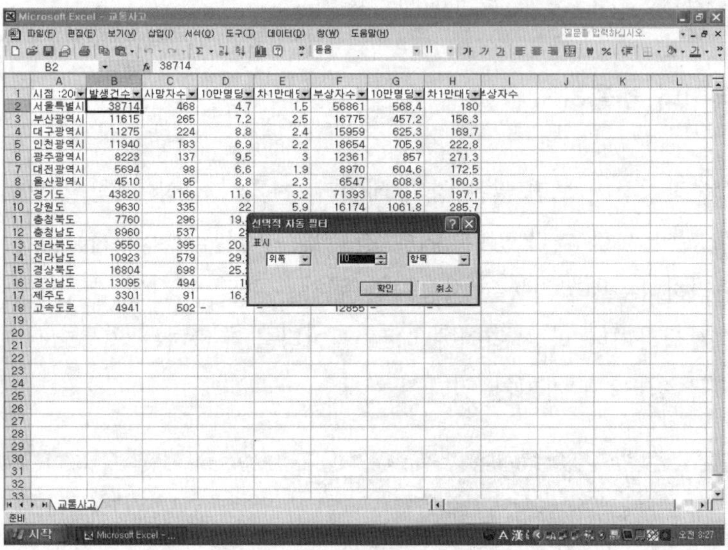

[선택적 자동 필터] 대화 상자가 뜨면 첫 번째 목록 단추에서 '위쪽'을 선택하고 두 번째 상자에는 '5'를 입력한 뒤 세 번째 목록 단추를 눌러 '항목'을 선택한 다음 [확인]을 클릭하면 다음과 같이 전체 데이터 중에서 자동차 사고 발생 건수가 가장 많은 상위 5개 지역의 데이터만을 추출한 결과를 보여준다. 이 때 필터가 설정된 '발생건수' 필드의 필터 단추 색상이 기존의 검은색에서 파란색으로 바뀐 것을 확인할 수 있다. 전체 데이터를 다시 보고자 한다면 '발생건수' 필드의 필터 단추를 누른 다음 '모두'를 선택하면 된다.

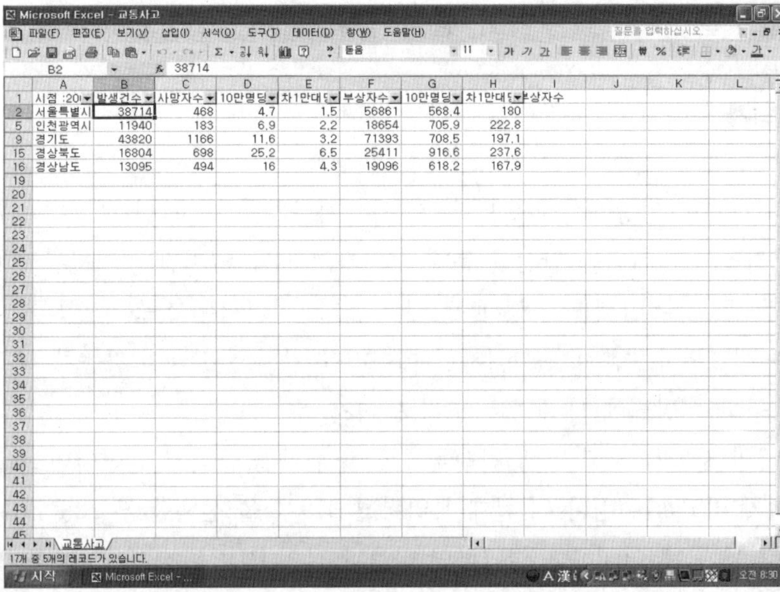

정리하기

- ❑ 엑셀의 정렬 기능을 이용하면 방대한 양의 데이터도 단 몇 초 만에 쉽게 순위를 분석할 수 있다. 가령 [정렬] 대화 상자에서 [첫째 기준]의 목록 단추(▼)를 눌러 정렬할 기준을 선택한 뒤 오른쪽의 정렬 방식에서 '내림차순'을 선택한 다음 '확인'을 클릭하면 원하는 데이터가 내림차순으로 정렬되어 나타난다.
- ❑ 기사를 작성하다 보면 많은 양의 데이터 중 기사 작성에 꼭 필요한 데이터만 따로 뽑아야 할 경우가 있는데 이 때 엑셀의 필터 기능을 이용하면 매우 편리하게 데이터를 분석할 수 있다. 필터 기능은 사용자가 원하는 특정 조건을 만족시키는 데이터만을 검색하거나 다른 영역에 따로 데이터를 추출하는 기능으로 자동 필터와 고급 필터 두 가지가 있다.

2. 함수를 이용해 데이터 분석하기

1) 합계 구하기

우리가 온라인상에서 다운받은 시도별 자동차 사고 관련 데이터는 전국 모든 지역의 데이터를 합산한 통계 수치가 제시돼 있지만 기사를 작성하다 보면 종종 따로 합계를 구해야 될 때가 많다. 여기서는 실습의 편의를 위해 종전처럼 1행과 3행, 4행을 삭제한 데이터를 가지고 전국의 자동차 사고 합계를 구하는 방법에 대해 알아보기로 하자.

전국의 자동차 사고 발생 건수를 합산한 합계를 구하고자 한다면 A19 셀에 '합계'라고 타이핑한 뒤 합계가 입력될 B19 셀을 선택한 후 표준 도구 모음의 자동 합계 아이콘을 클릭하면 다음과 같이 B19 셀에 '=SUM(B2:B18)'이라는 수식이 자동으로 입력되고 합계를 계산할 데이터의 범위가 B2에서부터 B18까지 검은 점선으로 설정된 것을 확인할 수 있다. 나중에 다시 설명하겠지만 이 때 수식 입력 줄에도 '=SUM(B2:B18)'이라는 동일한 수식이 나타나는 것을 확인할 수 있는데 이때 등호(=) 기호는 일반 데이터 값이 아닌 수식임을 구분하기 위한 것이다. 이처럼 수식을 사용할 때는 일반 데이터 값이 아니라 수식이라는 것을 구분해주기 위해서 항상 수식의 맨 앞에 '=' 표시를 해줘야 한다. 또 수식 입력 줄에 보이는 콜론(:) 표시는 여러 셀을 계산의 대상으로 설정할 때 사용하는 참조 연산자로 '=SUM(B2:B18)'은 B2와 B18 두 셀 사이에 있는 모든 셀을 대상으로 합계를 구하라는 뜻이다.

자동 합계를 이용해 합계를 구할 때는 계산할 데이터의 범위가 정확하게 설정됐는지를 확인해야 하는데 데이터의 범위가 정확하게 설정됐을 경우 다음과 같이 엔터 키를 누르면 자동으로 합계가 계산되어 나타나는 것을 확인할 수 있다. 이처럼 합계나 평균처럼 자주 사용하는 수식은 수식을 직접 입력하지 않고 표준 도구 모음의 자동 합계 아이콘을 활용하면 아주 편리하게 값을 계산할 수 있다.

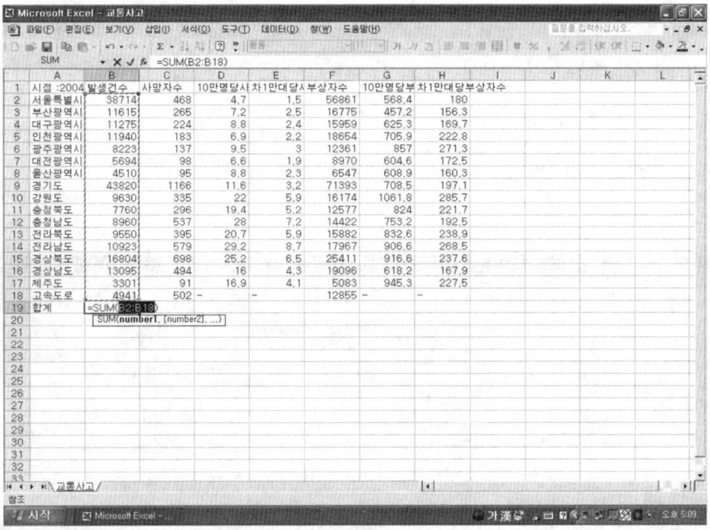

전국의 자동차 사고 발생건수 뿐만 아니라 사망자 수와 부상자 수 등 다른 항목의 합계도 구하고자 한다면 엑셀의 채우기 핸들을 이용해 쉽게 계산할 수 있다. 즉 합계가 입력된 A19 셀을 선택하면 셀 오른쪽 아래에 네모난 점이 있는 것을 볼 수 있는데 여기에 마우스 포인터를 가져가면 마우스 포인터가 얇은 십자가 모양으로 바뀌게 된다. 이 때 마우스 왼쪽 버튼을 누른 상태에서 H19 셀까지 드래그하면 다음과 같이 드래그한 영역에 합계를 구하는 식이 복사돼 각 항목의 합계 결과가 자동으로 계산돼 나타나는 것을 알 수 있다. 이는 A19 셀의 값 자체를 복사하는 것이 아니라 식을 복사하는 것이기 때문에 각 항목마다 서로 다른 합계가 도출된다.

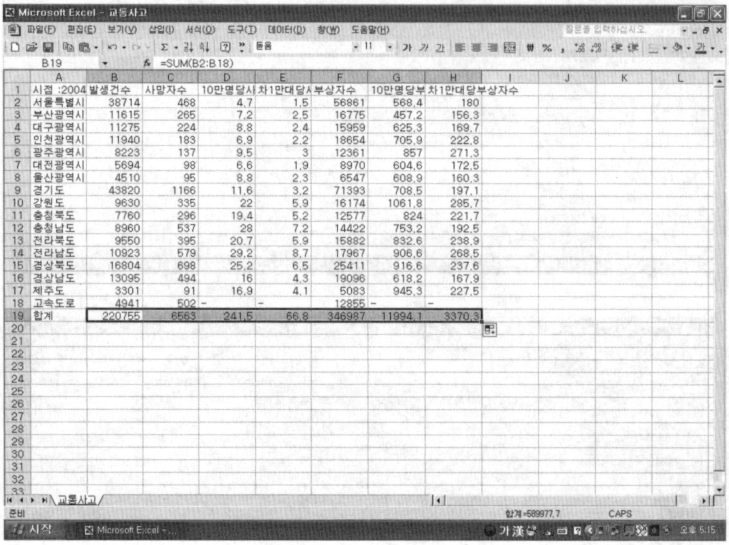

	A	B	C	D	E	F	G	H
1	시점 :2004	발생건수	사망자수	10만명당사	차1만대당사	부상자수	10만명당부	차1만대당부상자수
2	서울특별시	38714	468	4.7	1.5	56861	568.4	180
3	부산광역시	11615	265	7.2	2.5	16775	457.2	156.3
4	대구광역시	11275	224	8.8	2.4	15959	625.3	169.7
5	인천광역시	11940	183	6.9	2.2	18654	705.9	222.8
6	광주광역시	8223	137	9.5	3	12361	857	271.3
7	대전광역시	5694	98	6.6	1.9	8970	604.6	172.5
8	울산광역시	4510	95	8.8	2.3	6547	608.9	160.3
9	경기도	43820	1166	11.6	3.2	71393	708.5	197.1
10	강원도	9630	335	22	5.9	16174	1061.8	285.7
11	충청북도	7760	296	19.4	5.2	12577	824	221.7
12	충청남도	8960	537	28	7.2	14422	753.2	192.5
13	전라북도	9550	395	20.7	5.9	15882	832.6	238.9
14	전라남도	10923	579	29.2	8.7	17967	906.6	268.5
15	경상북도	16804	698	25.2	6.5	25411	916.6	237.6
16	경상남도	13095	494	16	4.3	19096	618.2	167.9
17	제주도	3301	91	16.9	4.1	5083	945.3	227.5
18	고속도로	4941	502	-	-	12855	-	-
19	합계	220755	6563	241.5	66.8	346987	11994.1	3370.3

2) 평균 구하기

기사 작성을 위해 데이터를 분석하다보면 종종 평균값을 구해야 될 때가 있데 평균 역시 자동 합계 아이콘을 이용해 간단하게 계산할 수 있다.

가령 전국 17개 시·도 지역의 평균 자동차 사고 발생 건수를 구하고자 한다면 A20 셀에 '평균'이라고 타이핑한 뒤 평균이 입력될 B20 셀을 선택한 다음 표준 도구 모음에서 자동 합계 아이콘의 목록 단추를 클릭해 [평균]을 선택하면 다음과 같이 자동으로 평균을 계산하기 위한 수식이 입력돼 나타나는 것을 알 수 있다.

그런데 수식을 자세히 들여다보면 평균을 계산할 데이터의 범위가 합계가 입력돼 있는 B19 셀까지 포함돼 설정돼 있는 것을 알 수 있다. 따라서 평균

값을 산출하기 위한 데이터의 범위를 B2부터 B18까지 새로 드래그해서 다시 설정한 다음 엔터 키를 누르면 다음과 같이 자동으로 평균값이 산출되는 것을 확인할 수 있다.

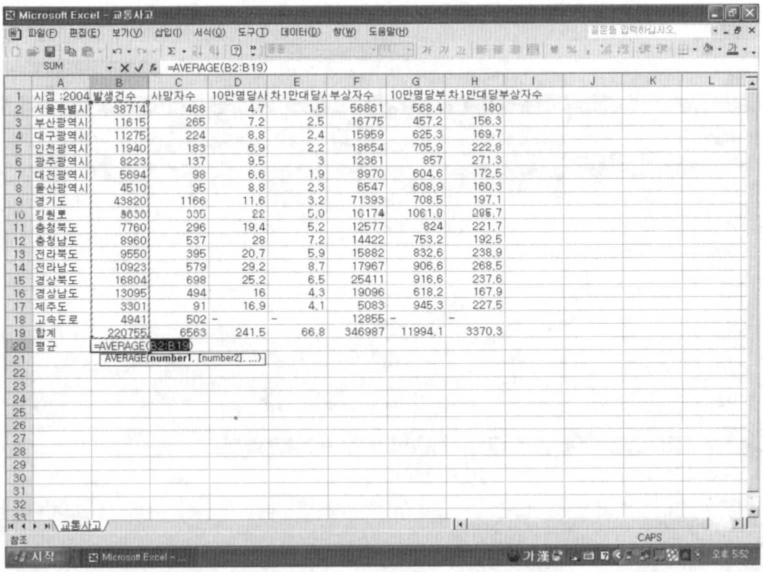

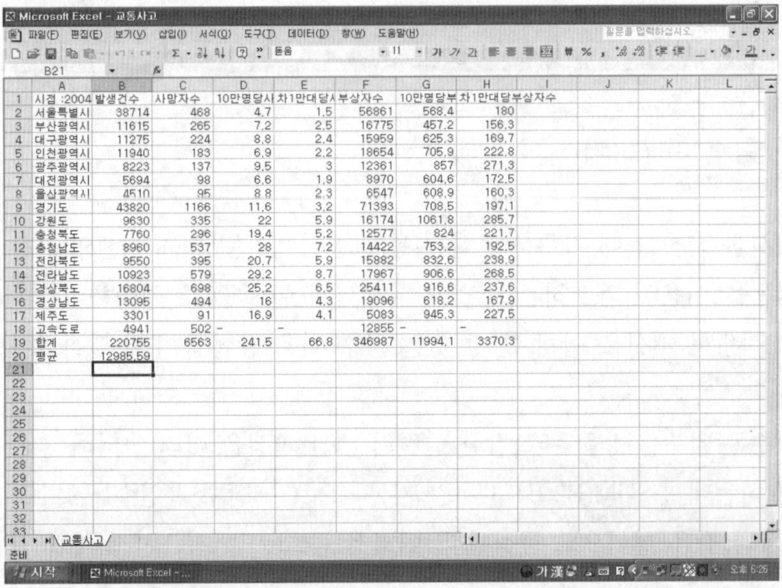

합계를 구할 때와 마찬가지로 자동차 사고 발생 건수뿐만 아니라 사망자 수와 부상자 수 등 다른 항목의 평균값도 채우기 핸들을 이용해 평균이 입력된 B20 셀을 선택한 뒤 H20 셀까지 드래그하면 다음과 같이 드래그한 영역에 식이 복사돼 각 항목의 평균값이 자동으로 산출되어 나타나는 것을 알 수 있다.

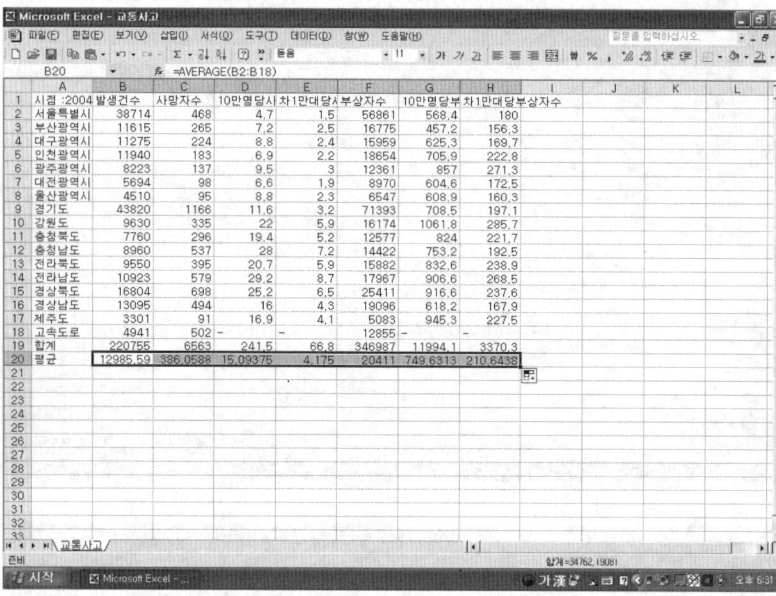

	A	B	C	D	E	F	G	H
1	시점 :2004	발생건수	사망자수	10만명당사	차1만대당사	부상자수	10만명당부	차1만대당부상자수
2	서울특별시	38714	468	4,7	1,5	56861	568,4	180
3	부산광역시	11615	265	7,2	2,5	16775	457,2	156,3
4	대구광역시	11275	224	8,8	2,4	15959	625,3	169,7
5	인천광역시	11940	183	6,9	2,2	18654	705,9	222,8
6	광주광역시	8223	137	9,5	3	12361	857	271,3
7	대전광역시	5694	98	6,6	1,9	8970	604,6	172,5
8	울산광역시	4510	95	8,8	2,3	6547	608,9	160,3
9	경기도	43820	1166	11,6	3,2	71393	708,5	197,1
10	강원도	9630	335	22	5,9	16174	1061,8	285,7
11	충청북도	7760	296	19,4	5,2	12577	824	221,7
12	충청남도	8960	537	28	7,2	14422	753,2	192,5
13	전라북도	9550	395	20,7	5,9	15882	832,6	238,9
14	전라남도	10923	579	29,2	8,7	17967	906,6	268,5
15	경상북도	16804	698	25,2	6,5	25411	916,6	237,6
16	경상남도	13095	494	16	4,3	19096	618,2	167,9
17	제주도	3301	91	16,9	4,1	5083	945,3	227,5
18	고속도로	4941	502	-	-	12855	-	-
19	합계	220755	6563	241,5	66,8	346987	11994,1	3370,3
20	평균	12985,59	386,0588	15,09375	4,175	20411	749,6313	210,6438

3) 함수 이용하기

기사를 작성할 때 자주 사용하는 통계인 합계와 평균을 엑셀의 자동 합계 아이콘을 이용해 계산하는 방법에 대해서는 어느 정도 익숙해졌기 때문에 이제 복잡한 계산을 쉽게 할 수 있는 함수 이용 방법에 대해 알아보기로 하자.

함수는 자주 사용하는 복잡한 일련의 계산 과정을 미리 정의해 놓은 수식을 말하는데 '=SUM(B2:B18)'처럼 기본적으로 '=함수명(인수1, 인수2, 인수3, ...)'과 같은 형식으로 구성된다. 여기서 등호(=)는 전술한 것처럼 일반 데이터와 수식을 구분하기 위한 것으로 수식을 입력할 때는 반드시 '=' 기호로 시작해야 한다. 등호 다음에는 함수 이름이 나오는데 가령 합계를 구하고자 한다면 SUM을, 평균은 AVERAGE, 개수는 COUNT, 최대값은 MAX, 최소값은 MIN 등과 같이 미리 정의해 놓은 함수 중에서 하나를 선택해서 지정하면 된다. 함수 이름 다음에는 인수를 지정하게 되는데 인수는 괄호로 묶어주고 인수와 인수 사이는 콤마(,)로 분리하게 된다. 콜론(:) 표시는 여러 셀을 계산의 영역으로 설정할 때 사용하고 콤마(,)는 지정한 셀만 대상으로 설정할 때 사용한다.

함수는 해당 함수의 기본 구성을 잘 알고 있을 경우에는 직접 입력해도 되지만 함수 마법사를 활용하면 좀더 쉽게 함수를 이용할 수 있다. 가령 자동차 사고 발생 건수 가운데 최대값을 알고 싶다면 A21 셀에 '최대값'이라고 입력한 뒤 최대값이 입력될 B21 셀을 클릭한 다음 수식 입력 줄에서 함수 마법사 아이콘을 선택하면 다음과 같이 [함수 마법사] 대화 상자가 나타난다.

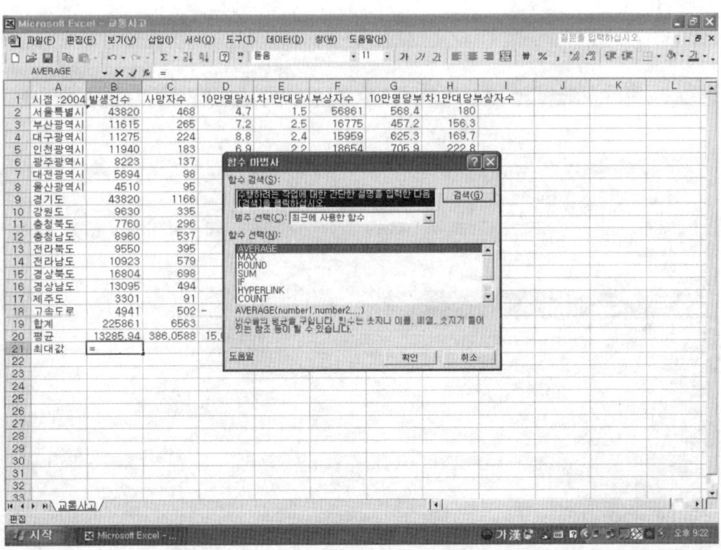

[함수 마법사] 대화 상자가 나타나면 [범주 선택]의 목록 단추를 눌러 '통계'를 선택한 뒤 [함수 선택]에서 'MAX'를 선택한 다음 [확인]을 클릭하면

다음과 같이 [함수 인수] 대화 상자가 나타난다.

[함수 인수] 대화 상자가 나타나면 함수에 적용할 인수를 설정해야 하는데 [Number1] 오른쪽 끝에 있는 대화 상자 축소 단추를 클릭하면 다음과 같이 대화 상자가 축소되어 나타난다.

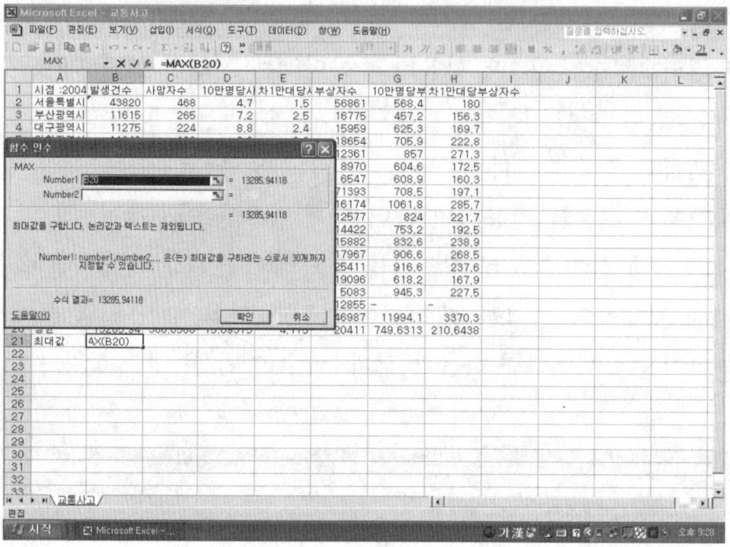

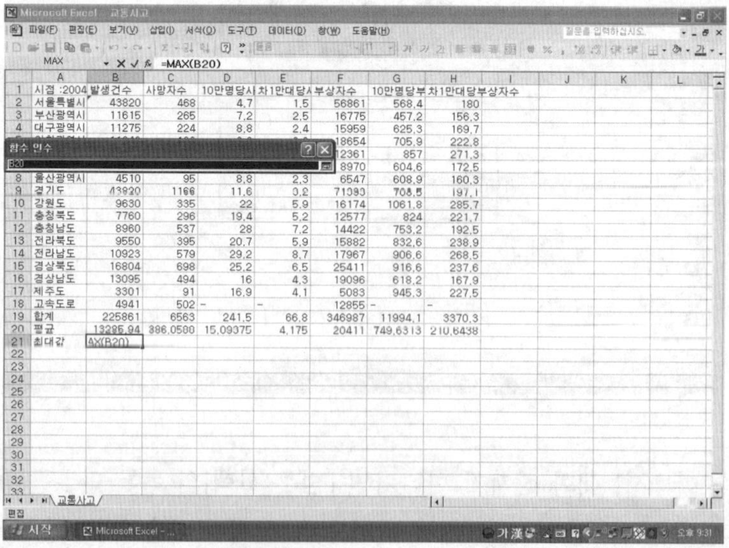

[함수 인수] 대화 상자가 축소되어 보기 편하게 되면 최대값을 구할 범위를 B2:B18로 설정한 뒤 엔터 키를 누르면 [함수 인수] 대화 상자가 다시 확대되어 나타나는데 이 때 [확인]을 클릭하면 다음과 같이 B21 셀에 최대값이 구해진 것을 알 수 있다. 채우기 핸들을 이용하면 수식을 복사해 나머지 항목의 최대값도 간단하게 구할 수 있다.

엑셀은 이러한 통계 함수뿐만 아니라 수학/삼각, 텍스트, 데이터베이스, 재무, 날짜/시간, 찾기/참조 영역, 논리, 정보 함수 등 다양한 함수를 제공한다.

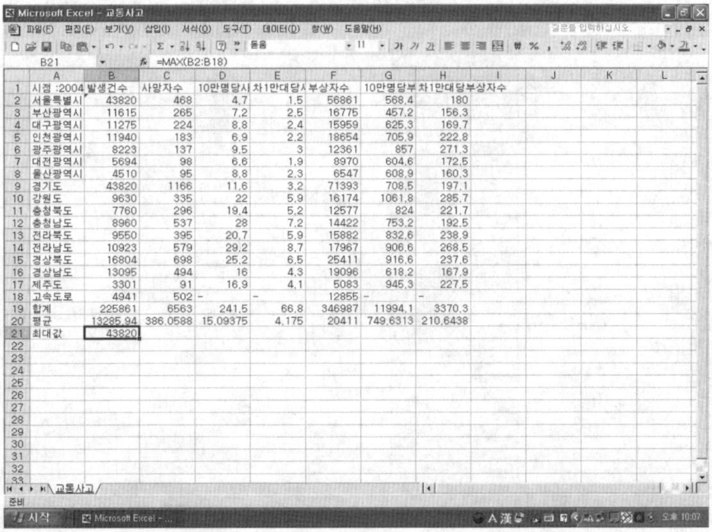
Microsoft Excel - 교통사고

B21 =MAX(B2:B18)

	A	B	C	D	E	F	G	H
1	시점 :2004	발생건수	사망자수	10만명당사	차1만대당사	부상자수	10만명당부	차1만대당부상자수
2	서울특별시	43820	468	4.7	1.5	56861	568.4	180
3	부산광역시	11615	265	7.2	2.5	16775	457.2	156.3
4	대구광역시	11275	224	8.8	2.4	15959	625.3	169.7
5	인천광역시	11940	183	6.9	2.2	18654	705.9	222.8
6	광주광역시	8223	137	9.5	3	12361	857	271.3
7	대전광역시	5694	98	6.6	1.9	8970	604.6	172.5
8	울산광역시	4510	95	8.8	2.3	6547	608.9	160.3
9	경기도	43820	1166	11.6	3.2	71393	708.5	197.1
10	강원도	9630	335	22	5.9	16174	1061.8	285.7
11	충청북도	7760	296	19.4	5.2	12577	824	221.7
12	충청남도	8960	537	28	7.2	14422	753.2	192.5
13	전라북도	9550	395	20.7	5.9	15882	832.6	238.9
14	전라남도	10923	579	29.2	8.7	17967	906.6	268.5
15	경상북도	16804	698	25.2	6.5	25411	916.6	237.6
16	경상남도	13095	494	16	4.3	19096	618.2	167.9
17	제주도	3301	91	16.9	4.1	5083	945.3	227.5
18	고속도로	4941	502	-	-	12855	-	-
19	합계	225861	6563	241.5	66.8	346987	11994.1	3370.3
20	평균	13285.94	386.0588	15.09375	4.175	20411	749.6313	210.6438
21	최대값	43820						

4) 수식 이용하기

우리가 지금까지 분석한 데이터만으로도 충분히 자동차 사고 관련 기사를 작성할 수 있다. 그런데 가령 각 지역 별로 교통사고 1건당 사망자 수는 얼마나 되고 또 교통사고 1건당 사망자 수가 가장 많은 지역은 어디인지 등을 추가로 분석해서 기사를 쓴다면 좀더 다양한 각도에서 풍부한 사실을 전달할 수 있을 것이다. 이러한 추가 분석을 위해 먼저 해야 할 일은 사망자 수 즉 C열 다음에 다음과 같이 교통사고 1건당 사망자 수라는 새로운 열을 삽입하는 것이다.

교통사고 1건당 사망자 수는 사망자 수를 발생 건수로 나누면 된다. 새로운 숫자 데이터가 입력될 D열의 첫 번째 셀인 D2를 선택한 뒤 '='를 입력한 다음 사망자 수가 입력돼 있는 C2 셀을 클릭 해보자. 계속해서 나누기 연산자인 /를 입력한 뒤 발생건수가 입력돼 있는 B2 셀을 클릭한 후 엔터 키를 누르면 다음과 같이 계산된 결과 값이 표시된다. 또 수식을 입력한 D2 셀을 선택한 후 수식 입력 줄을 보면 '=C2/B2'라는 계산식이 표시된다.

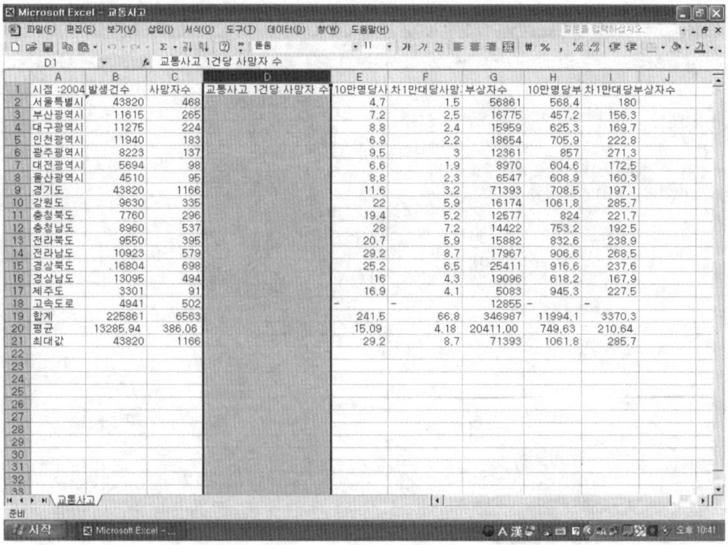

	A	B	C	D	E	F	G	H	I	J
1	시점 :2004	발생건수	사망자수	교통사고 1건당 사망자 수	10만명당사	차1만대당사망	부상자수	10만명당부	차1만대당부상자수	
2	서울특별시	43820	468		4.7	1.5	56861	568.4	180	
3	부산광역시	11615	265		7.2	2.5	16775	457.2	156.3	
4	대구광역시	11275	224		8.8	2.4	15959	625.3	169.7	
5	인천광역시	11940	183		6.9	2.2	18654	705.9	222.8	
6	광주광역시	8223	137		9.5	3	12361	857	271.3	
7	대전광역시	5694	98		6.6	1.9	8970	604.6	172.5	
8	울산광역시	4510	95		8.8	2.3	6547	608.9	160.3	
9	경기도	43820	1166		11.6	3.2	71393	708.5	197.1	
10	강원도	9630	335		22	5.9	16174	1061.8	285.7	
11	충청북도	7760	296		19.4	5.2	12577	824	221.7	
12	충청남도	8960	537		28	7.2	14422	753.2	192.5	
13	전라북도	9550	395		20.7	5.9	15882	832.6	238.9	
14	전라남도	10923	579		29.2	8.7	17967	906.6	268.5	
15	경상북도	16804	698		25.2	6.5	25411	916.6	237.6	
16	경상남도	13095	494		16	4.3	19096	618.2	167.9	
17	제주도	3301	91		16.9	4.1	5083	945.3	227.5	
18	고속도로	4941	502		-	-	12855	-	-	
19	합계	225861	6563		241.5	66.8	346987	11994.1	3370.3	
20	평균	13285.94	386.06		15.09	4.18	20411.00	749.63	210.64	
21	최대값	43820	1166		29.2	8.7	71393	1061.8	285.7	

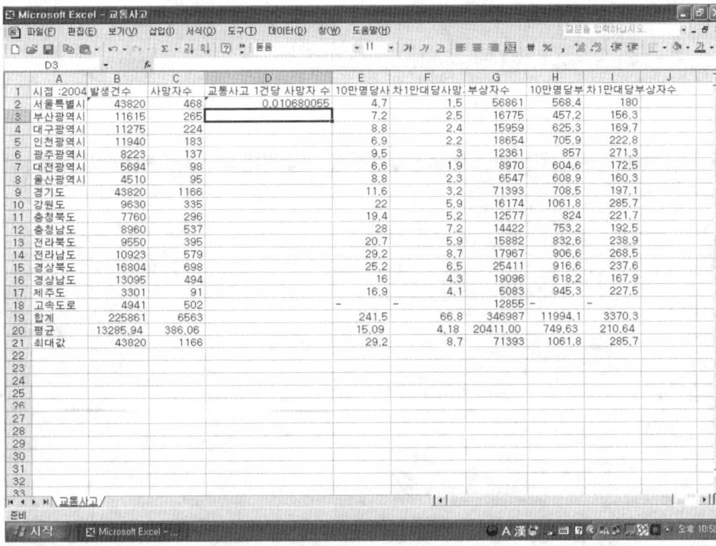

	A	B	C	D	E	F	G	H	I
1	시점 :2004	발생건수	사망자수	교통사고 1건당 사망자 수	10만명당사	차1만대당사망	부상자수	10만명당부	차1만대당부상자수
2	서울특별시	43820	468	0.010680055	4.7	1.5	56861	568.4	180
3	부산광역시	11615	265		7.2	2.5	16775	457.2	156.3
4	대구광역시	11275	224		8.8	2.4	15959	625.3	169.7
5	인천광역시	11940	183		6.9	2.2	18654	705.9	222.8
6	광주광역시	8223	137		9.5	3	12361	857	271.3
7	대전광역시	5694	98		6.6	1.9	8970	604.6	172.5
8	울산광역시	4510	95		8.8	2.3	6547	608.9	160.3
9	경기도	43820	1166		11.6	3.2	71393	708.5	197.1
10	강원도	9630	335		22	5.9	16174	1061.8	285.7
11	충청북도	7760	296		19.4	5.2	12577	824	221.7
12	충청남도	8960	537		28	7.2	14422	753.2	192.5
13	전라북도	9550	395		20.7	5.9	15882	832.6	238.9
14	전라남도	10923	579		29.2	8.7	17967	906.6	268.5
15	경상북도	16804	698		25.2	6.5	25411	916.6	237.6
16	경상남도	13095	494		16	4.3	19096	618.2	167.9
17	제주도	3301	91		16.9	4.1	5083	945.3	227.5
18	고속도로	4941	502		-	-	12855	-	-
19	합계	225861	6563		241.5	66.8	346987	11994.1	3370.3
20	평균	13285.94	386.06		15.09	4.18	20411.00	749.63	210.64
21	최대값	43820	1166		29.2	8.7	71393	1061.8	285.7

채우기 핸들을 이용해 D2 셀을 선택한 뒤 D18 셀까지 드래그하면 다음과 같이 드래그한 영역에 식이 복사돼 각 지역의 교통사고 1건 당 사망자 수가 자동으로 산출되어 나타난다.

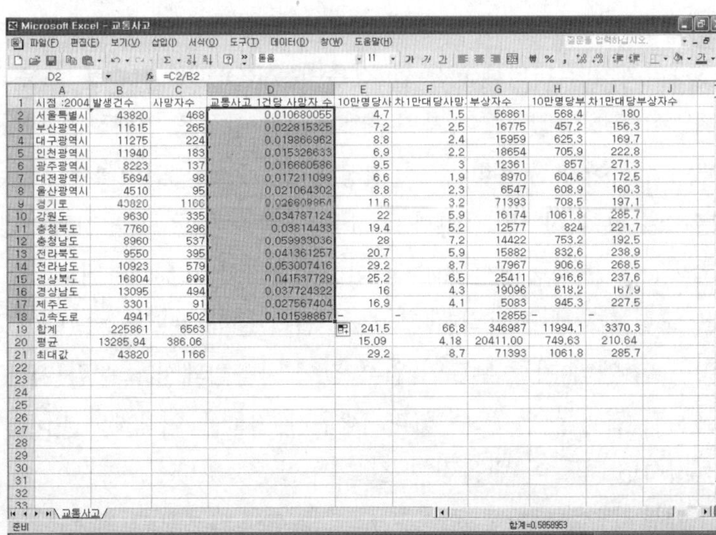

D2 =C2/B2

	A	B	C	D	E	F	G	H	I
1	시점 :2004	발생건수	사망자수	교통사고 1건당 사망자 수	10만명당사	차1만대당사망	부상자수	10만명당부	차1만대당부상자수
2	서울특별시	43820	468	0.010680055	4.7	1.5	56861	568.4	180
3	부산광역시	11615	265	0.022815325	7.2	2.5	16775	457.2	156.3
4	대구광역시	11275	224	0.019866962	8.8	2.4	15959	625.3	169.7
5	인천광역시	11940	183	0.015326633	6.9	2.2	18654	705.9	222.8
6	광주광역시	8223	137	0.016660586	9.5	3	12361	857	271.3
7	대전광역시	5694	98	0.017211099	6.6	1.9	8970	604.6	172.5
8	울산광역시	4510	95	0.021064302	8.8	2.3	6547	608.9	160.3
9	경기도	43820	1166	0.026608854	11.6	3.2	71393	708.5	197.1
10	강원도	9630	335	0.034787124	22	5.9	16174	1061.8	285.7
11	충청북도	7760	296	0.03814433	19.4	5.2	12577	824	221.7
12	충청남도	8960	537	0.059933036	28	7.2	14422	753.2	192.5
13	전라북도	9550	395	0.041361257	20.7	5.9	15882	832.6	238.9
14	전라남도	10923	579	0.053007416	29.2	8.7	17967	906.6	268.5
15	경상북도	16804	698	0.041537729	25.2	6.5	25411	916.6	237.6
16	경상남도	13095	494	0.037724322	16	4.3	19096	618.2	167.9
17	제주도	3301	91	0.027567404	16.9	4.1	5083	945.3	227.5
18	고속도로	4941	502	0.101598867	-	-	12855	-	-
19	합계	225861	6563		241.5	66.8	346987	11994.1	3370.3
20	평균	13285.94	386.06		15.09	4.18	20411.00	749.63	210.64
21	최대값	43820	1166		29.2	8.7	71393	1061.8	285.7

채우기 핸들을 이용해 동일한 방식으로 다음과 같이 D열의 합계와 평균, 최대치도 간단하게 계산할 수 있다.

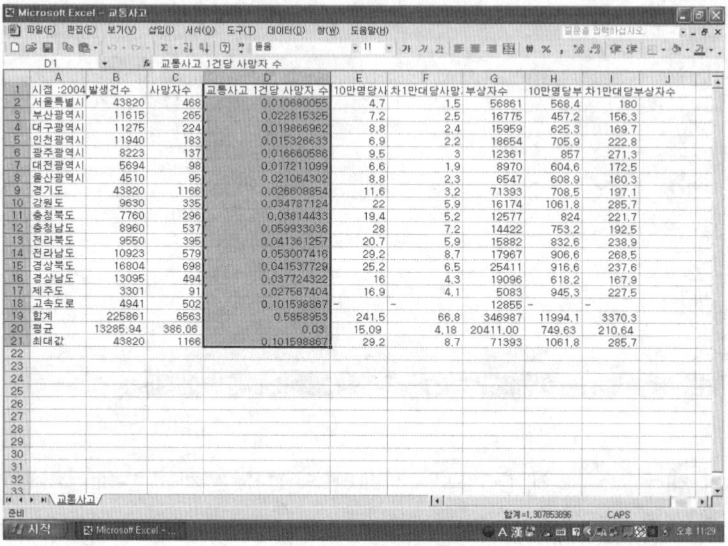

	A	B	C	D	E	F	G	H	I	J
1	시점 :2004	발생건수	사망자수	교통사고 1건당 사망자 수	10만명당사	차1만대당사망	부상자수	10만명당부	차1만대당부상자수	
2	서울특별시	43820	468	0.010680055	4.7	1.5	56861	568.4	180	
3	부산광역시	11615	265	0.022815325	7.2	2.5	16775	457.2	156.3	
4	대구광역시	11275	224	0.019866962	8.8	2.4	15959	625.3	169.7	
5	인천광역시	11940	183	0.015326633	6.9	2.2	18654	705.9	222.8	
6	광주광역시	8223	137	0.016660586	9.5	3	12361	857	271.3	
7	대전광역시	5694	98	0.017211099	6.6	1.9	8970	604.6	172.5	
8	울산광역시	4510	95	0.021064302	8.8	2.3	6547	608.9	160.3	
9	경기도	43820	1166	0.026608854	11.6	3.2	71393	708.5	197.1	
10	강원도	9630	335	0.034787124	22	5.9	16174	1061.8	285.7	
11	충청북도	7760	296	0.03814433	19.4	5.2	12577	824	221.7	
12	충청남도	8960	537	0.059933036	28	7.2	14422	753.2	192.5	
13	전라북도	9550	395	0.041361257	20.7	5.9	15882	832.6	238.9	
14	전라남도	10923	579	0.053007416	29.2	8.7	17967	906.6	268.5	
15	경상북도	16804	698	0.041537729	25.2	6.5	25411	916.6	237.6	
16	경상남도	13095	494	0.037724322	16	4.3	19096	618.2	167.9	
17	제주도	3301	91	0.027567404	16.9	4.1	5083	945.3	227.5	
18	고속도로	4941	502	0.101598867	–	–	12855	–	–	
19	합계	225861	6563	0.5858953	241.5	66.8	346987	11994.1	3370.3	
20	평균	13285.94	386.06	0.03	15.09	4.18	20411.00	749.63	210.64	
21	최대값	43820	1166	0.101598867	29.2	8.7	71393	1061.8	285.7	

그런데 D열의 통계 값을 자세히 들여다보면 소수점 이하 9자리까지 표시돼 있는 것을 알 수 있다. 이 때 통계 값을 반올림해서 가령 소수점 이하 2자리 혹은 3자리까지만 나타내고자 할 경우에는 ROUND 함수를 이용해 수식 입력 줄에 '=ROUND(값, 소수 자릿수)'와 같이 수식을 입력하면 된다. 괄호 안의 '값'은 수식이나 사용할 값이 저장된 셀 주소를 입력하면 되고 '소수 자릿수'는 소수점 이하 몇 자리까지 값을 구하고 싶은지를 지정하면 된다. 가령 D열의 값을 반올림해서 소수점 이하 3자리까지만 나타내고자 할 경우에는 값을 구할 D2 셀을 클릭한 후 수식 입력 줄에 '=ROUND(C2/B2,3)'이라고 입력한 뒤 엔터 키를 누르면 원본 값이 반올림돼서 소수점 이하 3자리까지만 표시된 결과를 얻을 수 있다. 채우기 핸들을 이용해 나머지 셀에도 수식을 복사하면 똑같이 반올림한 값을 구할 수 있다.

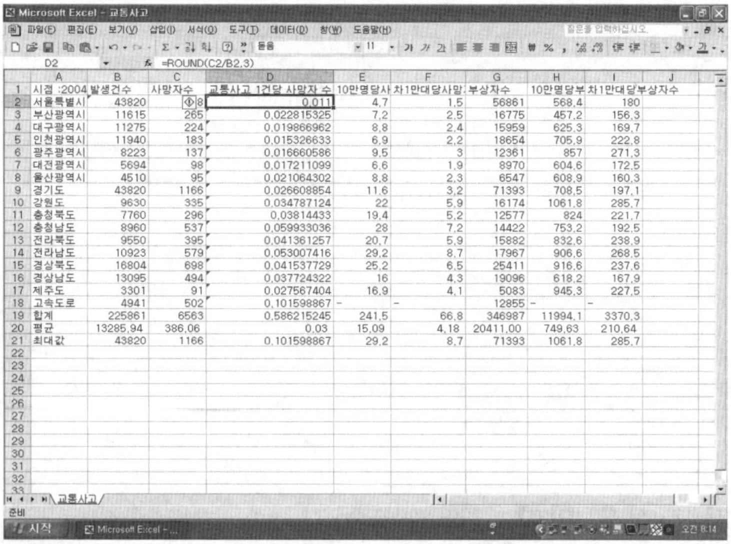

	A	B	C	D	E	F	G	H	I	J
1	시점 :2004	발생건수	사망자수	교통사고 1건당 사망자 수	10만명당사	차1만대당사망	부상자수	10만명당부	차1만대당부상자수	
2	서울특별시	43820	8	0.011	4,7	1,5	56861	568,4	180	
3	부산광역시	11615	265	0,022815325	7,2	2,5	16775	457,2	156,3	
4	대구광역시	11275	224	0,019866962	8,8	2,4	15959	625,3	169,7	
5	인천광역시	11940	183	0,015326633	6,9	2,2	18654	705,9	222,8	
6	광주광역시	8223	137	0,016660586	9,5	3	12361	857	271,3	
7	대전광역시	5694	98	0,017211099	6,6	1,9	8970	604,6	172,5	
8	울산광역시	4510	95	0,021064302	8,8	2,3	6547	608,9	160,3	
9	경기도	43820	1166	0,026608854	11,6	3,2	71393	708,5	197,1	
10	강원도	9630	335	0,034787124	22	5,9	16174	1061,8	285,7	
11	충청북도	7760	296	0,03814433	19,4	5,2	12577	824	221,7	
12	충청남도	8960	537	0,059933036	28	7,2	14422	753,2	192,5	
13	전라북도	9550	395	0,041361257	20,7	5,9	15882	832,6	238,9	
14	전라남도	10923	579	0,053007416	29,2	8,7	17967	906,6	268,5	
15	경상북도	16804	698	0,041537729	25,2	6,5	25411	916,6	237,6	
16	경상남도	13095	494	0,037724322	16	4,3	19096	618,2	167,9	
17	제주도	3301	91	0,027567404	16,9	4,1	5083	945,3	227,5	
18	고속도로	4941	502	0,101598867	-	-	12855	-	-	
19	합계	225861	6563	0,586215245	241,5	66,8	346987	11994,1	3370,3	
20	평균	13285,94	386,06	0.03	15,09	4,18	20411,00	749,63	210,64	
21	최대값	43820	1166	0.101598867	29,2	8,7	71393	1061,8	285,7	

정리하기

❑ 엑셀에서 합계나 평균과 같이 자주 사용하는 수식은 수식을 직접 입력하지 않고 표준 도구 모음의 자동 합계 아이콘을 활용하면 아주 편리하게 값을 구할 수 있다. 엑셀의 채우기 핸들을 이용하면 수식을 복사해 다른 항목의 계산 값도 쉽게 계산할 수 있다.

❑ 함수는 자주 사용하는 복잡한 일련의 계산 과정을 미리 정의해 놓은 수식을 말하는데 '=SUM(B2:B18)'처럼 기본적으로 '=함수명(인수1, 인수2, 인수3, …)'과 같은 형식으로 구성돼 있다. 등호(=)는 일반 데이터와 수식을 구분하기 위한 것으로 수식을 입력할 때는 반드시 '=' 기호로 시작해야 한다.

❑ 엑셀은 통계뿐만 아니라 수학/삼각, 텍스트, 데이터베이스, 재무, 날짜/시간, 찾기/참조 영역, 논리, 정보 함수 등 다양한 함수를 제공한다.

제11장 스프레드시트를 활용한 기사 작성 III

1. 기사 작성을 위한 그래프 만들기

온라인상에서 다운받은 데이터에 대한 분석이 끝나면 이제 분석된 자료를 바탕으로 기사 작성에 들어가게 되는데 이때 그래프를 같이 활용하면 좀더 설득력 있게 메시지를 전달할 수 있다. 즉 데이터 분석 결과를 텍스트뿐만 아니라 그래프로 시각화해서 보여주면 지역별 차이나 시간의 흐름에 따른 변화 등 데이터의 특징을 한 눈에 알아볼 수 있기 때문에 복잡한 수치나 사회 현상을 좀더 알기 쉽게 전달할 수 있다. 또 그래프를 그리다 보면 미처 파악하지 못했던 데이터의 중요한 특징이나 경향 등을 발견할 수 있기 때문에 기존 데이터에 대한 새로운 통찰력을 얻을 수 있다.

1) 엑셀을 이용해 그래프 만들기

엑셀은 숫자 데이터를 막대나 원과 같은 차트로 표현해 시각적으로 쉽게 판단할 수 있도록 차트를 그릴 수 있는 기능을 제공하고 있다. 엑셀로 그릴 수 있는 차트는 막대형, 꺽은선형, 원형, 분산형, 영역형, 도넛형, 방사형, 표면형 등 다양한 종류가 있는데 무엇보다도 독자가 알기 쉽도록 각 데이터의 특성에 맞는 적합한 차트를 선택하는 것이 중요하다.

엑셀에서 차트를 만드는 가장 쉬운 방법은 차트 마법사를 이용하는 것이다. 차트 마법사는 모두 4단계로 이루어져 있는데 차트를 만들기 위해서는 우선 차트를 만드는데 사용할 데이터의 범위를 설정해야 한다. 가령 시도별 자동차 사고 발생 건수를 차트로 표현하고자 한다면 다음과 같이 A2부터 B18까지 마우스로 드래그해서 데이터 범위를 설정한 후 [삽입]-[차트]를 클릭하면 차트 마법사 4단계 중 1단계 대화 상자가 나탄다. 표준 도구 모음의 차트 마법사 아이콘을 클릭해도 동일한 결과가 나타난다. 차트 마법사 1단계에서는 차트 종류를 선택하게 되는데 [표준 종류] 탭의 '차트 종류' 목록 상자에서 '세로 막대형'을 선택한 다음 [차트 하위 종류] 탭에서 '묶은 세로 막대형'을 선택한 뒤 [다음]을 클릭하면 차트 마법사 2단계 대화 상자가 뜬다.

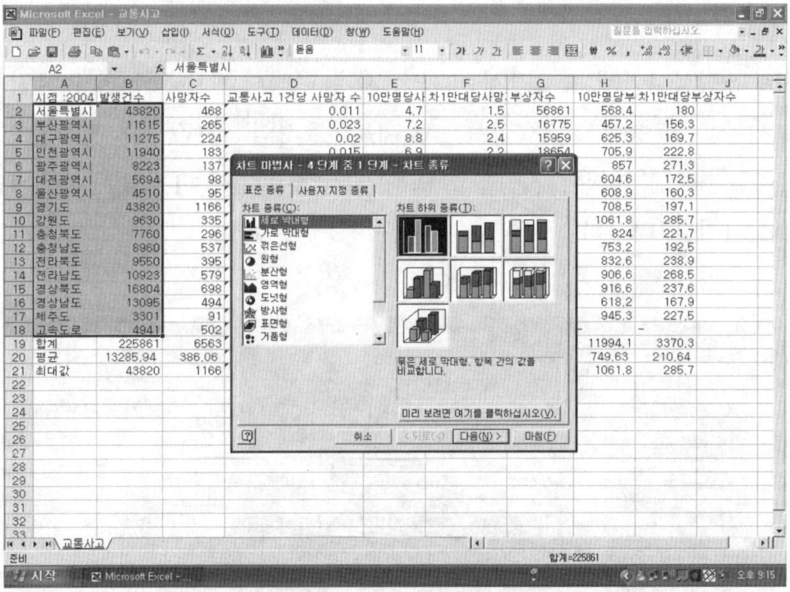

차트 마법사 2단계에서는 차트에 사용될 원본 데이터의 범위와 방향을 선택해야 한다. 여기서 데이터 범위와 계열을 수정할 수 있는데 각각 [데이터 범위]와 [계열] 탭을 차례로 눌러 데이터 범위와 계열이 맞게 설정됐는지 확인한 뒤 방향은 '행'을 선택한 후 [다음]을 클릭하면 3단계 대화 상자로 넘어간다.

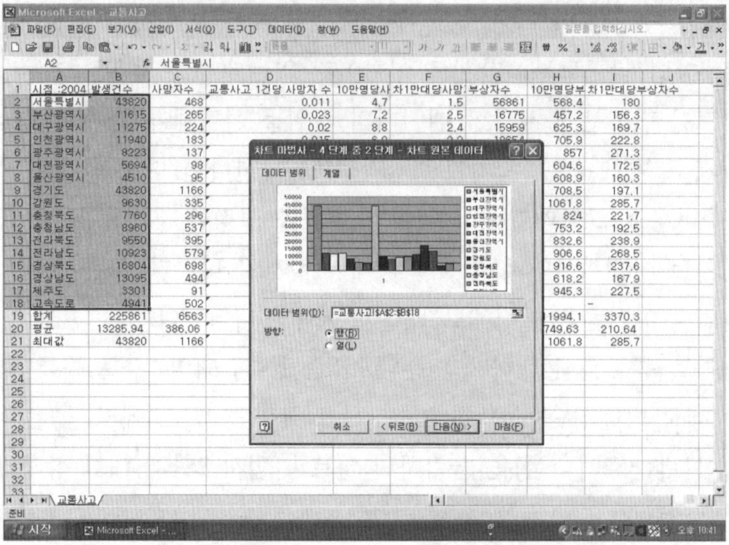

차트 마법사 4단계 중 3단계 대화 상자가 나타나면 [제목] 탭을 클릭해서 차트 제목은 '교통사고', X(항목) 축 제목은 '지역', Y(값) 축 제목은 '발생건수'라고 타이핑한 뒤 [다음]을 클릭하면 차트 마법사 마지막 단계인 4단계 대화 상자가 나타난다.

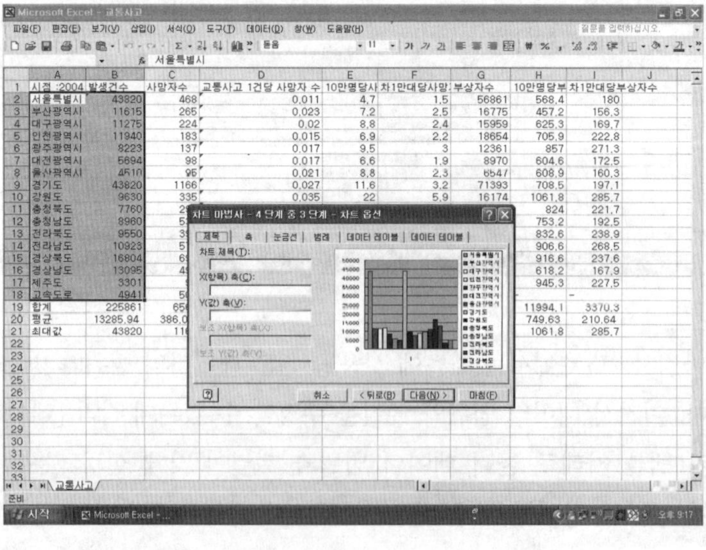

4단계 대화 상자가 나타나면 차트를 표시할 위치를 지정해야 하는데 여기서는 '워크시트에 삽입'을 선택한 후 [마침]을 클릭하면 차트가 완성된다.

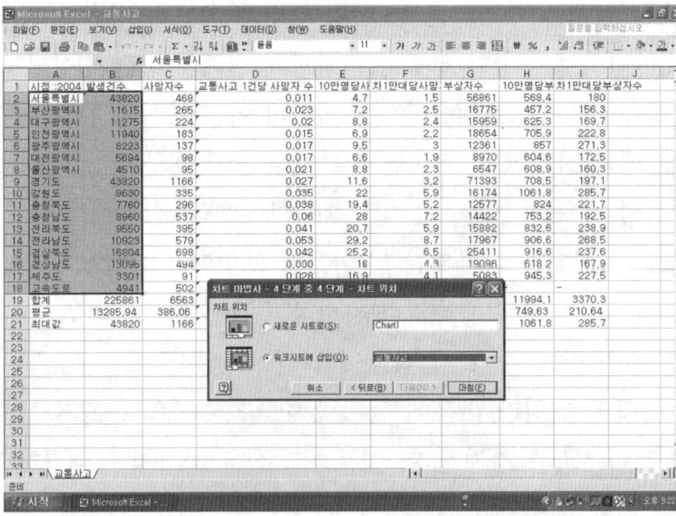

차트 위치를 '워크시트에 삽입'으로 지정했기 때문에 완성된 차트는 다음과 같이 새로운 시트가 아니라 현재 작업 중인 워크시트에 삽입된 것을 알 수 있다.

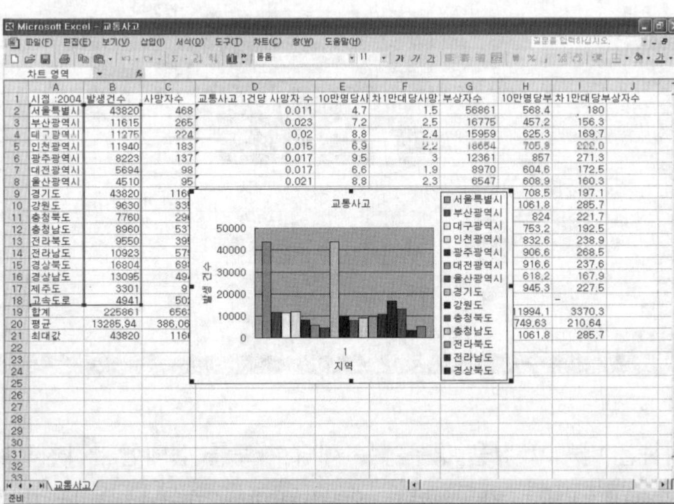

2) 그래프 편집하기

차트 작성을 마친 후에는 차트의 크기와 위치를 조절하거나 완성된 차트의 제목 혹은 서식을 수정하는 등 상황에 맞게 차트를 편집할 필요가 있다. 가령 차트 마법사로 작성한 교통사고 차트의 범례를 보면 경상남도, 제주도, 고속도로 등이 빠져 있는 것을 볼 수 있는데 이는 완성된 차트가 기본 크기로 워크시트에 삽입돼 있어 화면에서 보이지 않기 때문이다. 이럴 경우 워크시트에 삽입된 차트를 선택하면 차트 외곽에 8개의 선택 핸들이 나타나는데 이 선택 핸들에 마우스를 가져간 뒤 마우스 포인터가 화살표 모양으로 바뀌었을 때 원하는 방향으로 드래그하면 다음과 같이 차트 크기도 커지고 보이지 않던 모든 범례도 다 표시되는 것을 알 수 있다.

차트가 삽입된 위치가 마음에 들지 않아 다른 곳으로 옮기고자 할 때는 차트 영역에 마우스를 가져간 뒤 이동하고 싶은 곳까지 드래그하면 차트가 드래그한 위치로 이동된다.

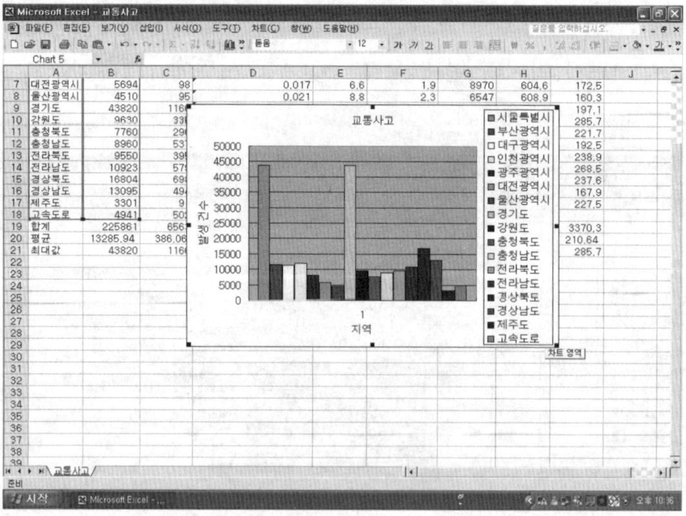

차트 제목을 바꾸고 싶을 경우에는 해당 차트를 선택한 후 [차트]-[차트 옵션]을 클릭하면 다음과 같이 [차트 옵션] 대화 상자가 나타나는데 이 때 [제

목] 탭을 눌러서 차트 제목을 '시도별 교통사고'로 바꾼 뒤 [확인]을 누르면 다음과 같이 차트 제목이 변경된 것을 알 수 있다.

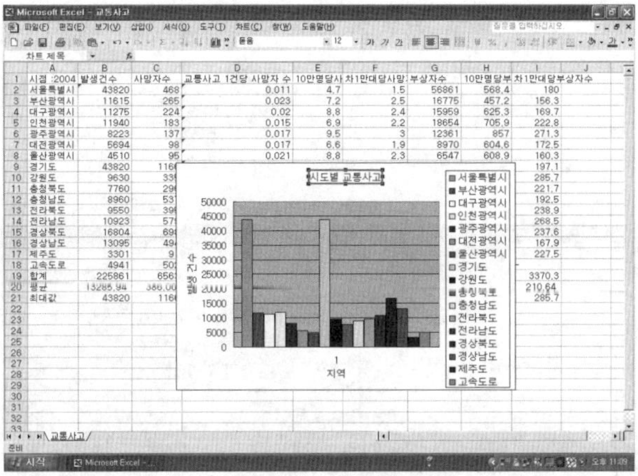

차트의 글꼴을 바꾸고 싶을 때는 마우스를 차트 영역으로 가져간 뒤 마우스 오른쪽 버튼을 눌러 단축 메뉴 가운데 [차트 영역 서식]을 선택하면 대화상자가 나타난다. 이 때 [글꼴] 탭을 눌러서 가령 글꼴을 기존의 돋움에서 바탕체로 바꾼 뒤 [확인]을 클릭하면 다음과 같이 차트의 모든 글꼴이 바탕체로 변경된 것을 알 수 있다.

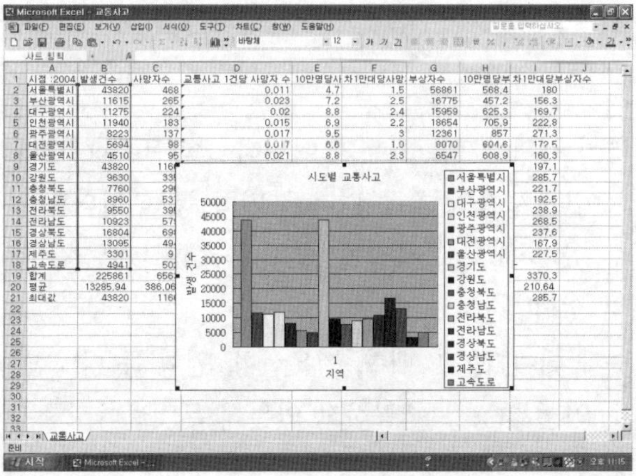

작성된 차트의 종류를 바꾸고 싶을 때는 변경하려고 하는 차트를 선택한 다음 마우스 오른쪽 버튼을 눌러 [차트 종류]를 선택한 뒤 대화 상자가 나타나면 원하는 차트 종류를 선택하면 된다. 가령 차트를 기존의 묶은 세로 막대형에서 원뿔 모양의 세로 막대형으로 바꾸고자 한다면 [차트 종류] 대화 상자에서 원하는 차트 종류를 선택한 후 [확인]을 클릭하면 다음과 같이 차트의 종류가 바뀌게 된다.

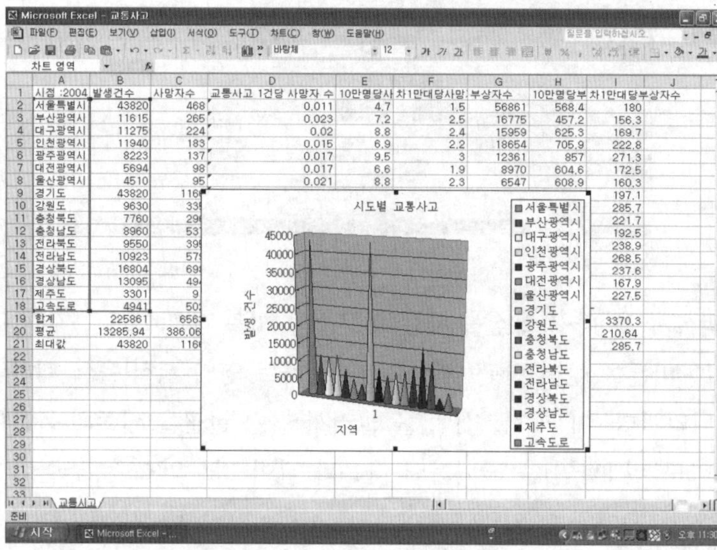

정리하기

❑ 데이터 분석 결과를 텍스트뿐만 아니라 그래프로 시각화해서 보여주면 지역별 차이나 시간의 흐름에 따른 변화 등 데이터의 특징을 한 눈에 알아볼 수 있기 때문에 복잡한 내용이나 사회 현상을 좀더 알기 쉽게 전달할 수 있다.

❑ 엑셀은 숫자 데이터를 막대형, 꺾은선형, 원형 등 다양한 종류의 차트로 표현할 수 있는 기능을 제공하고 있는데 무엇보다도 독자가 알기 쉽게

각 데이터의 특성에 맞는 적합한 차트를 선택하는 것이 중요하다.

❑ 차트 작성을 마친 후에는 차트의 크기와 위치를 조절하거나 완성된 차트의 제목 혹은 서식을 수정하는 등 상황에 맞게 차트를 편집할 필요가 있다. 완성된 차트의 종류를 바꾸고 싶을 때는 변경하려고 하는 해당 차트를 선택한 다음 마우스 오른쪽 버튼을 눌러 대화 상자에서 원하는 차트 종류를 선택하면 된다.

2. 엑셀 데이터 웹으로 올리기

1) 다른 프로그램에서 엑셀 데이터 사용하기

엑셀은 마이크로소프트 워드, 파워포인트, 액세스 등 다른 마이크로소프트 오피스 제품과 호환될 수 있기 때문에 엑셀에서 작업한 데이터를 다른 프로그램에서 새로 작성할 필요 없이 그대로 사용할 수 있다.

가령 엑셀에서 작업한 데이터를 워드에서 사용하고자 한다면 해당 데이터를 복사한 다음 워드를 실행해 복사한 내용을 붙여 넣으면 된다. 예를 들어 엑셀로 작성한 자동차 사고 데이터 중 발생건수, 사망자 수, 교통사고 1건당 사망자 수를 워드에서 그대로 사용하고자 한다면 엑셀에서 파일을 불러온 다음 A1 셀부터 D21 셀까지 드래그해서 범위를 설정한 후 다음과 같이 Ctrl + C 키를 눌러 복사하면 된다.

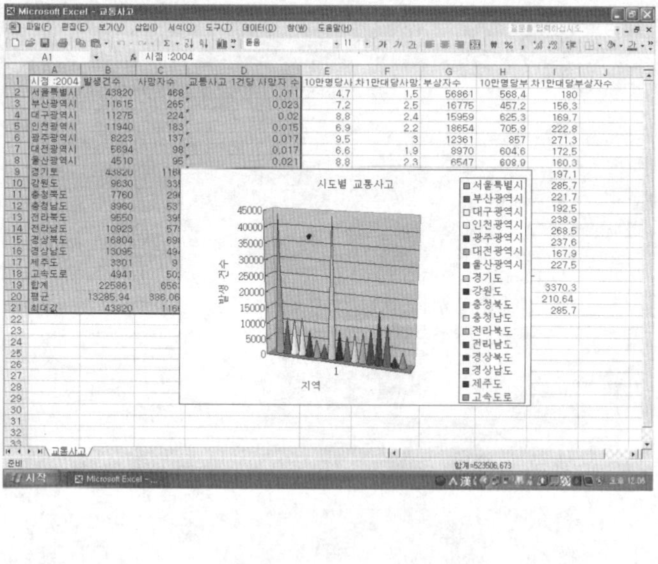

해당 엑셀 데이터를 복사했으면 이제는 마이크로소프트 워드 프로그램을 실행시켜 빈문서에 Ctrl + V 키를 눌러 복사한 내용을 붙여 넣으면 된다. 그러면 다음과 같이 엑셀에서 작성한 자동차 사고 관련 통계가 워드의 표로

그대로 변환되어 나타난다.

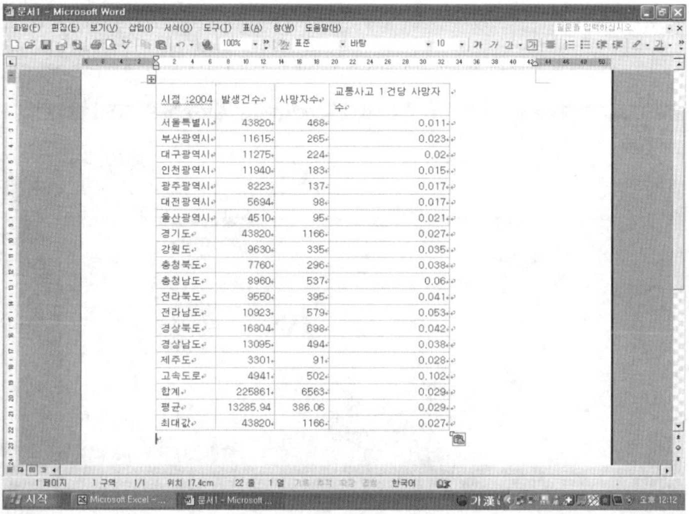

시점 :2004	발생건수	사망자수	교통사고 1건당 사망자수
서울특별시	43820	468	0.011
부산광역시	11615	265	0.023
대구광역시	11275	224	0.02
인천광역시	11940	183	0.015
광주광역시	8223	137	0.017
대전광역시	5694	98	0.017
울산광역시	4510	95	0.021
경기도	43820	1166	0.027
강원도	9630	335	0.035
충청북도	7760	296	0.038
충청남도	8960	537	0.06
전라북도	9550	395	0.041
전라남도	10923	579	0.053
경상북도	16804	698	0.042
경상남도	13095	494	0.038
제주도	3301	91	0.028
고속도로	4941	502	0.102
합계	225861	6563	0.029
평균	13285.94	386.06	0.029
최대값	43820	1166	0.027

엑셀에서 작업한 차트 역시 워드에서도 그대로 사용할 수 있다. 가령 엑셀에서 작성한 시도별 교통사고 차트를 워드에서 그대로 사용하고자 한다면 해당 차트를 선택한 뒤 Ctrl + C 키를 눌러 복사하면 된다.

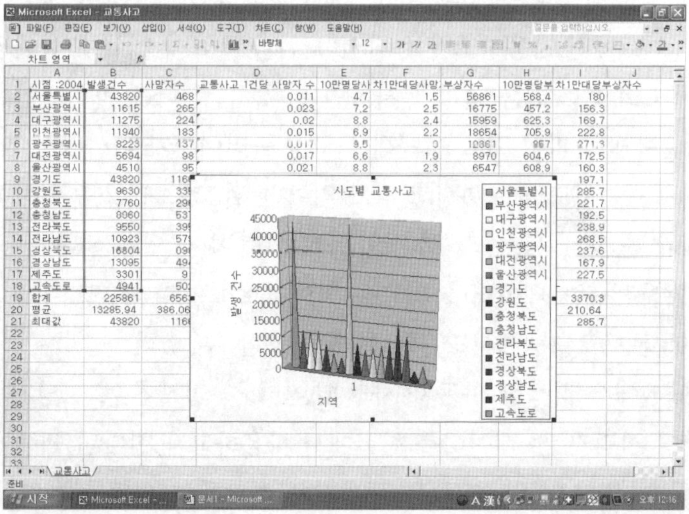

차트를 복사했으면 워드 문서를 열어 차트를 넣을 위치를 클릭한 후 Ctrl + V 키를 눌러 복사한 차트를 붙여 넣으면 다음과 같이 워드에서도 엑셀 차트를 그대로 사용할 수 있다.

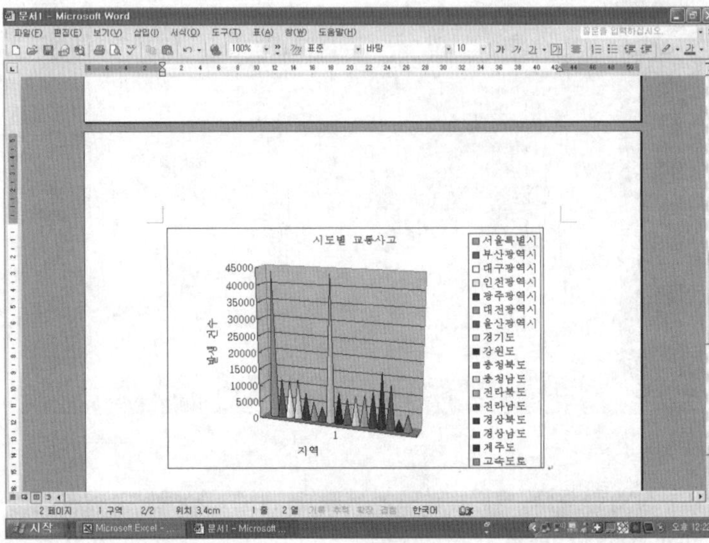

파워포인트에서도 엑셀에서 작성한 데이터를 워드와 동일한 방식으로 복사해서 그대로 사용할 수 있다. 가령 엑셀에서 작업한 시도별 교통사고 차트를 파워포인트에서 사용하고자 한다면 종전과 똑같이 엑셀에서 해당 차트를 선택한 후 Ctrl + C 키를 눌러 복사하면 된다. 그런 다음 파워포인트를 실행해서 [삽입]-[새 슬라이드]를 선택해 새로운 슬라이드가 나타나면 '제목을 입력하십시오'에 '시도별 교통사고'라고 입력한 뒤 '텍스트를 입력하십시오'를 선택해 Ctrl + V 키를 눌러 복사한 차트를 붙여 넣으면 된다.

엑셀에서 작성한 데이터나 차트는 마이크로소프트 오피스 프로그램뿐만 아니라 한글 프로그램에서도 자유롭게 사용할 수 있다.

가령 엑셀에서 작성한 자동차 사고 데이터 중 발생건수, 사망자 수, 교통사고 1건당 사망자 수 데이터를 한글에서 사용하고자 한다면 엑셀에서 파일을 불러온 다음 A1 셀부터 D21 셀까지 드래그해서 범위를 설정한 후 Ctrl

+ C 키를 눌러 복사하면 된다. 그런 다음 한글을 실행시켜 한글 문서 중 붙여 넣을 위치를 선택한 뒤 Ctrl + V 키를 눌러 복사한 내용을 붙여 넣으면 다음과 같이 엑셀에서 작성한 자동차 사고 관련 통계가 한글의 표로 변환되어 나타난다.

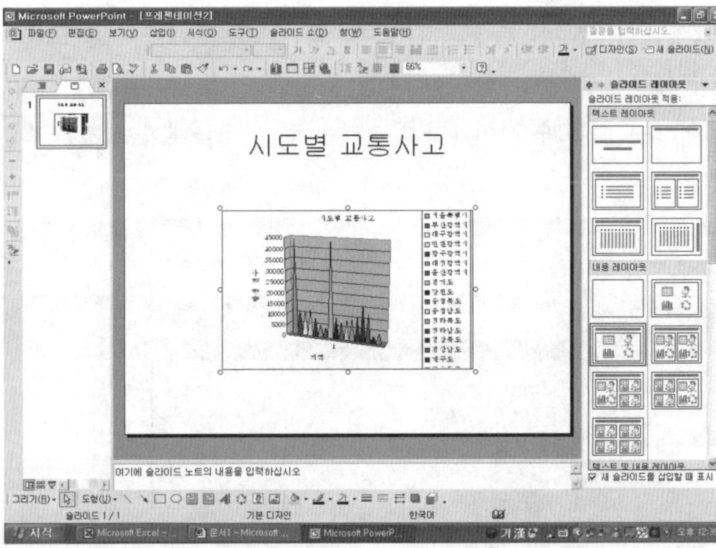

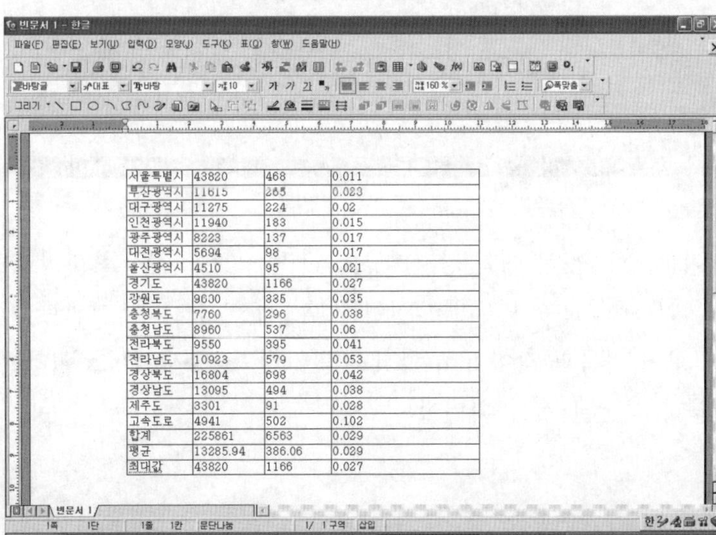

서울특별시	43820	468	0.011
부산광역시	11615	265	0.023
대구광역시	11275	224	0.02
인천광역시	11940	183	0.015
광주광역시	8223	137	0.017
대전광역시	5694	98	0.017
울산광역시	4510	95	0.021
경기도	43820	1166	0.027
강원도	9630	335	0.035
충청북도	7760	296	0.038
충청남도	8960	537	0.06
전라북도	9550	395	0.041
전라남도	10923	579	0.053
경상북도	16804	698	0.042
경상남도	13095	494	0.038
제주도	3301	91	0.028
고속도로	4941	502	0.102
합계	225861	6563	0.029
평균	13285.94	386.06	0.029
최대값	43820	1166	0.027

2) 엑셀 데이터 웹으로 올리기

엑셀에서 작업한 데이터는 웹으로 올려 데이터의 내용에 대한 단순한 확인 뿐만 아니라 정렬, 검색, 수정 등 다양한 작업을 수행할 수 있다. 또 차트도 동일한 방식으로 웹 페이지로 저장해 활용할 수 있다.

가령 엑셀에서 작성한 자동차 사고 데이터를 웹에서 볼 수 있도록 웹 페이지로 저장하고자 할 경우 작성한 엑셀 문서를 열어 [파일]-[웹 페이지로 저장]을 선택하면 다음과 같이 [다른 이름으로 저장] 대화 상자가 나타난다.

[다른 이름으로 저장] 대화 상자가 나타나면 저장할 위치를 바탕 화면으로 하고 파일 이름을 '교통사고'라고 입력한 후 [저장]을 클릭한 다음 저장된 파일을 열어보면 나음과 같이 htm 확장자를 가진 '교통사고.htm'이라는 웹 문서로 변환돼 저장된 것을 확인할 수 있다.

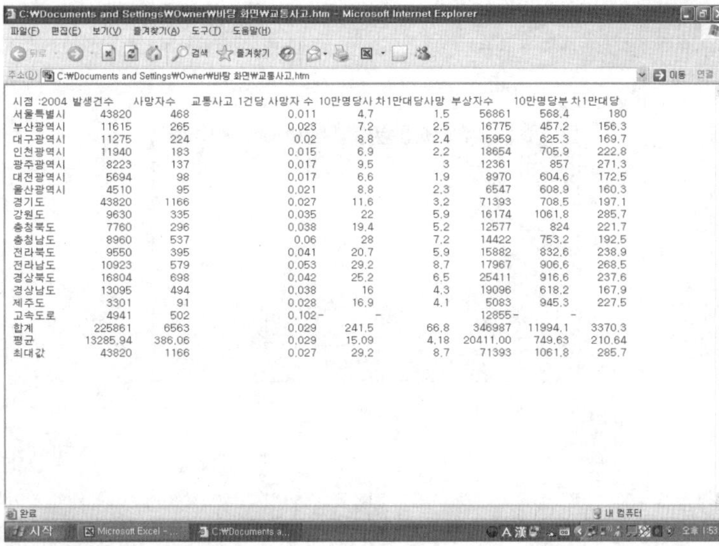

시점 :2004	발생건수	사망자수	교통사고 1건당 사망자 수	10만명당사	차1만대당사망	부상자수	10만명당부	차1만대당
서울특별시	43820	468	0.011	4.7	1.5	56861	568.4	180
부산광역시	11615	265	0.023	7.2	2.5	16775	457.2	156.3
대구광역시	11275	224	0.02	8.8	2.4	15959	625.3	169.7
인천광역시	11940	183	0.015	6.9	2.2	18654	705.9	222.8
광주광역시	8223	137	0.017	9.5	3	12361	857	271.3
대전광역시	5694	98	0.017	6.6	1.9	8970	604.6	172.5
울산광역시	4510	95	0.021	8.8	2.3	6547	608.9	160.3
경기도	43820	1166	0.027	11.6	3.2	71393	708.5	197.1
강원도	9630	335	0.035	22	5.9	16174	1061.8	285.7
충청북도	7760	296	0.038	19.4	5.2	12577	824	221.7
충청남도	8960	537	0.06	28	7.2	14422	753.2	192.5
전라북도	9550	395	0.041	20.7	5.9	15882	832.6	238.9
전라남도	10923	579	0.053	29.2	8.7	17967	906.6	268.5
경상북도	16804	698	0.042	25.2	6.5	25411	916.6	237.6
경상남도	13095	494	0.038	16	4.3	19096	618.2	167.9
제주도	3301	91	0.028	16.9	4.1	5083	945.3	227.5
고속도로	4941	502	0.102-	-		12855-	-	
합계	225861	6563	0.029	241.5	66.8	346987	11994.1	3370.3
평균	13285.94	386.06	0.029	15.09	4.18	20411.00	749.63	210.64
최대값	43820	1166	0.027	29.2	8.7	71393	1061.8	285.7

만약 웹에서도 엑셀 프로그램과 똑같이 데이터를 정렬하거나 검색하는 작업을 하고 싶다면 [다른 이름으로 저장] 대화 상자가 나타났을 때 다음과 같이 '대화형 작업 추가'를 체크한 후 [게시]를 누르면 된다.

[게시]를 누르면 [웹 페이지로 게시] 대화 상자가 나타나는데 여기서 [다음으로 대화형 작업 추가]의 목록 단추를 눌러 '스프레드시트 기능'을 선택한 후 [게시]를 클릭한 다음 저장된 파일을 열어보면 다음과 같이 상단에 도구 모음이 나타나는 것을 알 수 있다. 이 도구 모음을 사용해 [오름차순 정렬] 아이콘을 눌러서 데이터를 오름차순으로 정렬하거나 [자동 필터] 아이콘을 눌러서 필요로 하는 데이터만을 검색하는 등 엑셀 프로그램에서처럼 다양한 기능을 수행할 수 있다.

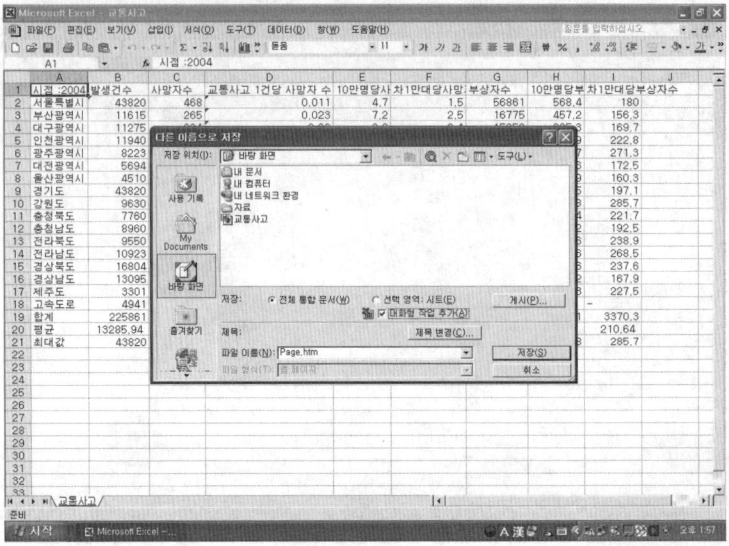
Microsoft Excel - 교통사고
다른 이름으로 저장

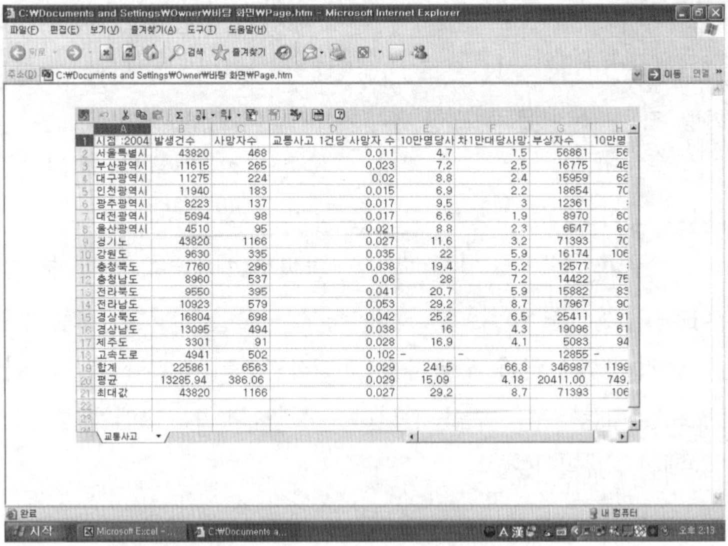
C:\Documents and Settings\Owner\바탕 화면\Page.htm - Microsoft Internet Explorer

정리하기

- ❑ 엑셀은 마이크로소프트 워드, 파워포인트, 액세스 등 다른 마이크로소프트 오피스 제품과 호환될 수 있기 때문에 엑셀에서 작업한 데이터를 다른 프로그램에서 새로 작성할 필요 없이 그대로 사용할 수 있다. 가령 엑셀에서 작업한 데이터를 워드에서 사용하고자 한다면 해당 데이터를 복사한 다음 워드 프로그램을 실행해 복사한 내용을 그대로 붙여넣으면 된다.
- ❑ 엑셀에서 작성한 데이터나 차트는 마이크로소프트 오피스 프로그램뿐만 아니라 한글 프로그램에서도 자유롭게 사용할 수 있다.
- ❑ 엑셀에서 작업한 데이터는 웹으로 올려 데이터의 내용에 대한 단순한 확인 뿐만 아니라 정렬, 검색, 수정 등 다양한 작업을 수행할 수 있다. 또 차트도 웹 페이지로 저장해 활용할 수 있는데 엑셀에서 작성한 데이터를 웹에서 볼 수 있도록 웹 페이지로 저장하고자 할 경우 작성한 엑셀 문서를 열어 [파일]-[웹 페이지로 저장]을 선택하면 된다.

제12장 데이터베이스 관리 프로그램을 활용한 기사 작성

1. 온라인 데이터 가져오기

데이터베이스 관리 프로그램은 사용자가 직접 데이터베이스를 작성하거나 기존 데이터베이스 내에 있는 데이터를 빠르고 쉽게 검색할 수 있는 등 방대한 양의 자료를 효율적으로 관리, 분석할 수 있는 프로그램을 말한다. 데이터베이스 관리 프로그램으로는 마이크로소프트(MS)사가 개발한 액세스(Access)가 많이 이용되고 있는데 엑셀보다는 조금 어렵긴 하지만 경험이 없는 사람도 비교적 쉽게 데이터베이스를 구축하고 관리할 수 있어 언론계에서도 CAR를 위한 도구로 활용되고 있다. 이번 장에서는 액세스를 중심으로 온라인상에서 디지털 데이터를 다운받거나 직접 데이터베이스를 구축해 기사를 작성하는 방법에 대해 알아보고자 한다. 물론 엑셀처럼 액세스도 모든 사용법을 다 배운 후 액세스의 다양한 기능을 기사 작성을 위해 적극 활용하는 것이 바람직하겠지만 여기서는 CAR를 위해 알아둬야 할 몇 가지 중요 기능을 중심으로 액세스의 기본적인 사용 방법에 대해 살펴보고자 한다.

온라인상에서 다운받은 엑셀 데이터는 액세스에서 제공하는 [스프레드시트 가져오기 마법사]를 이용해 아주 간단하게 액세스 데이터로 변환해서 사용할 수 있다. 엑셀 데이터를 가져오기 위해 먼저 [시작]-[프로그램]-[Microsoft Office]-[Microsoft Office Access 2003]메뉴를 선택해 액세스를 실행시키면 다음과 같이 새로운 데이터베이스 파일을 작성하거나 이미 작성한 파일을 불러올 수 있는 프로그램 창이 나타난다.

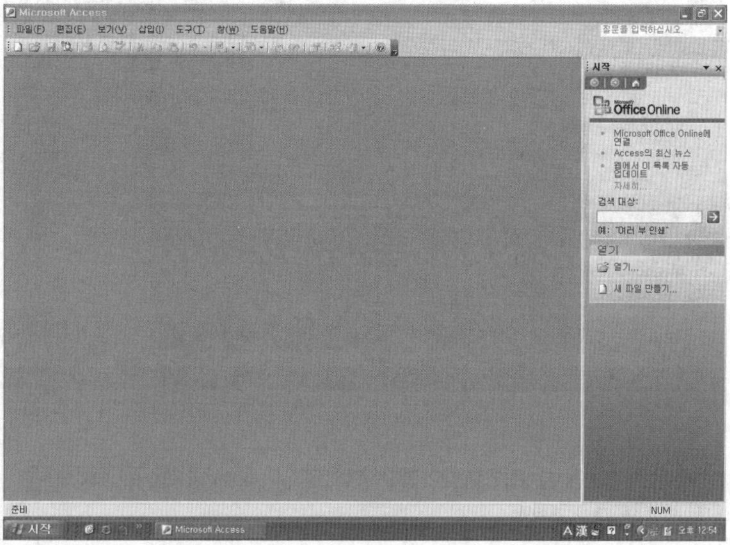

액세스에서 엑셀 데이터를 가져오기 위해서는 우선 해당 엑셀 데이터가 저장될 데이터베이스 파일을 만들어야 한다. 다른 프로그램과는 달리 액세스는 먼저 데이터를 입력할 데이터베이스 파일을 만들어 저장한 후 해당 파일을 불러내 문서를 만들어야 한다.

데이터베이스 파일을 만들기 위해서는 먼저 [파일]-[새로 만들기]를 선택하면 다음과 같이 [새 파일] 작업창이 나타나는데 이 때 새로 만들기 항목에서 [새 데이터베이스]를 클릭하면 [새 데이터베이스 파일] 대화 상자가 뜬다. 대화 상자가 나타나면 저장 위치를 바탕 화면으로 하고 파일 이름을 '한국의 교통사고'라고 지정한 뒤 [만들기]를 클릭하면 바탕 화면에 '한국의 교통사고.mdb'라는 데이터베이스 파일로 저장이 된다. 데이터베이스 파일은 .mdb 라는 확장자를 갖게 되는데 별도로 파일 이름을 지정하지 않으면 db1, db2... 순으로 저장이 된다.

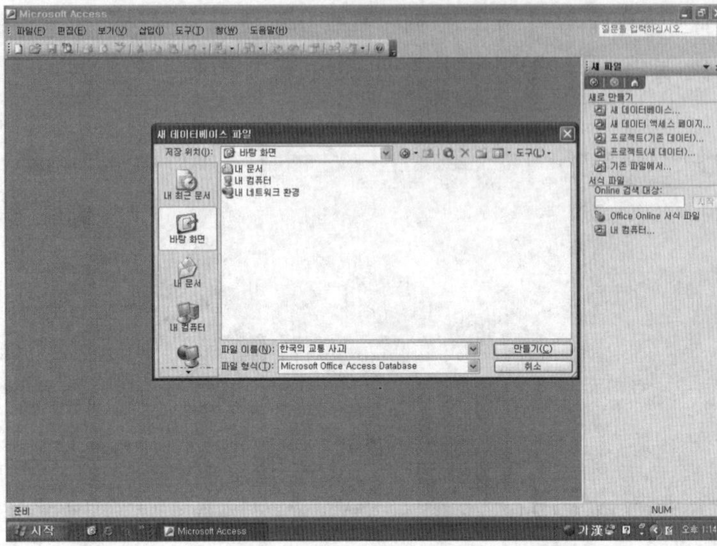

데이터베이스 파일이 작성됐으면 이제 해당 데이터베이스 파일을 불러 작업에 필요한 데이터를 입력해야 하는데 이러한 작업의 기본이 되는 것이 테이블이다. 여기서 액세스의 구조를 잠깐 살펴보면 액세스는 개체라고 부르는 7개의 구성 요소로 이루어져 있는데 이 가운데 테이블은 데이터를 2차원의 표 형태로 저장하는 개체를 말한다. 그러면 이제 [파일]-[열기]를 클릭해 바탕 화면에 저장된 '한국의 교통사고' 파일을 연후 [파일]-[외부 테이터 가져오기]-[가져오기]를 선택하면 다음과 같이 [가져오기] 대화 상자가 나타난다. 대화 상자가 나타나면 하단부의 [파일 형식] 목록 단추를 눌러 'Microsoft Excel'을 선택한 후 [찾는 위치]를 가져오고자 하는 엑셀 파일이 저장돼 있는 바탕 화면으로 지정한 뒤 '교통사고'를 선택한 다음 [가져오기]를 클릭해보자.

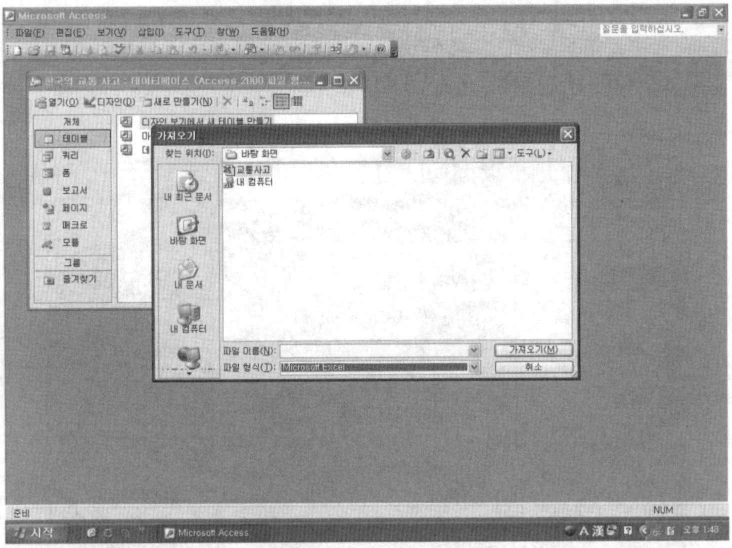

[가져오기]를 클릭하면 다음과 같이 [스프레드시트 가져오기 마법사]가 실행되는데 1단계에서는 '워크시트 표시' 옵션을 선택한 후 가져올 데이터가 저장된 워크시트인 '교통사고'를 클릭한 뒤 [다음]을 클릭한다.

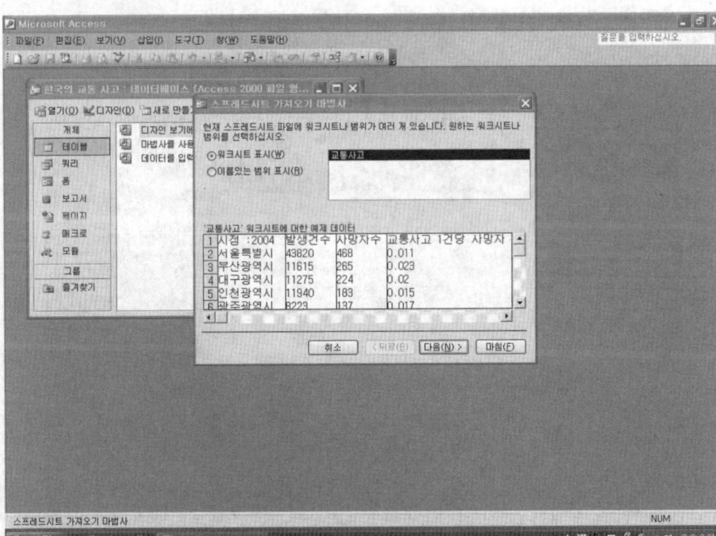

[스프레드시트 가져오기 마법사] 2단계에서는 '첫 행에 열 머리글이 있음' 옵션에 체크한 후 [다음]을 클릭한다.

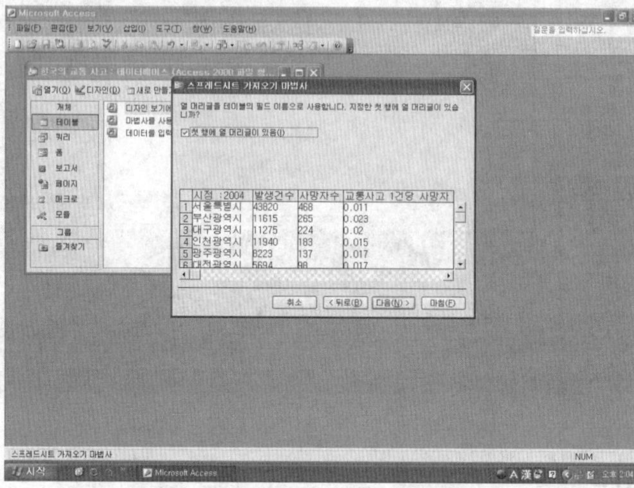

3단계에서는 가져올 데이터를 어떤 방식으로 저장할 것인지를 선택해야 하는데 여기서는 '새 테이블' 옵션을 선택해서 엑셀 데이터를 독립된 새로운 테이블로 저장하도록 설정한 후 [다음]을 클릭한다.

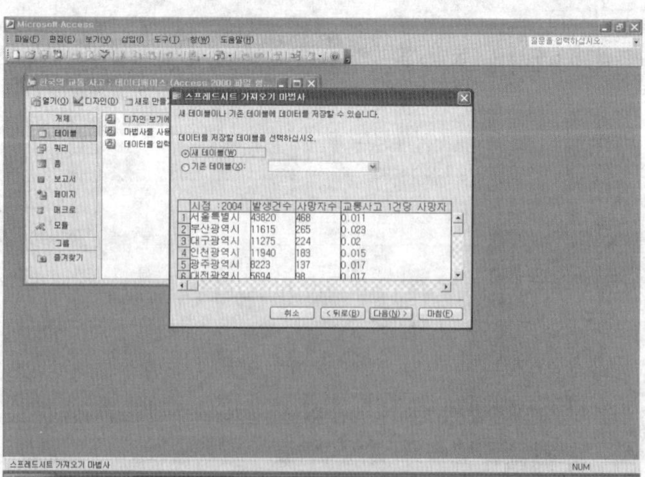

4단계에서는 가져온 데이터가 각 필드로 구분된 상태로 표시되고 또 각 필드마다 세부 옵션을 지정할 수 있는데 여기서는 기본값을 그대로 사용하고 바로 [다음]을 클릭한다.

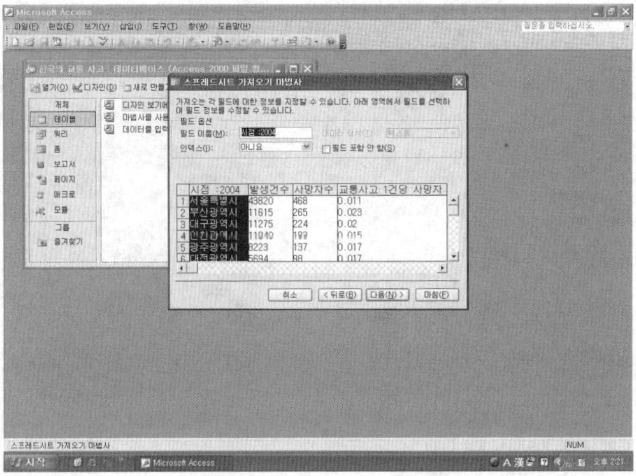

5단계에서는 새 테이블에 기본 키를 지정할 수 있는데 여기서는 'Access에서 기본 키 추가'를 선택해서 다음과 같이 새로운 ID 필드를 추가해 기본 키로 설정하도록 한 후 [다음]을 클릭한다.

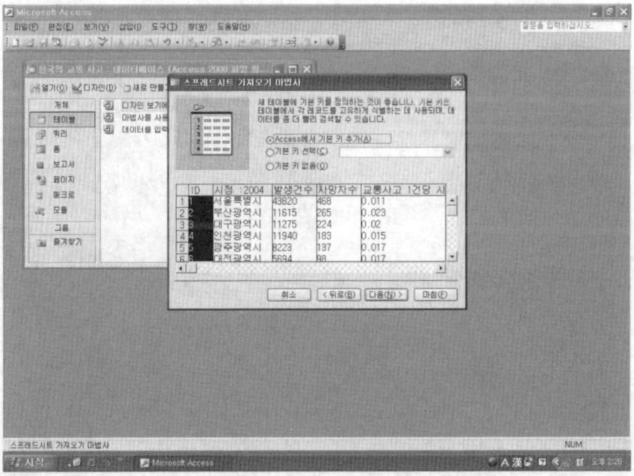

마지막 6단계는 가져올 데이터를 저장할 테이블의 이름을 지정하는 단계인데 '시도별 교통사고'라고 입력한 뒤 [마침]을 눌러 마법사를 종료한다.

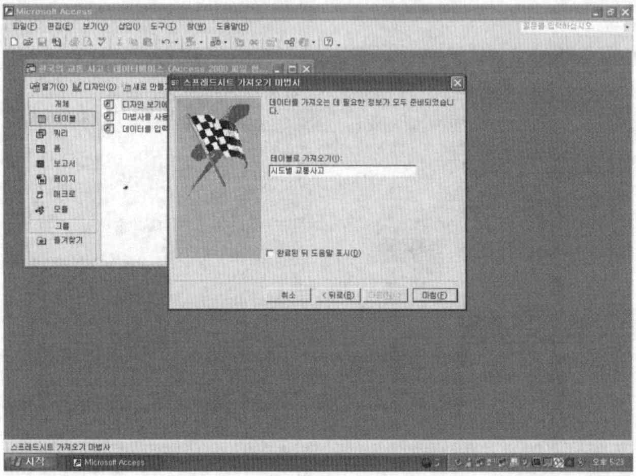

엑셀 형식의 '교통사고.xls' 파일을 액세스 형식의 '시도별 교통사고' 테이블로 변환해 가져오기를 완료하였다는 메시지가 나타나면 [확인]을 클릭한다. 그러면 [데이터베이스] 창에 다음과 같이 '시도별 교통사고'라는 새로운 테이블이 하나 생성된 것을 확인할 수 있다.

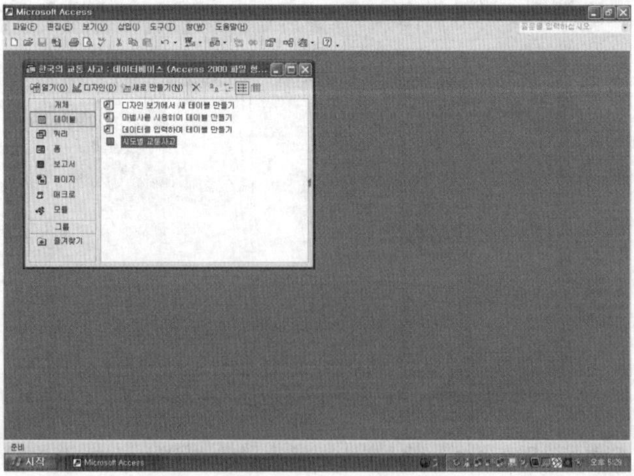

이 테이블을 더블클릭하면 엑셀에서 작성한 데이터가 다음과 같이 액세스 데이터로 변환되어 나타난다.

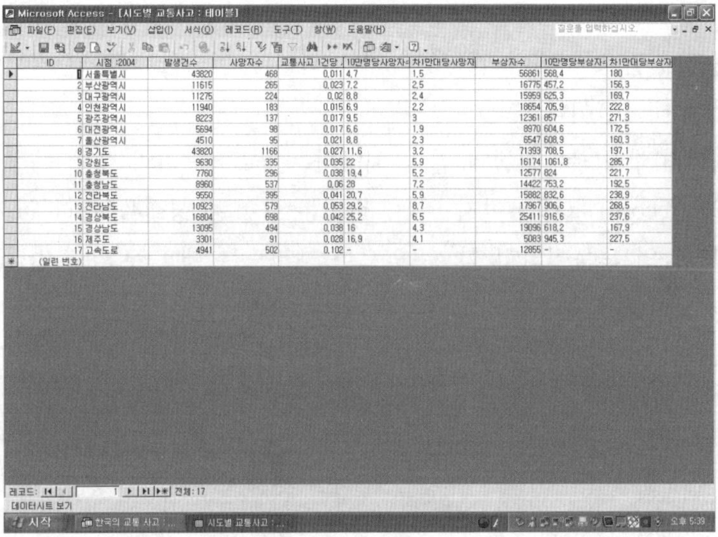

화면에서 보이는 것처럼 데이터베이스는 엑셀의 열의 해당하는 필드(field)와 엑셀의 행에 해당하는 레코드(record)로 이루어져 있다. 필드는 공통된 성질을 가진 열 단위 데이터들의 묶음이라고 할 수 있으며 레코드는 행 단위의 관련 데이터들을 모아놓은 묶음이라고 할 수 있다.

정리하기

- ❑ 데이터베이스 관리 프로그램은 사용자가 직접 데이터베이스를 구축하거나 기존 데이터베이스 내에 있는 데이터를 빠르고 쉽게 검색할 수 있는 등 방대한 양의 자료를 효율적으로 관리, 분석할 수 있어 언론 현장에서도 CAR를 위한 도구로 유용하게 활용되고 있다.
- ❑ 온라인상에서 다운받은 엑셀 데이터는 액세스에서 제공하는 스프레드시트 가져오기 마법사를 활용해 간단하게 액세스 데이터로 변환해서

사용할 수 있다.

❑ 액세스는 다른 프로그램과는 달리 먼저 데이터를 입력할 데이터베이스 파일을 만들어 저장한 후 해당 파일을 불러내 문서를 만들어야 한다. 데이터베이스 파일을 작성한 뒤에는 해당 데이터베이스 파일을 불러 작업에 필요한 데이터를 입력해야 하는데 이러한 작업의 기본이 되는 것이 테이블이다.

❑ 데이터베이스는 엑셀의 열의 해당하는 필드(field)와 행에 해당하는 레코드(record)로 이루어져 있다. 필드는 공통된 성질을 가진 열 단위 데이터들의 묶음이라고 할 수 있으며 레코드는 행 단위의 관련 데이터들을 모아놓은 묶음이라고 할 수 있다.

2. 데이터 분석하기

액세스에서 엑셀 데이터를 가져오는 방법과 액세스의 기본 구조에 대해서는 어느 정도 익숙해졌기 때문에 이제 기사 작성을 위해 액세스의 정렬 기능과 쿼리 등 다양한 기능을 활용해 데이터를 분석하는 방법과 직접 기사 작성에 필요한 데이터베이스를 구축하는 방법에 대해 알아보기로 하자.

1) 데이터 정렬하기

엑셀과 마찬가지로 액세스에서도 정렬 기능을 이용하면 우리가 지금까지 실습했던 시도별 교통사고 통계에 대해 어느 지역에서 교통사고가 가장 많이 일어났고 그리고 어느 지역에서 가장 많은 사람들이 사망했는지를 쉽게 분석할 수 있다. 물론 이 경우에는 데이터의 양이 아주 적기 때문에 쉽게 순위를 파악할 수 있지만 많은 시간이 소요될 수 있는 방대한 양의 데이터도 액세스의 정렬 기능을 이용하면 단 몇 초 만에 데이터를 분석할 수 있다.

먼저 '한국의 교통사고'라는 파일명으로 바탕 화면에 저장한 데이터베이스 파일을 불러온 다음 데이터베이스 창에서 테이블 개체를 선택한 뒤 '시도별 교통사고' 테이블을 더블클릭하면 다음과 같이 데이터시트 창이 열린다.

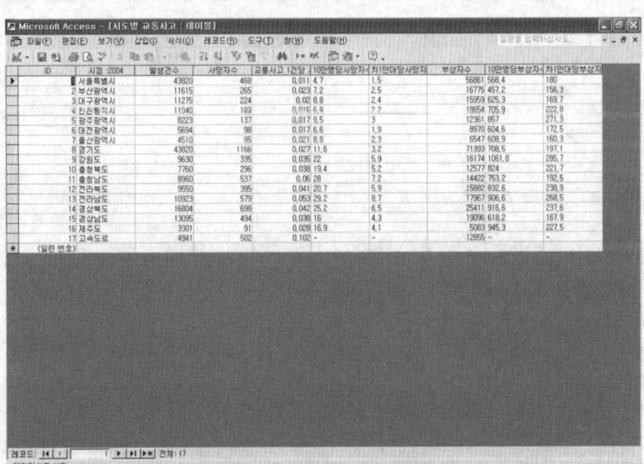

데이터시트 창이 열리면 '발생건수' 필드의 머리글에서 마우스 오른쪽 버튼을 클릭한 뒤 [내림차순 정렬]을 선택해보자.

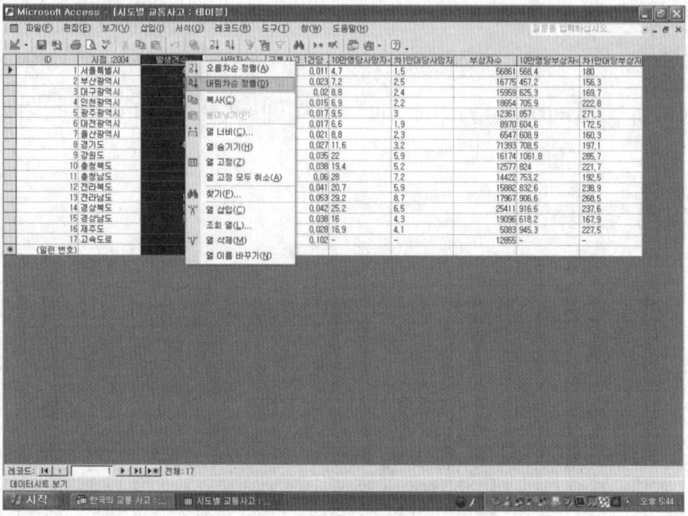

[내림차순 정렬]을 선택하면 다음과 같이 발생건수 기준으로 1위부터 17위까지 데이터가 내림차순으로 정렬된 결과를 볼 수 있다.

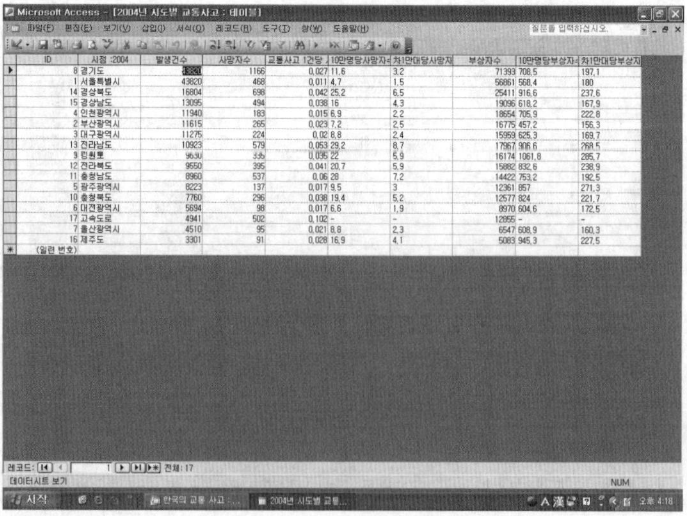

만약 '사망자 수' 필드의 머리글에서 마우스 오른쪽 버튼을 클릭한 뒤 [내림차순 정렬]을 선택하면 이번에는 다음과 같이 사망자 수 기준으로 1위부터 17위까지 내림차순으로 정렬된 결과를 볼 수 있다.

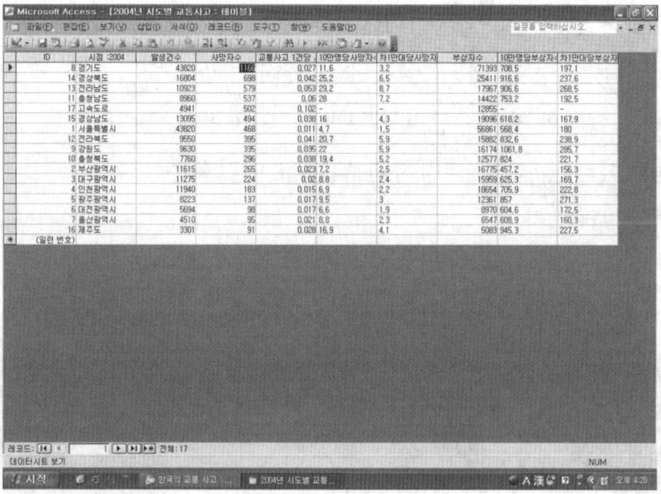

ID	시점 :2004	발생건수	사망자수	교통사고 1건당	10만명당사망자	차1만대당사망자	부상자수	10만명당부상자	차1만대당부상자
8	경기도	43820	1166	0,027	11,6	3,2	71393	708,5	197,1
14	경상북도	16804	698	0,042	25,2	6,5	25411	916,6	237,6
13	전라남도	10923	579	0,053	29,2	8,7	17967	906,6	268,5
11	충청남도	8960	537	0,06	28	7,2	14422	753,2	192,5
17	고속도로	4941	502	0,102	-	-	12855	-	-
15	경상남도	13095	494	0,038	16	4,3	19096	618,2	167,9
1	서울특별시	43820	468	0,011	4,7	1,5	56861	568,4	180
12	전라북도	9550	395	0,041	20,7	5,9	15882	832,6	238,9
9	강원도	9630	335	0,035	22	5,9	16174	1061,8	285,7
10	충청북도	7760	296	0,038	19,4	5,2	12577	824	221,7
2	부산광역시	11615	265	0,023	7,2	2,5	16775	457,2	156,3
3	대구광역시	11275	224	0,02	8,8	2,4	15959	625,3	169,7
4	인천광역시	11940	183	0,015	6,9	2,2	18654	705,9	222,8
5	광주광역시	8223	137	0,017	9,5	3	12361	857	271,3
6	대전광역시	5694	98	0,017	6,6	1,9	8970	604,6	172,5
7	울산광역시	4510	95	0,021	8,8	2,3	6547	608,9	160,3
16	제주도	3301	91	0,028	16,9	4,1	5083	945,3	227,5
(일련 번호)									

2) 쿼리를 이용해 데이터 추출하기

데이터베이스 테이블에 입력된 데이터가 많지 않을 때는 테이블 열기 화면을 통해서도 쉽게 데이터를 검색할 수 있지만 데이터가 많을 경우에는 필요로 하는 데이터를 찾아내기가 쉽지 않다. 이럴 때 쿼리(query)를 사용하면 아주 편리하게 데이터를 찾아낼 수 있다. 쿼리는 데이터베이스 테이블에 입력돼 있는 많은 데이터 중에서 다양한 방법으로 조건을 지정해서 필요로 하는 데이터만을 보거나 분석하는 기법을 말한다. 쿼리의 가장 큰 장점은 관계를 갖고 있는 여러 테이블을 연결해서 하나의 테이블처럼 새로운 결과를 추출해내는 것이다. 쿼리를 만드는 방법에는 마법사를 이용하는 방법과 디자인을 이용하는 방법이 있는데 여기서는 마법사를 이용해 쿼리를 작성하는 방법에 대해 살펴보기로 하자.

가령 '한국의 교통사고'라는 데이터베이스 내에 있는 '시도별 교통사고'라는 테이블에서 발생건수가 1만 건 이상이면서 사망자 수가 500명 이상인 데이터만을 찾고자 한다면 '한국의 교통사고.mdb' 파일을 불러온 후 [데이터베이스] 창에서 [쿼리] 개체를 선택하고 [마법사를 이용하여 쿼리 만들기]를 더블클릭하면 다음과 같이 [단순 쿼리 마법사] 대화 상자가 나타난다.

1단계에서는 먼저 [테이블/쿼리] 선택란에서 '시도별 교통사고' 테이블을 선택한 뒤 [사용 가능한 필드] 상자에서 원하는 필드를 선택하고 >를 클릭하면 오른쪽의 [선택한 필드] 상자로 필드가 이동한다. 만약 모든 필드를 한꺼번에 다 선택하려면 >>를 클릭하면 되는데 여기서는 모든 필드를 선택한 후 [다음]을 클릭 해보자.

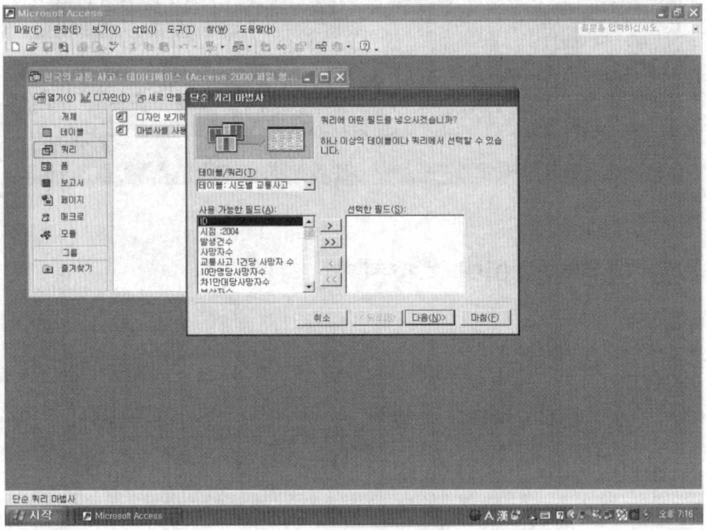

2단계에서는 상세 쿼리를 만들지 또는 요약 쿼리를 만들지를 선택해야 하는데 여기서는 기본값으로 선택돼 있는 '상세' 쿼리 옵션을 선택한 뒤 [다음]을 클릭하면 3단계로 넘어간다.

마지막 3단계에서는 작성한 쿼리의 제목을 '시도별 교통사고 Query'라고 입력하고 조건을 지정하기 위해 '쿼리 디자인 수정'을 선택한 후 [마침]을 클릭한다.

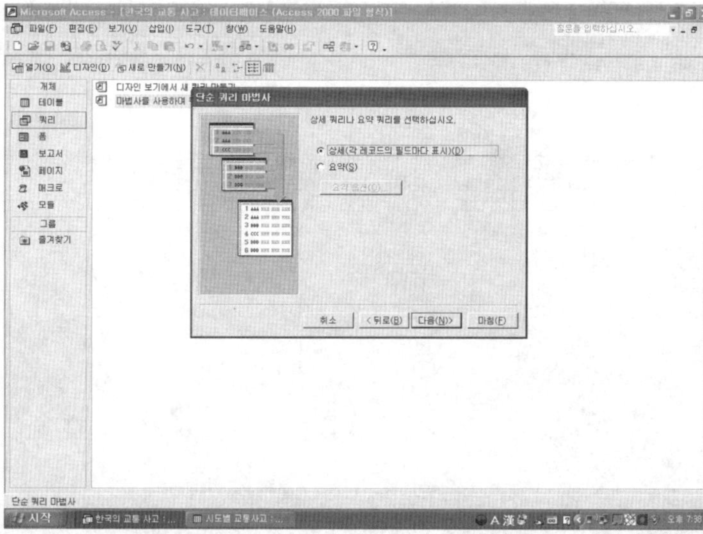

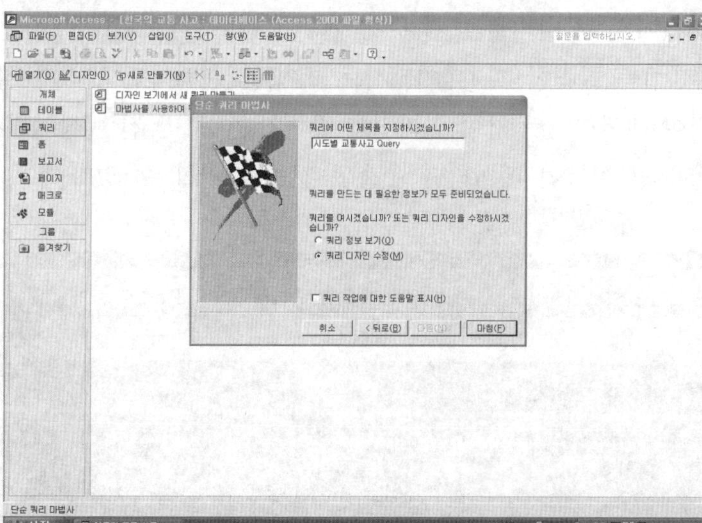

쿼리 디자인을 수정할 수 있는 쿼리 디자인 창이 나타나면 [발생건수] 필드의 [조건]란에 '>10000' 이라는 조건을 입력하고 [사망자수] 필드의 [조건]란에 '>500'이라는 조건을 입력한 뒤 도구 모음에서 저장 버튼을 클릭해 저장한다.

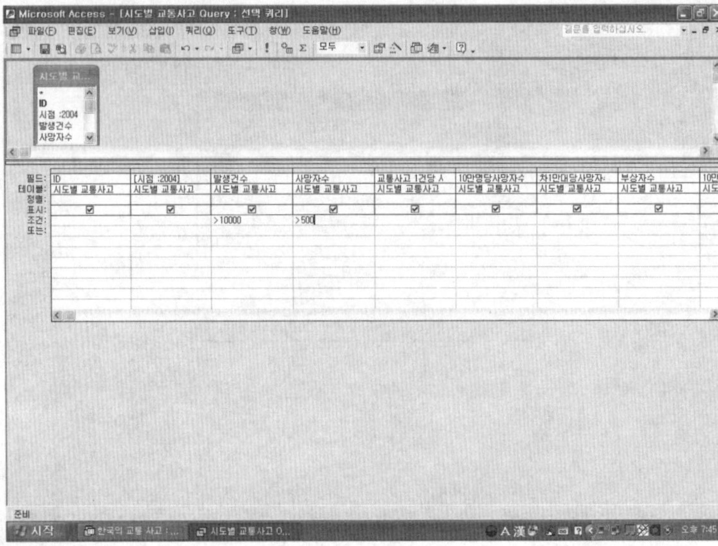

이제 조건에 맞는 결과를 보기 위해 도구 모음에서 [보기] 버튼 옆에 있는 목록 단추(▾)를 클릭한 후 [데이터시트 보기]를 선택하면 쿼리가 실행되고 다음과 같이 데이터시트 창이 열리면서 발생건수가 1만 건 이상이면서 사망자 수가 500명 이상인 데이터만 추출된 것을 확인할 수 있다.

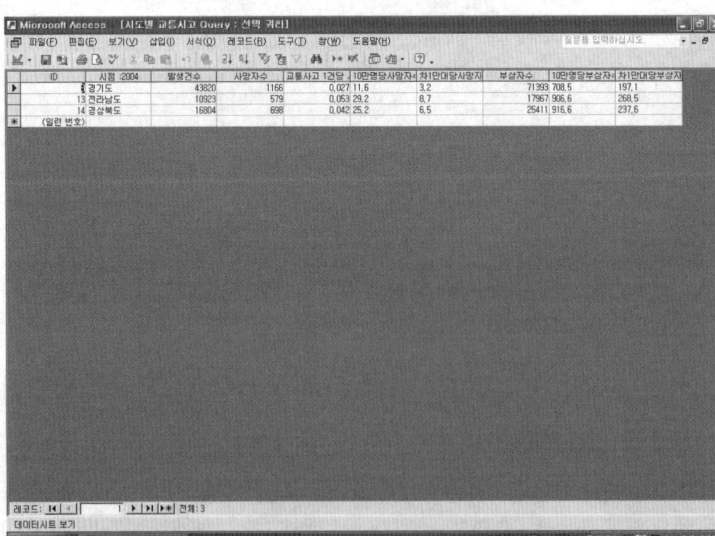

만약 쿼리 조건을 변경하고자 한다면 [보기] 버튼 옆에 있는 내림 단추(▼)를 클릭한 뒤 [디자인 보기]를 선택해 디자인 보기 창으로 전환한 다음 해당 필드의 [조건]란에 원하는 조건을 새로 지정해주면 된다.

쿼리에서는 연산자를 이용한 여러 가지 검색 조건을 설정해 원하는 데이터만을 아주 정교하게 추출해낼 수 있는데 가령 필드의 [조건]란에 Like 연산자를 사용해 Like "충*"를 입력하면 '충'으로 시작되는 모든 데이터를 추출할 수 있다. 또 Like "*시"라고 입력하면 '시'로 끝나는 모든 데이터를 추출할 수 있다. Or 연산자를 사용해 "강원도" Or "제주도"라고 입력하면 강원도와 제주도 데이터를 모두 추출할 수 있다. 또 Not 연산자를 사용해 Not "고속도로"라고 입력하면 고속도로를 제외한 모든 데이터를 추출할 수 있다. 이처럼 엑셀이 주로 숫자 데이터에 초점을 둔 소프트웨어라면 액세스는 숫자뿐만 아니라 문자 데이터도 정교하게 분석할 수 있는 프로그램으로 질의 방식에 의해 데이터를 다양한 각도에서 분석할 수 있다는 장점을 갖고 있다.

3) 데이터베이스 만들기

액세스는 기존의 데이터베이스에 대한 검색과 분석뿐만 아니라 직접 데이터베이스를 구축해서 원하는 방식대로 데이터를 조직화해 입력해 놓고 다양한 각도에서 이를 분석함으로써 CAR 기법을 적용한 심층 보도를 할 수 있다. 사실 온라인상의 데이터 가운데는 기사 작성에 별 도움이 되지 않는 데이터도 많을 뿐더러 찾고자하는 데이터가 존재하지 않는 경우가 많다. 따라서 액세스를 활용해 직접 데이터베이스를 만드는 방법을 익혀두면 자신만의 고유한 데이터베이스를 구축할 수 있을 뿐만 아니라 이를 토대로 의미 있는 기사를 만들어낼 수 있다.

액세스에서 데이터베이스를 만들기 위해서는 앞서 얘기한 것처럼 구체적인 데이터를 입력하기 전에 먼저 데이터베이스 파일을 만든 뒤 실제 데이터를 저장할 테이블을 만들어 데이터베이스 파일 내에 저장해야 한다. 그럼 [파일]-[새로 만들기] 메뉴를 선택해 '한국의 교통사고.mdb'라는 새 데이터베이스를 만들어 보자. 데이터베이스 파일을 만들었으면 이제 해당 데이터베이스 파일을 불러 실제 데이터를 입력할 테이블을 만들어야 하는데 [데이터베이스] 창에서 [테이블] 개체를 선택하면 다음과 같이 [디자인 보기에서 새 테이블 만들기], [마법사를 사용하여 테이블 만들기], [데이터를 입력하여 테이블 만들기] 등 세 가지 방식 가운데 하나를 고를 수 있는 화면이 뜬다.

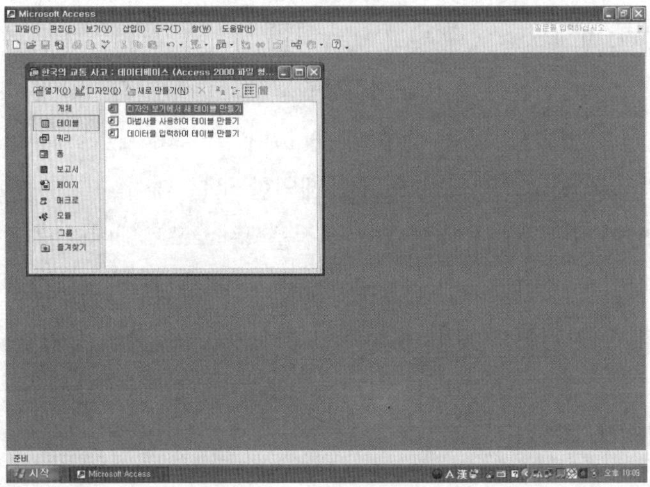

여기에서는 사전에 디자인된 테이블 구조에 따라 필드를 직접 추가해 가면서 테이블을 작성하는 방법인 [디자인 보기에서 새 테이블 만들기]로 테이블을 만들어 저장한 뒤 구체적인 데이터를 입력하는 방법에 대해 살펴보기로 하자. [데이터베이스] 창에서 [테이블] 개체를 선택한 후 [디자인 보기에서 새 테이블 만들기]를 더블클릭하면 다음과 같이 새 테이블의 디자인 화면이 나타난다.

제목 표시 줄을 보면 자동으로 'Table1'이라는 테이블 이름이 부여된 것을 알 수 있는데 우선 다음과 같이 [필드 이름]의 첫 번째 셀에 '지역'이라고 필드명을 입력한 뒤 데이터 형식을 지정하기 위해 [데이터 형식] 열의 목록 단추(▼)를 클릭해 '텍스트'를 선택한다. [설명] 열에는 나중에 테이블을 다시 열어 볼 때 필드의 의미를 쉽게 파악할 수 있도록 필드에 대한 간단한 설명을 입력하면 된다.

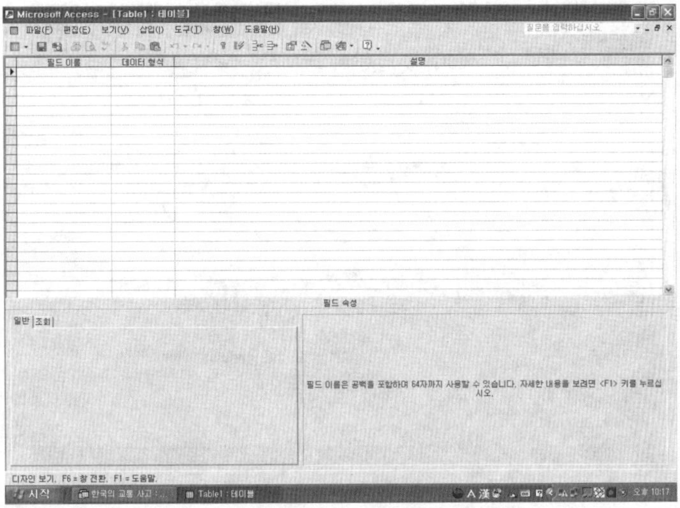

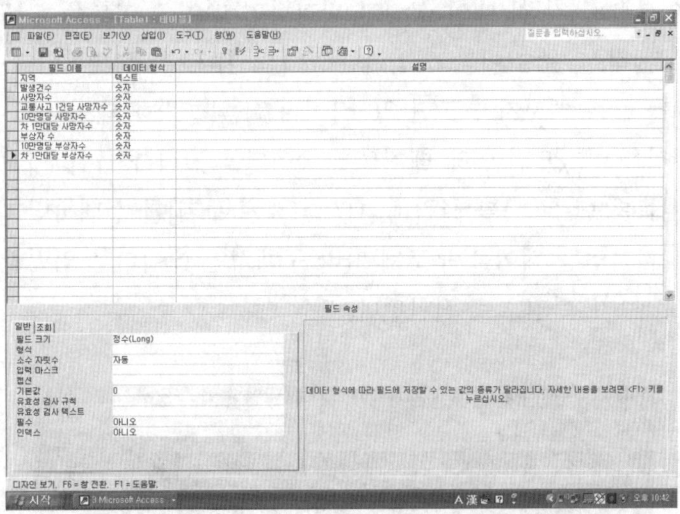

여기서는 설명 입력은 생략하기로 하고 두 번째 필드의 [필드 이름]을 발생건수로 하고 [데이터 형식]으로 '숫자'를 선택한다. 마찬가지 방식으로 '사망자수' '교통사고 1건당 사망자수' '10만명당 사망자수' '차1만대당 사망자수' '부상자 수' '10만명당 부상자수' '차1만대당 부상자수' 등 나머지 필드를 다음과 같이 차례대로 입력한 뒤 작성한 테이블을 저장하기 위해 도구모음에서 [저장] 버튼을 클릭한다.

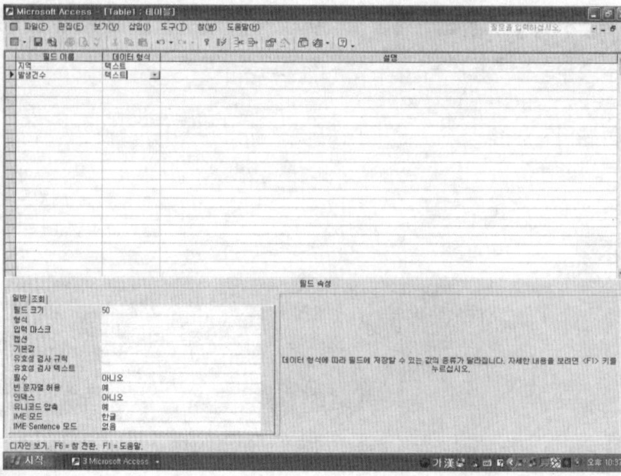

[다른 이름으로 저장] 대화 상자가 나타나면 테이블 이름을 '시도별 교통사고 테이블 작성 실습'이라고 입력한 뒤 [확인] 단추를 클릭한다. 기본 키 설정 여부를 묻는 메시지가 뜨면 일단 [아니요]를 클릭해 테이블을 완성한다. 테이블 작성을 마쳤으면 이제 테이블에 데이터를 입력하기 위해 [보기] 버튼 옆에 있는 목록 단추(▼)를 클릭해 [데이터시트 보기]를 선택하면 다음과 같이 사전에 디자인된 테이블 구조에 따라 구체적인 데이터를 입력할 수 있는 데이터시트 보기 화면으로 전환된다.

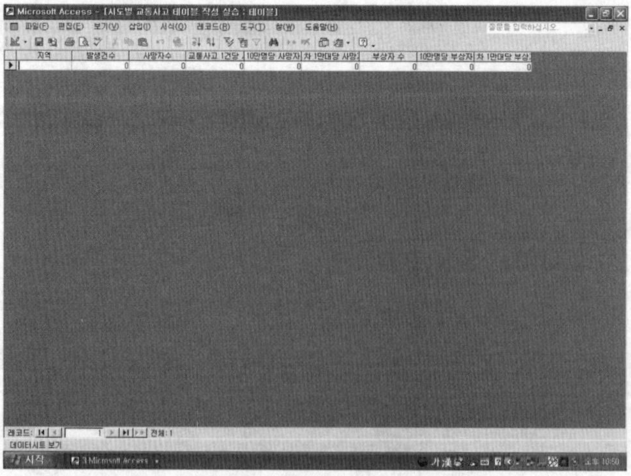

이제 데이터시트에 다음과 같이 엔터 키를 치면서 차례대로 데이터를 입력하면 된다.

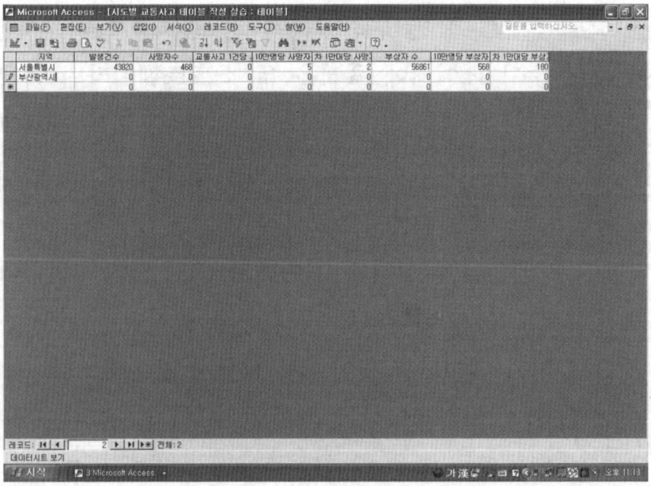

데이터 입력이 다 끝난 뒤 X(닫기)를 클릭하거나 [파일]-[닫기] 메뉴를 선택해 테이블을 닫으면 다음과 같이 [데이터베이스] 창에 방금 작성한 테이블의 이름이 아이콘과 함께 표시된다.

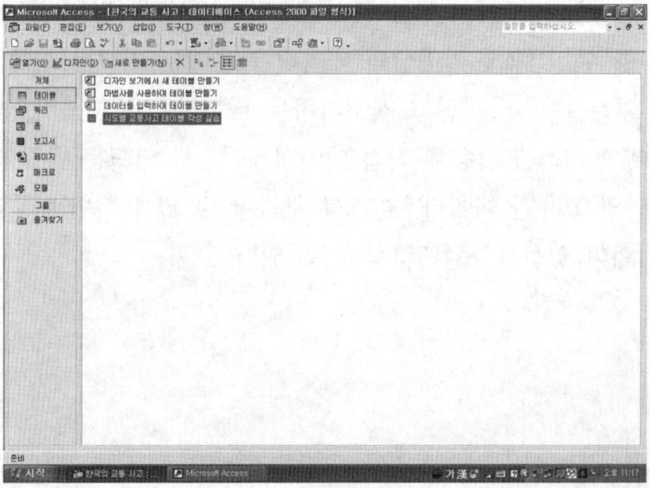

정리하기

- ❑ 액세스의 정렬 기능을 이용하면 많은 시간이 소요될 수 있는 방대한 양의 데이터도 단 몇 초 만에 간단하게 필요한 정보를 분석할 수 있다. 엑셀이 주로 숫자 데이터에 초점을 둔 소프트웨어라면 액세스는 숫자뿐만 아니라 문자 데이터도 정교하게 분석할 수 있는 프로그램으로 질의 방식에 의해 데이터를 다양한 각도에서 분석할 수 있는 장점을 갖고 있다.
- ❑ 데이터베이스 테이블에 입력된 데이터가 많지 않을 때는 테이블 열기 화면을 통해서도 쉽게 데이터를 검색할 수 있지만 데이터가 많을 경우에는 필요로 하는 데이터를 찾아내기가 쉽지 않은데 이럴 때 쿼리를 사용하면 아주 편리하게 데이터를 찾아낼 수 있다. 쿼리는 데이터베이스 테이블에 입력돼 있는 많은 데이터 중에서 다양한 방법으로 조건을 지정해서 필요로 하는 데이터만을 보거나 분석하는 기법을 말하는데 쿼리의 가장 큰 장점은 관계를 갖고 있는 여러 테이블을 연결해서 마치 하나의 테이블처럼 새로운 결과를 추출해내는 것이다.
- ❑ 액세스는 기존의 데이터베이스에 대한 검색과 분석뿐만 아니라 직접 데이터베이스를 구축해서 원하는 방식대로 데이터를 조직화해 입력해 놓고 다양한 각도에서 이를 분석함으로써 CAR 기법을 적용한 심층 보도를 할 수 있다. 온라인상의 데이터 가운데는 기사 작성에 별 도움이 되지 않는 데이터도 많고 찾고자하는 데이터가 존재하지 않는 경우가 많은데 액세스를 활용해 직접 데이터베이스를 만드는 방법을 익혀두면 자신만의 고유한 데이터베이스를 구축할 수 있을 뿐만 아니라 이를 토대로 의미 있는 기사를 작성할 수 있다.

제13장 온라인 취재보도와 저작권

1. 저작권이란 무엇인가?

1) 인터넷과 저작권

인터넷의 전반적인 확산은 저작권을 비롯한 지적 재산권의 측면에서도 매우 중요한 의미를 갖고 있다. 물론 과거에도 정보와 같은 지적 상품에 대해 재산권을 부분적으로 인정하기는 하였지만 우리 생활의 많은 부분이 인터넷을 통해 이루어지는 21세기 정보사회에서 지적 재산권의 의미는 더욱 크다고 할 수 있다. 특히 미래의 경제는 정보를 바탕으로 창출되는 지식에 의한 경제적 활동의 비중이 커지는 시대인 것을 감안할 때 지식과 관련된 상품이나 서비스에 대한 지적 재산권의 논의는 상당히 중요하다고 할 수 있다.

인터넷을 통해 유통되는 온라인 정보는 0과 1이라는 비트의 조합으로만 표현되기 때문에 각종 정보의 복제와 배포가 손쉽게 이루어질 수 있다. 특히 우리나라의 경우 세계 최고 수준의 초고속 통신망 보급률과 디지털 기술의 발달로 일반 국민들이 인터넷에 정통한 반면 저작권 침해 문제 역시 상당히 심각한 수준이어서 온라인상에서의 저작권 문제가 심각한 갈등 요인이 될 수 있다.

온라인 저작권 문제와 관련해 논쟁의 불씨를 지핀 대표적 저작물 가운데 하나는 MP3 음악 파일이다. MP3는 인터넷 공개 자료실에 등록돼 있는 MP3 파일 변환 소프트웨어를 이용하면 초보자도 간단히 일반 오디오 CD를 아주 적은 용량의 MP3 파일로 변환시킬 수 있다. MP3 파일은 기술적으로 원래의 음질을 손상시키지 않은 채 인터넷을 통해 매우 쉽고 빠르게 파일을 주고받을 수 있기 때문에 젊은층을 중심으로 급속히 유통돼왔는데 1999년 미국음반산업협회(RIAA)가 P2P 즉 개인 대 개인 방식으로 MP3 파일을 유통시켜온 냅스터(Napster)사를 제소함으로써 국내외적으로 많은 논란을 불러일으킨 바 있다. P2P 방식에 의한 MP3 파일 공유는 한국판 냅스터 사건으로 불리는 소리바다 사건을 통해서도 국내적으로 많은 논란을 빚었었다. 현재 인터넷상에서 이루어지고 있는 가장 대표적인 온라인 저작물 유통 방식 가운데 하나인 P2P 방식의 파일 공유는 기술적인 면에서 기존의 저작권 개념을 적용해 해법을 찾기가 쉽지 않다. 또 게시판이나 동호회 자료실 등을 통해 수백만 명에서 수천만 명에 이르는 사람들이 각종 저작물을 공유하거나 메신저를 이용해 파일을 주고받는 경우가 많아 저작권 침해 문제와 관련해 직접적인 저작권 침해자뿐만 아니라 온라인 서비스 사업자나 게시판 서비스 제공자, 시스템 관리자에 대한 책임 문제가 종종 논란이 되기도 한다. 이처럼 인터넷과 같은 온라인상에서 유통되는 각종 디지털 정보의 경우 어디까지를 저작물로 인정해야 하고 누구를 저작권자로 봐야할 것인지 그리고 저작권이 침해됐을 때 어디까지 책임을 물을 것인지 하는 문제가 그리 간단하지가 않다.

미국의 경우 MP3 파일 공유와 관련한 저작권 분쟁뿐만 아니라 심층 링크(deep link)로 불리는 기사에 대한 링크를 둘러싸고 심각한 저작권 갈등을 빚어왔는데 이 문제가 법적 다툼으로 비화된 것은 1997년 <워싱턴포스트>(Washington Post)가 <토털뉴스>(totalNEWS)로 불리는 사이트를 처음 제소하면서부터였다. 심층 링크는 온라인 이용자를 특정 사이트의 홈페이지가 아닌 해당 페이지로 직접 연결시켜주는 하이퍼링크를 말하는 것으로 당시 <토털뉴스>는 <워싱턴포스트>의 기사를 이런 방식으로 연결시켜 이용자가 <워싱턴포스트> 기사를 클릭하면 <토털뉴스>의 광고 및 내비게이션 장치와 함께 기사가 뜨도록 하였다. 이에 대해 <워싱턴포스트> 측은 <토털뉴스>가 자사의 웹 사이트 내부에 있는 자체 프레임 안에 <워싱턴포스트> 기사를 배치함으로써 독자들이 <워싱턴포스트> 콘텐츠와 <토털뉴스> 콘텐츠를 구분할 수 없도록 만들어 저작권을 침해하였다며 법적인 소송을 제기하였다. 이 사건은 <토털뉴스> 측이 <워싱턴포스트>의 허락이 있을 경우에 한해 그리고 프레임을 사용하지 않을 경우에 한해 기사를 링크시키기로 법정 밖에서 합의함으로써 일단락됐지만 이후에도 이와 유사한 소송이 잇따라 제기돼 언론과 관련한 저작권 침해 문제와 관련해 상당한 논란을 빚었다(Stovall (2004), p.211).

2) 저작권의 개념

지적 재산권의 한 형태인 저작권은 저작자가 문학, 예술, 학술 활동의 결과물과 같은 저작물에 대해 가지는 권리를 말한다. 저작권은 저작물을 창작한 사람에게 부여하는 저작자의 권리인 협의의 '저작권'과 저작물을 전달하는데 관여하는 '저작 인접권'으로 대별되는데 우리나라 저작권법은 저작물의 창작자뿐만 아니라 저작 인접권자인 실연자, 음반제작자, 방송사업자에게도 일정한 저작권의 지분을 부여하고 있다(김정기(2005), p. 42).

저작권은 매우 다양한 분야에 적용이 될 수 있는데 어떠한 형태로든지 복제를 하는 행위에서부터 기존의 작품을 바탕으로 유사한 것을 만드는 것, 저작권하의 작품을 빌려주거나 파는 행위 및 공연에 이르기까지 다양한 행위가 저작권 침해에 해당된다고 할 수 있다. 또한 뉴미디어를 통한 전달 예를 들면 CD나 웹을 통한 전달 또한 저작권의 범위 안에 들어가며 소리, 문자, 영상을 막론한 모든 종류의 정보가 저작권의 적용 대상이 된다.

어떤 저작물이 저작권법에 의해 보호를 받기 위해서는 아이디어나 사실이 외부로 표현되어야 한다. 즉 저작권이 보호하는 것은 아이디어가 아니라 그 아이디어의 구체적인 표현이다. 다시 말하면 저작권이라는 권리는 아이디어나 사실이 아니라 어떤 아이디어나 사실을 표현하는 개별적인 방식을 보호

한다. 이는 많은 사람들이 상대방의 저작권을 침해하지 않고도 동일한 사건에 관해 저작권법상 서로 다른 것으로 인정되는 기사를 작성할 수 있다는 뜻이다. 즉 각각의 언론사 기자 혹은 편집자는 어떤 아이디어나 사실을 약간 다른 방식으로 표현할 수 있으며 그러한 각자의 표현 방식에 대해 저작권을 가질 수 있다. 이처럼 아이디어에 대해서가 아니라 표현에 대해서 저작권의 권리를 인정해주는 것은 향후 창작자들이 아이디어의 자유로운 사용을 통해 이를 다양한 방식으로 구체화하는 창작활동을 할 수 있도록 장려하기 위해서다(Galt(2001), p. 145-146).

정리하기

- ❑ 지적 재산권의 한 형태인 저작권은 저작자가 문학, 예술, 학술 활동의 결과물과 같은 저작물에 대해 가지는 권리를 말한다. 인터넷을 통해 유통되는 온라인 정보는 0과 1이라는 비트의 조합으로만 표현되기 때문에 각종 정보의 복제와 배포가 손쉽게 이루어질 수 있어 온라인상에서의 저작권 문제가 심각한 갈등 요인이 될 수 있다.
- ❑ 저작권은 저작물을 창작한 사람에게 부여하는 저작자의 권리인 협의의 '저작권'과 저작물을 전달하는데 관여하는 '저작 인접권'으로 대별되는데 우리나라 저작권법은 저작물의 창작자뿐만 아니라 저작 인접권자인 실연자, 음반제작자, 방송사업자에게도 일정한 저작권의 지분을 부여하고 있다
- ❑ 저작권은 매우 다양한 분야에 적용될 수 있는데 어떠한 형태로든지 복제를 하는 행위에서부터 기존의 작품을 바탕으로 유사한 것을 만드는 것, 저작권하의 작품을 빌려주거나 파는 행위 및 공연에 이르기까지 다양한 행위가 저작권 침해에 해당된다고 할 수 있다.
- ❑ 어떤 저작물이 저작권법에 의해 보호를 받기 위해서는 아이디어나 사실이 외부로 표현되어야 한다. 즉 저작권이 보호하는 것은 아이디어가 아니라 그 아이디어의 구체적인 표현이다.

2. 온라인 취재보도와 저작권

1) 온라인 정보의 이중성격

일반적으로 온라인상에서의 저작권 및 지적 재산권에 대한 입장은 저작권(copyright)의 강화를 주장하는 저작권 옹호론자들의 입장과 정보의 자유로운 유통을 주장하는 카피레프트(copyleft) 운동론자들의 입장이 맞서 있다. 저작권 옹호론자들은 디지털 기술의 발달로 정보의 복제 및 배포가 용이해졌기 때문에 이를 방지하고 작품의 창자성을 진자시키기 위해 저작권법을 강화해야 한다고 주장한다. 반면 카피레프트 운동측은 유비쿼터스 미디어 시대에는 정보의 자유로운 유통이 보장돼야 한다는 점을 들어 엄격한 저작권법의 적용에 대해 반대하는 입장에 서있다. 즉 정보를 이윤의 대상이 되는 상품재(market commodities)로 접근하자는 측과 경제 활동의 대상이 아닌 사회재(social goods) 혹은 공공재(public goods)로서 바라보아야 한다는 측의 입장이 맞서 있는 것이다(최영 · 김병철(2005), 166-170).

(1) 상품재로서의 온라인 정보

앞서 얘기한 것처럼 지적 상품의 창조자를 보호하지 않으면 그러한 지적 활동을 할 인센티브의 감소를 가져오게 되고 궁극적으로는 인류 전체의 지적 재산의 감소를 가져온다고 할 수 있다. 또한 도덕적으로도 무형의 상품이라고 할 수 있는 정보에 재산권을 인정하는 것은 당연하다고 할 수 있다. 즉 남의 것을 아무런 대가 없이 가져오는 것은 도덕적으로도 문제가 있다고 보는 것이다. 이러한 불법 복제는 1980년대부터 이미 제1세계와 제3세계간의 대립을 불러일으키는 원인이 되기도 하였다. 비디오나 음악 프로그램이 복제돼 싼 값에 유통되는 것이 제3세계의 국가에서는 너무나 당연한 것으로 받아들여졌고 이에 따라 원작자와 복제자 및 소비자 간의 갈등 구조는 심화되어 갔다.

이러한 도덕적 측면에서의 문제는 슈퍼 301조의 발동을 통해 지적 재산권을 더욱 강화시키게 하는 배경이 되었고 적용 범위는 이전의 비디오나 음악에 대한 것에서부터 네트워크 상에 유통되는 모든 정보에 이르기까지 확대되었다. 미국의 경우 지적 재산과 관련된 법적 소송이 최근에 급격히 늘고 있으며 대표적인 지적 재산권의 유형이라고 할 수 있는 특허를 신청하는 비율 또한 과거에 비해 급속히 증가하고 있다. 과거와는 달리 특허와 관련된 기술 개발 건수의 증가율보다 특허 건수의 증가율이 현저히 늘어나고 있다는 얘기다. 과거에는 특허를 출원하지 않았을 기술도 이젠 모두 지적 재산권의 우산 속으로 들어간다는 이야기다. 이러한 경향은 바로 정보라는 모든 무형의 상품에 지적 재산권을 부여하려는 미국 정부의 움직임과 일치하는 것이라고 하겠다.

(2) 사회재로서의 온라인 정보

전술한 바와 같이 앞으로 우리 생활은 무형의 재산이라고 할 수 있는 정보에 의해 좌우될 것이고 따라서 정보에 재산권을 발동한다는 것은 그러한 정보를 생산할 수 없는 이에게는 매우 치명적인 상황이 전개될 것임을 암시하는 것이라고 하겠다. 산업 시대의 있는 자와 없는 자의 갈등이 그대로 정보사회에서도 재현되는 것이다. 어쩌면 빈부의 격차는 정보와 같은 무형의 상품을 바탕으로 하는 정보사회에서 더 벌어질 수도 있다. 정보라는 무형의 상품은 부가가치가 높아 한번 완성되면 추가 비용 없이 계속해서 생산・판매할 수 있는 특성이 있기 때문이다. 즉 한번의 투자로서 장기간 상품의 판매가 가능한 것이다. 반면에 일반 상품은 초기의 개발비용은 물론 추가 생산을 위해 계속적인 투자가 필요하다. 예를 들면 자동차의 경우 초기 개발을 위해 많은 비용이 투입되고 또한 지속적인 생산을 위해서 추가 비용이 계속 들어간다. 그러나 컴퓨터 소프트웨어와 같은 정보 상품은 초기 개발비용만 투입될 뿐 추가 비용은 거의 들지 않는다. 이와 같이 무형의 상품은 부가가치가 높고 이윤의 폭이 크기 때문에 전술한 빈부의 격차가 더 벌어질 가능성이 많아지는 것이다.

이러한 연유에서 정보를 상품재가 아닌 공공재로서 접근해야 한다는 시각이 생겨나고 있다. 상품재란 이윤 추구를 목적으로 생산되는 재화를 일컫는 개념인 반면에 사회재라고도 불리는 공공재는 어느 한 개인이나 집단이 아닌 공공을 위한 재화라고 할 수 있다. 공기나 물과 같이 인간이 살아가는 데 필요한 기본적인 물건이나 요소를 가리키는 것이라고 하겠다. 이러한 공공재의 특성은 우선 상품재와는 달리 이윤 추구의 대상이 될 수 없고 대부분의 경우 값이 매겨지지 않는 즉 누구나 원하면 얻을 수 있어야 한다는 원칙이 적용될 수 있다. 대표적인 공공재로 공기와 물을 들 수 있다. 공기나 물에 가격을 매길 수 없으며 매겨서도 안 된다는 것이다. 예를 들면 생수를 구입하는데 비용을 지불하는 이유는 물 값이 아니라 그러한 생수의 생산 과정에 드는 경비와 물을 담을 수 있는 포장 용기 때문이지 물 자체를 사먹기 위한 것은 아니라는 것이다. 또한 무한(無限)하다는 것도 공공재의 특성이라고 할 수 있다. 반면에 상품재는 유한(有限)하기 때문에 가치가 있고 따라서 그러한 유한 상품을 위해서 대가를 지불하는 것이다. 정보라는 무형 상품의 생산에 드는 비용을 요구하는 것은 당연하며 그것에 약간의 이윤을 붙여서 판매를 하는 것은 지극히 정상적이라고 할 수 있다. 그러나 정보의 특성상 특히 온라인상에 올려진 디지털 정보의 경우 초기의 비용을 제외하고는 추가적으로 정보 상품을 생산하는데 드는 비용은 거의 없다고 봐도 무방할 것이다. 결국 정보와 같은 무형의 상품은 속성상 초기에는 유한재로서의 성격을 지니나 곧 무한재로 변할 수 있는 가능성이 충분히 있다. 전술한 바와 같이 컴퓨터 소프트웨어의 경우 초기 투자비용은 많이 들어도 추가 생산을 위한 비용은 거의 들지 않는다. 이는 곧 초기의 투자비용이 어느 정도 회수가 되었다면 이 소프트웨어는 무한한 공공재로서의 변신이 가능하다는 것을 의미한다. 유한한 정보에 대해서는 비용을 지불해야 하지만 무한한 경우에는 비용을 지불할 필요가 과연 있는가에 대한 문제인 셈이다.

결국 지적인 창작 활동을 보호하고자 만든 지적 재산권의 남용에 대해 많은 사람들이 문제를 제기하고 나서게 됐다. 지적 재산권이 또 다른 빈부의 격차를 만드는 도구로 전락하고 있다는 우려와 함께 과도한 지적 재산권의 발동에 반기를 든 것이다. 지적 재산권의 한 유형이라고 할 수 있는 카피라이트(copyright)에 반대해서 생겨난 모임인 카피레프트(copyleft) 운동이 바로 대표적인 예라고 할 수 있다. 카피레프트의 개념은 1983년 리처드 스톨만(Richard Stallman)에 의해 시작된 GNU 프로젝트에서 시작되었다. GNU는 'GNU is Not Unix'의 약자로서 유닉스와 호환되는 공개 운영 체제를 만들면서 자신들의 소프트웨어에 카피라이트의 패러디라 할 수 있는 카피레프트를 설정하여 소프트웨어의 복사와 수정의 권리도 함께 주었다. 즉 모든 사람이 자신의 용도에 맞게 소프트웨어를 수정하거나 개선하여 또 다시 자유롭게 배포할 수 있는 권한을 준 것이다.

(3) 상품재와 사회재로서의 온라인 정보

온라인상에서의 저작권 및 지적재산권과 관련한 쟁점을 해결하기 위해서는 지적 활동에 대해 정당한 대가를 지불할 수 있는 분위기가 조성되면서 동시에 정보라는 상품이 과도한 이윤 추구의 대상이 되는 것은 방지하는 방향으로 나아가는 것에서 해결의 실마리를 찾아야 할 것이다. 즉 가상공간이라는 인터넷 고유의 특수성에 대한 정확한 이해를 바탕으로 저작권자의 권리와 이용자의 권리를 모두 충족시킬 수 있는 합리적인 방안을 찾는 것이 중요하다고 할 수 있다.

저작권 혹은 지적 재산권은 전술한 바와 같이 과학, 문화, 예술 등 인간 역사의 발전을 위해서는 반드시 필요하며 국내 관련 산업의 보호 육성 차원에서도 반드시 지켜져야 할 것이다. 그러나 21세기 유비쿼터스 사회에서 정보는 공기나 물과 같이 누구나 쉽게 접근할 수 있는 대상이 되어야 할 것이다. 인터넷의 초기 구축 목표도 정보의 공개념을 기본 정신으로 하고 있다. 정보란 사회재로서 어느 누구의 소유도 되어서는 안 되며 누구나 공유할 수 있어야 한다는 정신을 바탕으로 열린 네트워크 시스템(open network system)을 지향해 왔고 바로 그러한 환경으로 인해 인터넷이 오늘날의 거대한 글로벌 네트워크(global network)로 성장할 수 있게 되었던 것이다.

그러나 현재의 상황은 정보의 상품화라는 일방적인 방향으로 흐르고 있다고 할 수 있다. 미국의 주도로 전 세계의 거의 모든 나라가 지적 재산권의 범위를 넓히는 것에 대해 찬성을 하고 있는 형편이며 특히 가상공간에서의 지적인 활동에 대해서도 엄격한 지적 재산권의 적용을 강화하는 쪽으로 기울고 있다. 1996년 12월에 체결된 세계지적재산권기구(WIPO) 조약에 따르면 네트워크를 통한 정보의 무단 복제 및 전송은 원칙적으로 금지된다. 결국 미국 클린턴 행정부의 의도대로 인터넷상에서의 모든 정보에 대한 지적재산권이 발동된 셈이다. 인터넷 사이트의 대다수가 미국 내에 있고 인터넷상에서 유통되는 정보의 대부분이 미국에서 만들어진다는 사실을 감안하면 인터넷상의 지적재산권의 발동은 기타 국가에게 심각한 타격을 줄 수 있다.

2) 온라인 취재보도와 저작권

인터넷은 온라인 취재보도를 위해 이용할 수 있는 유용한 정보가 많다. 그러나 인터넷은 정보의 자유로운 유통과 공유를 근본 취지로 하고 있지만 어떤 정보가 인터넷상에 업로드 돼있다고 해서 자동적으로 누구나 다 자유롭게 이를 이용할 수 있다는 것을 의미하는 것은 아니다. 웹 사이트 운영자는 단지 사람들이 자신의 웹 사이트를 방문해서 개별적으로 혹은 사적으로 보고 이용할 수 있게 한 것이지 이를 상업적으로 이용하거나 이용의 공개(public domain)가 가능하도록 허용한 것은 아니다. 가령 기자가 집에 앉아서 다른 사람들처럼 자신의 컴퓨터로 인터넷을 통해 기사나 사진을 보거나 개인적 용도로 이를 인쇄하는 것은 문제가 되지 않는다. 그러나 집이 아니라 편집국에 앉아 자신의 직업상 뉴스 보도를 목적으로 동일한 활동을 한다면 이는 문제가 될 수 있다(Galt (2001), p.153). 즉 개인이 사적으로 즐기거나 개별적으로 이용하기 위해 복제하는 것은 용인될 수 있지만 이를 상업적으로 이용하거나 보편적으로 연결된 인터넷에 띄울 때는 심각한 저작권 침해 문제가 야기될 수 있다.

일반적으로 온라인 취재보도와 관련한 저작권 문제는 두 가지 측면에서 생각해 볼 수 있다. 첫째는 언론이 언론 활동을 전개하면서 타인의 저작물을 인용 혹은 이용할 때 발생하는 저작권 침해 문제이고, 둘째는 언론이 만든 저작물을 타인이 이용하거나 인용할 때 발생하는 저작권 침해 가능성이다.

원칙적으로 모든 저작물은 저작권자의 허가를 받아야 한다. 그러나 저작권법에 의해 보호받는 것이라도 대개 공정한 이용(fair use)에 대해서는 허용이 된다. 가령 일반적인 뉴스 보도나 교육, 연구, 비평 등의 목적에 사용할 경우에는 저작권자의 허락 없이 저작물을 사용할 수 있도록 인정하고 있다. 책이나 음반의 평가를 위한 짧은 인용, 영화 속의 한 장면, 신문에 인용된 정치인의 발언 등 저작권자의 권리를 크게 침해하지 않는 범위에서 제한적으로 저작물을 사용할 수 있도록 하고 있는 것이다. 그러나 어떤 것이 공정한 이용에 해당하는지를 판단하는 것은 매우 복잡해서 공정한 이용의 적용 여부는 사안에 따라 다르며 특히 비영리 혹은 교육을 목적으로 하는 것이 아닌 영리를 추구하는 경우에는 더욱 적용이 어렵다. 따라서 저작권 침해 문제의 소지를 줄이기 위해서는 항상 정보의 출처를 밝히고 그리고 사전에 저작권자의 동의를 얻는 습관을 갖는 것이 바람직하다.

온라인상에서의 저작권 문제는 이처럼 매우 민감한 사안이기 때문에 많은 인터넷 이용자들이 저작권법이 언제 어떻게 적용되는지에 대해 많은 관심을 갖고 있는데 일반적으로 온라인상에서의 저작권 문제와 관련해 도움이 될만한 몇 가지 가이드라인을 소개하면 다음과 같다(Craig(2005), p.235).

인터넷 이용자를 위한 저작권 지침

- 만약 당신이 글이나 그림, 사진 혹은 음악을 창조했거나 배포할 권리를 갖고 있지 않다면 당신은 그것을 소유하고 있는 것이 아니다.
- 당신이 소유하고 있는 것이 아니라면 당신은 그것을 복제하거나 배포할 수 없다.
- 저작자나 소유자가 그 저작물에 대해 이용의 공개(public domain)가 가능하도록 명확하게 권리를 양도해야 한다.
- 비평과 교육, 뉴스 보도 등 공정한 이용(fair use)에 한해 소유권자의 허락 없이 저작물의 일부를 복제하는 것이 허용된다.
- 의심스러울 경우에는 저작물 사용을 위해 소유권자의 허락을 요청하라.

출처: R. Craig(2005), *Online Journalism: Reporting, Writing and Editing for New Media*, p.235.

정리하기

- ❑ 온라인상에서의 저작권 및 지적 재산권에 대한 입장은 정보를 이윤의 대상이 되는 상품재(market commodities)로 접근하자는 측과 경제 활동의 대상이 아닌 사회재(social goods) 혹은 공공재(public goods)로 바라보아야 한다는 측의 입장이 맞서 있다. 상품재란 이윤 추구를 목적으로 생산되는 재화를 일컫는 개념인 반면 사회재는 어느 한 개인이나 집단이 아닌 공공을 위한 재화라고 할 수 있다.
- ❑ 지적 재산권이 또 다른 빈부의 격차를 만드는 도구로 전락하고 있다는 우려와 함께 과도한 지적 재산권의 남용에 대해 많은 사람들이 문제를 제기해왔는데 지적 재산권의 한 유형이라고 할 수 있는 저작권 즉 카피라이트(copyright)에 반대해서 생겨난 모임인 카피레프트(copyleft) 운동이 대표적인 예라고 할 수 있다.
- ❑ 온라인상에서의 저작권 및 지적재산권과 관련한 쟁점을 해결하기 위해서는 지적 활동에 대해 정당한 대가를 지불할 수 있는 분위기가 조성되면서 동시에 정보라는 상품이 과도한 이윤 추구의 대상이 되는 것은 방지하는 방향으로 저작권자의 권리와 이용자의 권리를 모두 충족시킬 수 있는 합리적인 방안을 찾는 것이 중요하다고 할 수 있다.
- ❑ 저작권법에 의해 보호를 받는 저작물이라도 대개 뉴스 보도나 교육, 연구, 비평 등의 목적에 사용하는 이른바 공정한 이용(fair use)에 대해서는 제한적으로 저작권자의 허락 없이 저작물을 사용할 수 있도록 허용하고 있다.

참고문헌

공훈의(2001). <디지털 뉴스 핸드북>, LG상남문고.

권만우(2003). <컴퓨터 취재보도 실무>, 나남출판.

김경희 · 이재경 · 임영호(2003). <인터넷 취재보도>, 한울아카데미.

김익현(2003). <인터넷 신문과 온라인 스토리텔링>, 커뮤니케이션북스.

김정기(2005). <디지털 네트워크 시대의 저작권 정책: 방송 통신 융합을 중심으로>, 한국외국어대학교 언론정보연구소.

김중태(2004). <나는 블로그가 좋다>, 이비컴.

남시욱(2001). <인터넷시대의 취재와 보도>, 나남출판

박성희(2001). "온라인 신문의 기사 게재 과정에 대한 질적 연구: 미국 <chicagotribune.com>과 한국의 <디지털 조선일보> 사례 비교연구," <한국언론학보>, 제45-특별호.

이재경(2002). "디지털 시대의 기사쓰기", <기사쓰기 이렇게 공부하라>, 이재경 편, 나남출판.

진행남(2002). <온라인 저널리즘 연구>, 나남출판.

최영 · 김병철(2005). <텔레커뮤니케이션 바로알기>, 한국외국어대학교 출판부.

추광영(1988). <컴퓨터활용 보도론>, LG 상남언론재단.

황용석 · 이홍철(2000). <인터넷 뉴스 사이트: 편집과 기사쓰기>, 한국언론재단 연구서 2000-15.

황용석 · 권혜진(2002). <인터넷 활용 취재론: 온라인 검색 전략과 기법>, 한국언론재단 실무서 2002-01.

Associated Press(2001). *The Associated Press Guide to Internet Research and Reporting*, Perseus Publishing, Cambridge: Perseus.

Callahan, C.(2003). *A Journalist's Guide to the Internet: Th Net as a Reporting Tool*, Boston: Allyn and Bacon.

Craig, R.(2005). *Online Journalism: Reporting, Writing and Editing for New Media*, CA: Thomson Wadsworth.

Craven, J.(1999). "How(my computer and) I got that story", *Columbia Journalism Review*, March/April, 1999.
http://archives.cjr.org/year/99/2/nerds-cops.asp

Galt, G.(2003). "Copyright on the Internet", in Frank Bass, *The Associated Press Guide to Internet Research and Reporting*, Cambridge: Perseus.

Houston, B.(1999). *Computer-Assisted Reporting: A Practical Guide*, NY: Bedford/St. Martin's.

Paul, N.(1999). *Computer Assisted Research: A Guide to Tapping Online Information*, Chicago, Illinois: Bonus Books, Inc., and The Poynter Institute for Media Studies.

Pavlik, J. V.(2001). *Journalism and New Media*, NY: Columbia University Press.

Stovall, J. G.(2004). *Web Journalism: Practice and Promise of a New Medium*, MA: Allyn and Bacon.

Ward, M.(2002). *Journalism Online*, Oxford, UK: Focal Press.

찾아보기

›› ㅈ

›› ㅊ

›› ㅋ

›› ㅌ

›› ㅍ

›› ㅎ

›› A

›› B

온라인 취재보도

초판 인쇄　2006년 3월　2일
초판 발행　2006년 3월 10일

지은이 ▪ 김 병 철
펴낸이 ▪ 박　 철
펴낸곳 ▪ 한국외국어대학교 출판부
130-791 서울특별시 동대문구 이문동 270
전화: 02)2173-2494, 2495
FAX: 02)962-7122
홈페이지: http://press.hufs.ac.kr
전자우편: press@hufs.ac.kr
출판등록 ▪ 제6-6호(1969. 4. 30)
편집 · 디자인 ▪ 이환기획 02)2254-4301
인쇄 · 제본 ▪ 동화인쇄(주) 02)719-7181

ISBN 89-7464-399-5 93070　　정가 12,000원

* 잘못된 책은 교환하여 드립니다.